Johannes Richter

Analyse und Entwicklung einer Softwarearchitektur für die intelligente, optische Inspektion

Analyse und Entwicklung einer Softwarearchitektur für die intelligente, optische Inspektion

Johannes Richter

Universitätsverlag Ilmenau
2023

Impressum

Bibliografische Information der Deutschen Nationalbibliothek
Die Deutsche Nationalbibliothek verzeichnet diese Publikation in der Deutschen Nationalbibliografie; detaillierte bibliografische Angaben sind im Internet über
http://dnb.d-nb.de abrufbar.

Diese Arbeit hat der Fakultät für Informatik und Automatisierung der Technischen Universität Ilmenau als Dissertation vorgelegen.

Tag der Einreichung:	24. März 2022
1. Gutachter:	Dr.-Ing. Detlef Streitferdt (Technische Universität Ilmenau)
2. Gutachter:	Univ.-Prof. Dr. Yuri Shardt (Technische Universität Ilmenau)
3. Gutachter:	Assoc. Prof. Dr. Tobias Fischer (Queensland University of Technology)
Tag der Verteidigung:	30. November 2022

Technische Universität Ilmenau/Universitätsbibliothek
Universitätsverlag Ilmenau
Postfach 10 05 65
98684 Ilmenau
https://www.tu-ilmenau.de/universitaetsverlag

ISBN 978-3-86360-268-0 (Druckausgabe)
DOI 10.22032/dbt.55214
URN urn:nbn:de:gbv:ilm1-2022000473

Titelgrafik: photocase.com

An dieser Stelle möchte ich allen beteiligten Personen danken, die mich bei der Anfertigung meiner Dissertation unterstützt haben.

Mein größter Dank gilt meinem Doktorvater Dr.-Ing. Detlef Streitferdt für die hervorrangende Unterstützung und die vielen unschätzbaren Lektionen, welche ich ihm verdanke.

Außerdem gilt meiner Ehefrau Elisa ein besonderer Dank für die viele Unterstützung, Ermutigung und oft auch Nachsicht, welche diese Arbeit überhaupt erst ermöglicht haben.

Nicht zuletzt möchte ich mich bei allen Kollegen und Kommilitonen bedanken, mit denen ich über die Jahre zusammen gearbeitet habe.

Für meinen Großvater.

„ It seems the notion is popular in this age of electronic and mechanical miracles that man is rapidly becoming obsolete. [...] Equipment can be designed to react to many known and few unanticipated situations or events, but man can observe and correlate facts and respond to the unexpected. [...] Man is the necessary element."

– Dr. W. v. Braun über die Unterschiede menschlicher und maschineller Intelligenz

Inhaltsverzeichnis

1 Einleitung

- Einleitung der Arbeit mit Motivation und Einordnung in den Anwendungsbereich.
- Formulieren und erklären der Forschungsfragen.
- Beschreiben der Kapitelinhalte und Struktur der Arbeit.

Ziel dieser Arbeit ist die Analyse, der Entwurf und die Evaluierung einer neuen Softwarearchitektur für den flexiblen Einsatz von Lösungen auf Basis von künstlicher Intelligenz (KI). Der Fokus liegt dabei auf der Einrichtung, Auslieferung und Pflege von unterschiedlichen Lösungen auf einer Vielzahl an Systemkonfigurationen.

Die neue Architektur wird am Beispiel der automatischen optischen Qualitätssicherung in der Elektronikfertigung erarbeitet. Begleitend wird ein fünfstufiges Modell zur Entwicklung dieser Qualitätssicherung hin zu einem vollautonomen Prozess vorgeschlagen. Die neue Architektur hat den Anspruch, alle Stufen dieses Modells abzudecken.

In der modernen Elektronikfertigung ist eine optische Qualitätskontrolle zwingend notwendig. Fertigungsdienstleister, genannt Electronic Manufacturing Service (EMS), nutzen optische Inspektionsmaschinen, um ihren Fertigungsprozess zu überwachen und die Qualität und Funktionsfähigkeit der Produkte zu gewährleisten. Die Inspektionsmaschinen werden Automatische Optische Inspektion (AOI) genannt und verbinden hoch spezialisierte Hardware mit komplexen Bildverarbeitungstechniken.

Diverse Ansätze der KI haben in den vergangenen Jahren beeindruckende Fortschritte gezeigt und es gab erste Bestrebungen, solche Ansätze in der optischen Qualitätssicherung in der Elektronikfertigung zu etablieren. Bei der Umsetzung und Verwendung dieser Systeme können schwerwiegende Probleme auftreten. Solche Probleme werden in dieser Arbeit vorgestellt, diskutiert und letztendlich überwunden.

1.1 Forschungsfragen

Im Folgenden sollen die drei zentralen Forschungsfragen dieser Arbeit gestellt und beschrieben werden. Die Forschungsfragen lauten:

- Sind Fertigungsdefekte und Prozessfehler der Elektronikfertigung unter Verwendung von KI automatisiert optisch erkennbar?
- Wie kann eine solche Erkennung mit den inhärenten Nebenbedingungen, welche aus der Verwendung der neuen Technologie entstehen, in einem produktiven Umfeld eingesetzt werden?
- Wie kann eine solche Lösung über ihren Lebenszyklus hinweg gepflegt und angepasst werden?

Die erste Frage hat das Ziel, zu ergründen, ob Fertigungsdefekte in einer KI-basierten optischen Inspektion zuverlässig gefunden werden können. Falls nicht alle Fehler erkennbar sind, muss beantwortet werden, welche Fehler nicht detektierbar sind und warum. Zusätzlich zu den eigentlichen Produktionsfehlern können Verfahrens- oder Prozessfehler, wie etwa menschliches Versagen, ebenfalls die Produktion beeinträchtigen. Es ist zu klären, welche Ansätze existieren und wie diese eventuell erweitert werden können.

Aus der Verwendung von KI-basierten Lösungen können neue Anforderungen an Daten und Systeme entstehen. Ziel der zweiten Frage ist es, zu hinterfragen, wie diese Anforderungen mit den bestehenden Systemen und Prozessen vereinbart werden können. Welche Konsequenzen entstehen aus der Verwendung von KI in einem Umfeld mit etablierten Inspektionstechnologien? Es muss eine Lösungsstrategie in Form einer Systemarchitektur oder einer Vorgehensweise geschaffen werden, welche es ermöglicht, neuartige KI-Lösungen zu schaffen und in bestehende Inspektionsprozesse einzubetten.

Die letzte Frage zielt auf sich ständig verändernde Anforderungen in einem realen Produktionsumfeld ab. Welche Mittel können sicherstellen, dass die, eventuell unter erheblichem Mehraufwand, gefundenen Lösungen auch einsatzfähig bleiben, wenn sich äußere Umstände oder Anforderungen ändern? Beispiele hierfür sind Produktwechsel oder optisch wahrnehmbare Schwankungen in den Prozessparametern. Des Weiteren ist zu klären, ob eine bereits erarbeitete Lösung auf sich verändernde Anforderungen angepasst werden kann, oder ob eine neue Lösung erarbeitet werden muss.

Mit der Beantwortung der Forschungsfragen soll ein System geschaffen werden, welches es ermöglicht, Abläufe der KI-Entwicklung und -Integration automatisiert in einem produktiven Umfeld auszuführen. Der Fokus liegt hierbei explizit auf der optischen Qualitätskontrolle in einer Elektronikfertigung.

1.2 Aufbau der Arbeit

Um die erste Forschungsfrage zu beantworten, wird ein Überblick über die moderne Elektronikfertigung und die automatische optische Inspektion benötigt. Kapitel 2 gibt einen Überblick über die Fertigung elektrischer Flachbaugruppen, um zu verdeutlichen, welchen Wert die optische Qualitätssicherung für eine fehlerfreie Produktion hat. Hierbei wird auf die beiden häufigsten Fertigungstechnologien Surface Mounted Technology (SMT) und Through Hole Technology (THT) eingegangen. Danach schildert Kapitel 3 den Aufbau und die Wirkungsweise eines AOI-Systems. Zuerst wird die Hardwareausstattung beleuchtet und auf Besonderheiten moderner 3D-Systeme eingegangen. Darauf folgt eine Betrachtung der Softwarearchitektur eines solchen Systems. Dies soll dabei helfen, die prüfrelevanten Schritte zu verstehen und die Grundlage für eine Erweiterung dieser Architektur zu legen. Außerdem wird auf die verschiedenen Fehlerarten und angegliederten Prozesse eingegangen. Am Ende soll der Leser einen Überblick über die Notwendigkeit, die Umsetzung und die Probleme moderner optischer Prüfsysteme für die Elektronikfertigung erhalten haben.

In Kapitel 4 wird ein kurzer Überblick über die Geschichte der KI gegeben. Dieser Überblick führt zu den selbstfahrenden Autos, einem industriellen Einsatzgebiet, welches KI als Schlüsseltechnologie bereits adoptiert hat. Die vorhergesagte Entwicklung der selbstfahrenden Autos dient als Vorlage für den vorgeschlagenen Prozess in dieser Arbeit. Abschließend wird der Stand der Technik von KI-basierten AOI-Systemen und -Verfahren dargestellt. Kapitel 5 fasst die gestellte Problemstellung unter Berücksichtigung des Stands der Technik zusammen.

In Kapitel 6 wird die angestrebte Lösungsstrategie vorgestellt. Aus dieser Lösungsstrategie und einer Betrachtung der Stakeholder werden Anforderungen an eine neue Softwarearchitektur abgeleitet. Diese Architektur hat das Ziel, die zuvor beschriebenen Probleme zu lösen und die zweite und dritte Forschungsfrage zu beantworten. Die jeweiligen Architekturentscheidungen werden anhand der ermittelten Anforderungen begründet und vorgestellt. Das Kapitel schließt mit einer kleinen Betrachtung ausgewählter Implementierungsdetails ab.

In Kapitel 7 werden drei Anwendungen zur Verifikation der Softwarearchitektur beschrieben. Jede Anwendung entspricht einem Experiment, welches die Umsetzung der Anforderungen demonstrieren soll und die Tauglichkeit der vorgestellten Software belegt. Jedes Experiment wird von einer Diskussion der Ergebnisse abgeschlossen.

Kapitel 8 ist das letzte Kapitel dieser Arbeit und fasst die beschriebene Entwicklung zusammen. Hierbei wird explizit auf die Forschungsfragen eingegangen und inwieweit diese beantwortet wurden.

2 Elektrische Flachbaugruppen

- Die elektrische Flachbaugruppe als Schlüsseltechnologie.
- Fertigung von Flachbaugruppen in einem THT-Prozess.
- Fertigung von Flachbaugruppen in einem SMD-Prozess.
- Grundlegende Fertigungsautomatisierung und die Notwendigkeit der optischen Prozesskontrolle.

In diesem Kapitel werden die elektronischen Flachbaugruppen vorgestellt, um deren Prüfung es in dieser Arbeit geht. Insbesondere werden die Eigenschaften und Eigenheiten der Fertigungsprozesse umrissen, um damit die Bedeutung und Herausforderungen der optischen Inspektion besser verstehen zu können.

Die elektrische Flachbaugruppe stellt eine Schlüsseltechnologie für die Elektrotechnik dar. Viele Fortschritte in den Bereichen der Datenverarbeitung und Automatisierung wären ohne die Flachbaugruppenfertigung und die damit einhergehende Miniaturisierung der Elektronik kaum denkbar. Mit der Verwendung von Flachbaugruppen werden Fertigungsschritte standardisierbar, überprüfbar und damit automatisierbar. Vorläufer der Flachbaugruppentechnologie, wie Lötleisten oder Direktverdrahtungen, eignen sich nicht für eine automatisierte Massenfertigung und sind heute nahezu bedeutungslos geworden. Deswegen ist es folgerichtig, dass sich eine umfangreiche Industrie um den Entwurf, die Fertigung und die elektrische und optische Qualitätskontrolle der Flachbaugruppe als Produkt entwickelt hat.

Bestehend aus einem festen, nichtleitenden Werkstoff mit hoher mechanischer und chemischer Stabilität und einer oder mehrerer leitender Schichten [1, Kap. 1.8.1] stellt die Leiterplatte die mechanische Halterung und die Kontaktierung der elektrischen Bauteile sicher. Je nach Ausführung können sich die leitenden Schichten auf der Ober- und Unterseite oder aber auch zusätzlich im Trägermaterial befinden. Die elektrische Kontaktierung zwischen den Schichten wird mittels Durchkontaktierungen, den sogenannten Vias, sichergestellt. Das nichtleitende Trägermaterial der Leiterplatte besteht zumeist aus einem Verbundwerkstoff aus Gewebebahnen, getränkt in einem Harz. Die bekanntesten Vertreter sind Hartpapier oder FR-2 aus Papierbahnen und Phenolharz und FR-4 aus Glashartgewebe und Epoxidharz [1, Kap. 1.8.1].

Die ersten Anfänge der automatisierten Leiterkartenfertigung benutzten handgezeichnete Vorlagen von Leiterzügen als Masken zum Belichten eines fotoaktiven Lacks auf Kupferbeschichtungen. Dieser Lack verbleibt an den unbelichteten Stellen als chemische Blockade für einen folgenden Ätzprozess. Moderne Fertigungsprozesse funktionieren nach ähnlichen Prinzipien, jedoch hat sich die Zieltechnologie deutlich gewandelt. Waren

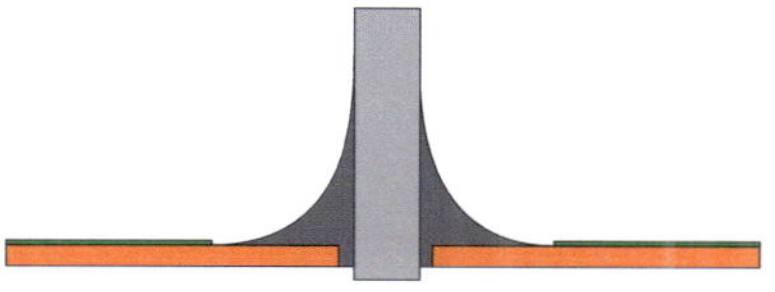

Abbildung 2.1: Ein Schnitt durch eine THT-Lötstelle. Dargestellt ist der Pin, (mittig) umflossen vom Lötzinn. Das Lötmaterial benetzt den Pin und das umgebende leitfähige Kupfer (orange). Nicht benetzt werden die Bereiche, auf denen der grüne Lötstopplack aufgetragen ist. Das Trägermaterial aus Verbundstoff ist nicht dargestellt.

die ersten Leiterkarten ausschließlich mit THT-Komponenten bestückt, so werden in modernen, hochintegrierten Schaltungen vornehmlich SMT-Komponenten verbaut. Durch die oberflächliche Kontaktierung und Montage der Komponenten und ihre inhärent kleinere Bauform sind eine höhere Miniaturisierung und ein effizienteres Routing, also die Planung der Leiterzüge, möglich. Auch wenn die SMT-Fertigung die vorherrschende Technologie zu sein scheint, so hat die THT-Fertigung nach wie vor ihre Daseinsberechtigung. Im Folgenden sollen diese beiden wichtigsten Fertigungstechnologien kurz dargestellt werden.

2.1 THT

Die ältere THT-Fertigung benutzt Komponenten mit Draht-ähnlichen Kontakten, welche durch gebohrte Löcher in die Leiterkarte geführt werden. Flüssiges Lötzinn steigt durch das Loch und umschließt den Pin. Das erkaltete Lötzinn kontaktiert und hält den Pin an der Kontaktstelle. Die Kontaktstelle ist typischerweise eine konzentrische Fläche des leitenden Materials auf der Leiterkarte um die Bohrung herum und befindet sich auf der dem Bauteil abgewandten Seite der Leiterkarte. Auf dieser Seite der Baugruppe bilden sich die typischen Lotminisken um den aus dem Loch heraus ragenden Pin. Abb. 2.1 zeigt einen Schnitt durch eine solche Lötstelle.

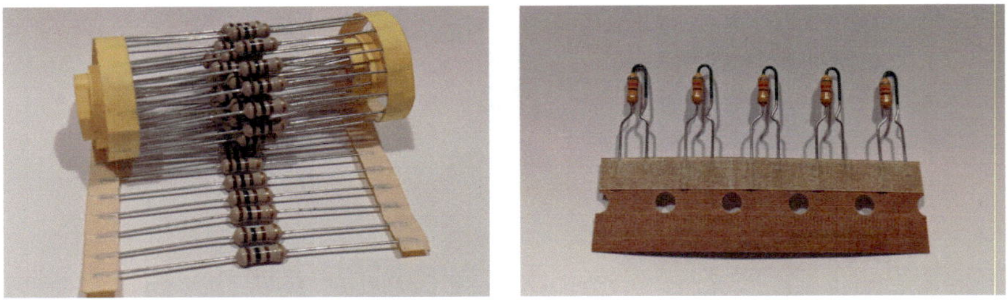

(a) Axiale Bauform **(b)** Radiale Bauform

Abbildung 2.2: THT-Widerstände auf Gurten. Abbildung 2.2a zeigt Widerstände in axialer Bauform und Abbildung 2.2b zeigt axiale Widerstände in einer radialen Konfiguration. Die Widerstände in Abbildung 2.2b haben eine zusätzliche Biegung in den Kontakten, um die Einstecktiefe zu begrenzen. Außerdem verfügen sie über eine Lackierung am hochstehenden Kontaktbein, um offenliegende elektrische Kontaktflächen zu verringern.

2.1.1 Bestückung

Um die THT-Komponenten auf die Leiterplatte zu bringen, können diese entweder manuell oder maschinell bestückt werden. Bei vielen Produkten, welche in THT-Prozessen oder Mischprozessen gefertigt werden, ist die Handbestückung durch einen menschlichen Bearbeiter weit verbreitet. Die Formenvielfalt von THT-Komponenten ist sehr groß, weshalb auch die Verpackung und Darreichung von diesen Komponenten vielseitig ist. Eine automatisierte Platzierung durch Maschinen ist grundsätzlich möglich, jedoch durch die hohen Rüstkosten in den meisten Fällen nicht wirtschaftlich.

Bei diskreten zweipoligen Bauteilen lässt sich meist eine Trennung in radiale und axiale Bauteile treffen. Radiale Bauteile haben ihre Anschlüsse auf der gleichen Bauteilseite. Die bekanntesten Vertreter sind hier die Elektrolytkondensatoren mit ihren typischen zylindrischen Körpern, welche, korrekt montiert, orthogonal auf der Flachbaugruppe aufsitzen. Axiale Bauteile haben ihre zwei Anschlüsse auf den Endkappen der Körperachse mit der größten Ausdehnung. Die prominentesten Vertreter sind Widerstände und Dioden. Die Anschlussbeine müssen zuerst auf die richtige Breite zurechtgebogen werden, jedoch ermöglicht diese Anschlussform einen besonders flachen Aufbau der Schaltung. Alternativ können die Kontakte so gebogen werden, dass der Bauteilkörper orthogonal auf der Leiterkarte steht und einem radialen Bauteil ähnelt.

Radiale und axiale Bauteile können als Schüttgut oder auf Gurten transportiert werden. Die Gurte sind schmale, lange Bahnen aus Papier, in welches die Anschlussdrähte der Bauteile mittels Klebstoff in einem regelmäßigen Abstand fixiert werden. Die Abbildung 2.2 zeigt solche Gurte mit Bauteilen. Die Bindung der Bauteile in einen Gurt ermöglicht platzsparenden Transport und Lagerung, sowie eine maschinelle Handhabbarkeit. Bei komplexeren Bauteilen mit mehr als zwei Anschlussdrähten kommen häufig Kunststoffträger mit Vertiefungen für die Bauteilkörper zum Einsatz. Diese Träger garantieren eine definierte Position und Orientierung des Bauteils und erleichtern somit die Entnahme und Verarbeitung. Je nach Produkt und Bestückprozess existieren viele Möglichkeiten, Bauteile aus ihren Verpackungen zur weiteren Verarbeitung vorzubereiten. Zum Beispiel existieren Geräte für die automatisierte Entnahme von Bauteilen aus den Gurten, welche nach Bedarf auch die Verformung und das Kürzen der Anschlüsse durchführen. Diese Geräte können mittels Sensoren die Entnahme erkennen und nur benötigte Bauteile lösen oder eine definierte Stückzahl als Schüttgut ausgeben. Auch ist es möglich, Bauteilanschlüsse mit zusätzlichen Krümmungen auszustatten, um die Durchstecktiefe oder einen selbständigen Halt in den Durchkontaktierungen zu gewährleisten.

Handbestückung

Bei der Handbestückung wird der komplette Montageprozess durch einen Menschen ausgeführt. Die unbestückte Leiterkarte oder, im Fall von Mischtechnologie, die im SMD-Prozess gefertigte Baugruppe liegt vor dem Bearbeiter. Dieser entnimmt die benötigten Bauteile aus einem Lager- oder Magaziniersystem und führt die Kontaktbeine durch die dafür vorgesehen Löcher. Der Mensch ist hier eine Fehlerquelle, weil es leicht zu fehlerhaften Bestückungen kommen kann. Bauteile können verpolt gesetzt werden, die Nennwerte der Bauteile können fehlerhaft sein oder die Bestückung wird gänzlich ausgelassen. Um Fehlern bei der Bestückung vorzubeugen, können zweipolige Bauteile mit redundanten Kontaktbeinen ausgestattet sein. Diese zusätzlichen Kontakte verhindern ein Verpolen, müssen aber im Leiterkartendesign mit zusätzlichen Vias oder Bohrungen bedacht werden. Bei mehrpoligen Bauteilen können die Kontakte asymmetrisch angeordnet werden, um ein Verpolen zu verhindern.

Automatische Bestückung

Neben der weit verbreiteten Handbestückung gibt es auch automatische Bestücker für THT-Komponenten. Der größte Nachteil dieser automatischen Geräte ist ihre Rüstzeit und fehlende Feinfühligkeit. Für typische zweipolige und einige mehrpolige Bauteile erreichen die Maschinen Geschwindigkeiten, welche auch eine Gruppe menschlicher Bestücker nicht überbieten kann. Jedoch gibt es viele Bauteile, welche nicht oder nur mit unverhältnismäßig großem Aufwand von Maschinen platziert werden können. Ein großer Vorteil der THT-Fertigung gegenüber der Surface Mounted Device (SMD)-Fertigung ist, dass sehr große und schwere Komponenten platziert werden können. Hierbei muss es sich auch nicht um einzelne Bausteine einer Schaltung handeln, sondern es können komplexe Gerätschaften auf Leiterplatten aufgesteckt werden. Diese große Vielfalt an Bauformen behindert selbstverständlich eine tiefgehende Automatisierung. Um die automatische Bestückung von einer großen Vielzahl an THT-Bauteilen auf einer Leiterkarte zu ermöglichen, existieren Maschinen, welche in der Fertigungsvorbereitung die benötigten Bauteile sequenzieren. Entsprechend des Bestückplans werden die benötigten Bauteile aus ihren Gurten getrennt und in der entsprechenden Reihenfolge auf einen neuen gemeinsamen Gurt aufgebracht.

2.1.2 Lötverfahren

Um das flüssige Lot an die Kontaktstelle zu bringen und die Lötverbindung zu erzeugen, sind je nach Bestückungsdichte und verwendeten Bauteilen verschiedene Verfahren bekannt. Am bekanntesten ist das Wellenlöten. Die Leiterkarten werden in einem Lötrahmen fixiert. Lötrahmen sind essenziell, um Baugruppen unterschiedlicher Größe und Form auf einer Fertigungslinie zu bearbeiten.

Die Lötrahmen besitzen eine feste Breite, welche die automatisierte Bewegung durch den Lötofen und das Inspektionssystem ermöglichen. So muss bei einem Produktwechsel nicht das Transportband angepasst werden. In den Lötrahmen können ein oder mehrere Niederhaltermechanismen vorgesehen sein. Diese Niederhalter verhindern ein Verrutschen oder Aufschwemmen der platzierten Bauteile durch ruckartige Bewegungen und den folgen-

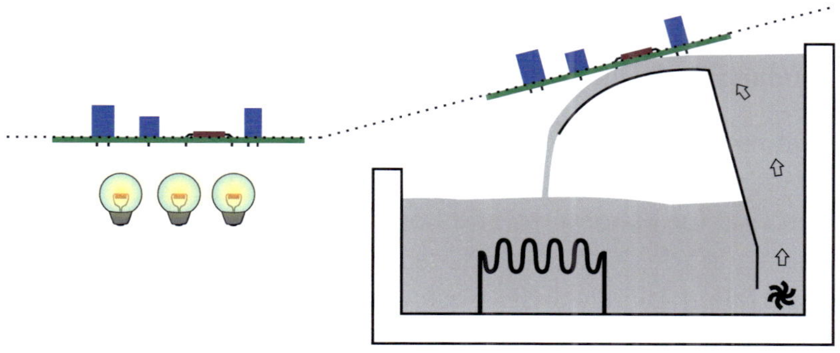

Abbildung 2.3: Vereinfachte Darstellung einer Wellenlötanlage für einen THT-Prozess. Auf der linken Seite werden die bestückten Baugruppen vorgewärmt. Danach bewegen sich die Baugruppen in ihrem Lötrahmen entgegen einem Strom aus flüssigem Lötzinn.

den Lötprozess. Im einfachsten Fall ist der Niederhalter ein Rahmen, welcher federbelastet auf die Bauteile gedrückt wird.

Nach einem optionalen Vorwärmen werden die Rahmen über eine Welle aus flüssigem Lötzinn gezogen. Hierbei bleibt das Lot an den Pins und den Pads haften und sollte im Idealfall an den anderen Flächen abperlen. In einigen Fällen ist der Kontakt mit dem flüssigen Lötmaterial nicht erwünscht. Beispiele hierfür sind Mischbestückungen mit SMD-Komponenten, Kontaktflächen für spätere Arbeitsschritte oder Montagebohrungen, welche frei von leitfähigen Werkstoffen bleiben müssen. In diesen Fällen werden entsprechende Bereiche durch eine Lötmaske geschützt. Im einfachsten Fall ist die Lötmaske in den Rahmen integriert. Ein weiterer Vorteil dieser Lötmaske ist, dass die Leiterkarte im Lötprozess mechanisch stabilisiert ist und nicht zum Verkippen oder Verrutschen neigt.

Eine andere Möglichkeit, automatisiert Lötverbindungen für THT-Bauteile zu erzeugen, ist das Selektivlöten. Bei dieser Gruppe von Verfahren werden Lötverbindungen einzelner Komponenten sequentiell und individuell erzeugt. Am geläufigsten sind hier Miniwellen und das Kolbenlöten mit Robotern. Die Miniwelle ist im Funktionsprinzip ihrem großen Gegenstück sehr ähnlich, jedoch wird nur ein Pin oder eine kleine lokale Ansammlung von Pins mit Lot umspült. Automatisiertes Kolbenlöten arbeitet, genau wie das manuelle Kolbenlöten, indem Lötdraht durch die erhitzte Spitze des Lötkolbens aufgeschmolzen wird und flüssiges Lot durch Adhäsion eine gleichmäßige Lötverbindung herstellt.

Alle Verfahren des Selektivlötens haben gemeinsam, dass sie sowohl individuell für jede einzelne Lötstelle konfiguriert werden können, als auch sehr schonend sind für Materialien und Komponenten, welche nicht der hohen Wärmebelastung des Wellenlötens standhalten können. Der Nachteil der selektiven Verfahren ist jedoch der wesentlich höhere Einrichtaufwand und die geringere Geschwindigkeit.

2.1.3 Die Fertigungslinie

Abb. 2.4 zeigt eine minimale Ausstattung einer THT-Fertigungslinie. Es sind nur die nötigsten Geräte dargestellt. In realen Anlagen können zusätzliche Stationen vorhanden sein. Die Leiterplatten werden über ein Magazin in den Prozess gebracht und im ersten Schritt in einen Lötrahmen gelegt. Die genaue Umsetzung der Montage und Bestückung der Baugruppe hängt vom Produkt und den verfügbaren Ressourcen ab. Bei komplexen Baugruppen mit einer hohen Stückzahl durchlaufen die Baugruppen typischerweise einen mehrstufigen Montageprozess an einer Vielzahl von Arbeitsplätzen. Bei weniger komplexen Baugruppen oder Kleinserienfertigung wird eine Baugruppe an einem Arbeitsplatz vollständig montiert.

Auch wenn die Arbeitsplätze in Abb. 2.4 in Reihe dargestellt sind, so kann es sich in der Realität um ein großes Montagefeld von Arbeitsplätzen mit komplizierten automatisierten Bewegungs- und Leitmechanismen handeln. Ein einzelner Arbeitsplatz kann eine Lötanlage mit typisch hohem Energieverbrauch nicht auslasten. Zum Erreichen einer ausreichenden Wirtschaftlichkeit fahren Baugruppen von mehreren parallel ablaufenden Handbestückungen in eine Lötanlage ein.

Im letzten Schritt der Bestückung wird der Niederhalter aufgesetzt und auf der Lötmaske arretiert. Nachdem die Rahmen die Lötanlage durchlaufen haben, werden die Niederhalter gelöst und die Baugruppen aus den Rahmen entnommen. Die Rahmen und Niederhalter werden an den Anfang des Pro-

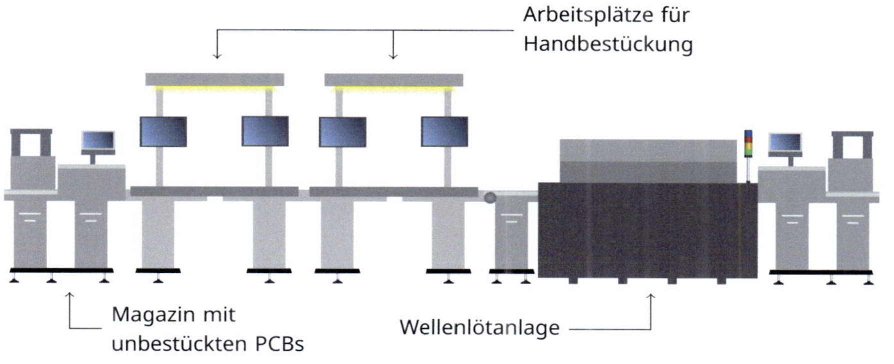

Abbildung 2.4: Minimale Ausstattung einer THT-Fertigungslinie. Die Leiterkarten durchlaufen den Prozess von links nach rechts. Die Entnahme erfolg wie die Zufuhr über ein Magazin.

zesses rückgeführt und wieder verwendet. Je nach Prozess ist vor der Entnahme eine Abkühlzeit einzuhalten.

In einer THT-Linie kann es zu zwei grundlegend verschiedenen Arten von Fehlern kommen. Durch die weit verbreitete Verwendung menschlicher Arbeiter sind Fehler in der Bestückung nicht selten. Die andere Fehlerklasse sind die Lötfehler, welche durch Benetzungsfehler, Materialversagen und die Natur des Prozesses entstehen können.

Schwerwiegende Fehler beim Platzieren von besonders hochwertigen Bauteilen können durch Niederhalter oder Designentscheidungen im Entwurfsprozess der Leiterkarte entgegengewirkt werden. Beispiele hierfür sind Stempel, welche auf große Komponenten drücken und bei Fehlen das Verriegeln des Niederhalters verhindern, und mechanische Vorkehrungen zum Schutz vor Verpolung.

Fehler beim Löten der Durchsteckverbindungen können auch bei der größten Vorsicht und mit den modernsten Anlagen ständig auftreten. Bauteile können ausgeschwemmt werden. Lötstellen können zu mager oder zu fett ausfallen Benetzungsfehler können die Langlebigkeit des Produkts gefährden.

Werden diese Fehler nicht erkannt und ihre Ursachen identifiziert und behoben, führt dies zu sehr viel Ausschuss. Ein menschlicher Experte kann bei der

Sichtprüfung nicht mit dem Fertigungstakt solcher Anlagen mithalten. Das ist der Grund, weshalb eine moderne THT-Fertigung nicht ohne eine automatische optische Prozesskontrolle existieren kann.

2.2 SMD

Die Abkürzung SMT (auch ugs. SMD) bezeichnet ein Fertigungsverfahren in Oberflächenmontage. Die Fertigung elektrischer Baugruppen in Oberflächenmontage ist heute die vorherrschende Herstellungsmethode. Durch den hohen Automatisierungsgrad aller benötigten Teilschritte konnte diese Technologie die Durchsteckmontage und andere vorhergehende Methoden weitestgehend verdrängen. Die benötigten Teilschritte, also Drucken der Lötpaste, Platzieren der Bauteile und Aufschmelzen und Löten der Paste, können in einer einzigen Fertigungslinie automatisiert bearbeitet werden und sind von verschiedenen Geräteherstellern sehr gut mit entsprechenden Fertigungsmaschinen bedient. Zur Mindestausstattung einer SMD-Fertigungslinie gehören drei Geräte: ein Pastendrucker zum Aufbringen der Lötpastendepots auf die Pads, ein Bestücker zum Platzieren und Eindrücken der Bauteile in die Lötdepots und ein Lötofen zum Aufschmelzen des Lots für die elektrische und mechanische Kontaktierung der Bauteile. Eine automatische optische Inspektion kann jeden dieser Arbeitsschritte abschließend verifizieren, um einen fehlerfreien Ablauf zu gewährleisten und Verlust durch Prozessveränderungen frühzeitig zu erkennen.

2.2.1 Pastendruck

Für den ersten Schritt der Fertigung, den Pastendruck, existieren verschiedene Verfahren mit unterschiedlichen Anwendungsprofilen. Das häufigste Verfahren ist der Schablonendruck. Hierbei wird eine Schablone aus Edelstahlblech auf der Printed Circuit Board (PCB) platziert und die Lötpaste mittels einer Rakel durch die Löcher gepresst. Das Volumen der aufgetragenen Lötpaste wird durch die Dicke der verwendeten Schablone bestimmt. Beim Abheben der Schablone verbleiben Lötpastendepots lediglich in den Freiflächen. Der Vorteil des Schablonendrucks sind die, nach den erhöhten Initi-

(a) Rakel und Schablone

(b) Pastendepot

Abbildung 2.5: Der Pastendruckprozess mit einem Schablonendrucker. Abb. 2.5a zeigt, wie eine Rakel die Lötpaste über die Schablone schiebt und dabei in die Löcher drückt. In Abb. 2.5b ist die Schablone abgehoben und die Paste verbleibt als Depot auf dem Pad.

alkosten, verbleibenden geringen Betriebskosten und die geringe Taktzeit eines solchen Druckers. Industrieübliche Mehrfachnutzen, eine Vielzahl von unabhängigen Schaltungen in einem Gebinde, sind in wenigen Sekunden bedruckt.

Die moderne Alternative zum Schablonendruck ist der Jetprinter, auch Jetter genannt. Analog zum Verfahren eines Tintenstrahldruckers wird Lötpaste aus einem Dispenser fein dosiert und direkt auf die Pads gedrückt. Dies ist selbstverständlich viel langsamer als ein Schablonendrucker, wenn es um hohe Stückzahlen und hohe Bestückdichten geht, bietet aber seine eigenen Vorzüge. Ein Jetprinter kann mit einem vertikalen Hub auch komplexe Oberflächen bedrucken, während der Schablonendrucker nur ebene Flächen bedrucken kann. Hierdurch werden neue, hochkompakte Bauformen, wie Package-on-Package, möglich. Außerdem braucht ein Jetprinter keine individuellen Masken für jedes Produkt, die digitalen Positionsdaten der zu druckenden Depots reichen aus. Ziel ist es, mit kleinen, aber hoch verschiedenen Produkten die Wünsche der Kunden nach kurzfristigen Lieferungen zu bedienen. Häufig wird hier der Begriff High-Mix-Low-Volume verwendet. Die ultimative Konsequenz dieser Entwicklung ist die „Losgröße 1“, ein Thema, welches seit einiger Zeit eine große Rolle in der Elektronikfertigung spielt und mit dem Jetprinter realisierbar geworden ist.

2.2.2 Bestückung

Beim Arbeitsschritt des Bestückens werden die benötigten Komponenten aus einem Feeder oder Träger entnommen und auf die bedruckten Pads

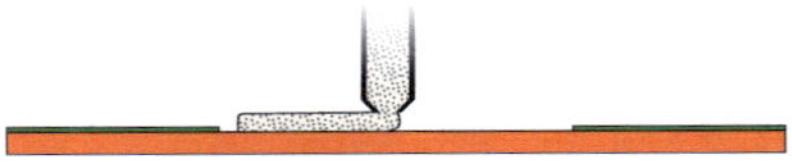

Abbildung 2.6: Ein Jetprinter für Lötpaste. Mittels Druck wird die Paste aus dem Dispenser direkt auf das Pad gedrückt und verbleibt dort als Depot.

gedrückt. Ein Feeder ist ein automatischer Magazinierer zur Entnahme von Komponenten aus Trägerrollen oder ähnlichen Verpackungen. Liegen die Bauteile in einer unbekannten Lage in ihrer Aufbewahrung, so ist eine optische Lageerkennung nach dem Greifen nötig. Durch die ermittelte genaue Lage kann der Positionierschritt angepasst werden. Bei den Komponenten kann es sich um alle in der SMD-Fertigung üblichen Gehäuseformen handeln. Von den kleinsten Chip-Bauteilen zu relativ großen Integrated Circuits (ICs) kann alles automatisiert bestückt werden. Meist werden pneumatische Greifer verwendet, welche die Komponenten mit einem Unterdruck in einem Gummifüßchen anheben und zur gewünschten Position bewegen. Je nach Gehäuseform und Gewicht müssen angepasste Greifer verwendet werden, weshalb solche Maschinen in der Regel eine Vielzahl an Greifern besitzen. Die Lötpaste hält die Komponenten durch Adhäsionskräfte auf dem Pad. Reicht diese Fixierung nicht aus, kann mit einem Kleber unter dem Gehäuse nachgeholfen werden. Durch die Oberflächenspannung des aufgeschmolzenen Lots werden die Pins ins Zentrum der benetzten Pads gezogen, was eine Selbstzentrierung der platzierten Komponenten zur Folge hat.

2.2.3 Lötverfahren

Reflowlöten ist die häufigste Löttechnologie für eine SMD-Fertigung. Ziel des Reflowlötens ist es, das metallische Material in der Lötpaste aufzuschmelzen und damit eine permanente Verbindung von Bauteilanschluss und Pad zu bilden. Für die notwendige Wärmeübertragung stehen in einem SMD-Prozess verschiedene automatisierte Verfahren zur Verfügung. Zu den bekanntesten Verfahren gehören Konvektions-, Infrarot- und Dampfphasenlöten. Weniger verbreitet sind Laserlöten und Wärmeleitung.

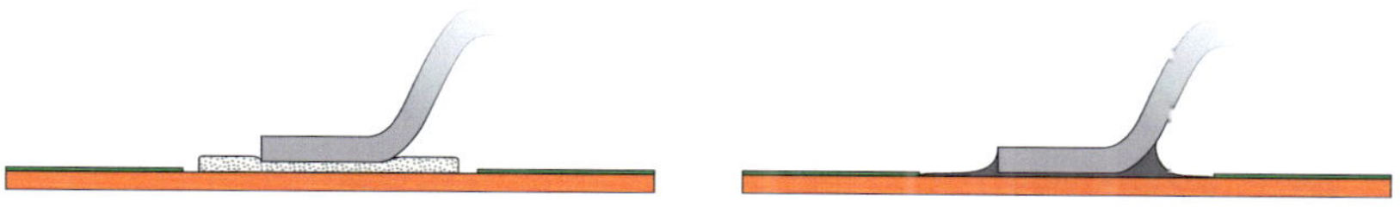

(a) Gullwing; Ungelötet

(b) Gullwing; Gelötet

Abbildung 2.7: Eine Schnittdarstellung für einen Pin in Gullwing-Form. In Abb. 2.7a liegt das Kontaktbein auf der Lötpaste auf und in Abb. 2.7b ist das Kontaktbein vom aufgeschmolzenen Lot benetzt und etwas eingesunken. Das Bauteil senkt sich beim Löten ab. Der Name dieser Pinform stammt von ihrer Ähnlichkeit mit den Flügeln einer Möwe.

In automatisierten Prozessen der Serienfertigung sind Konvektions- und Dampfphasenlöten am weitesten verbreitet. Wie bei der Lötwelle im THT-Prozess lohnt sich der Betrieb einer solchen Anlage nicht für Kleinstserien oder Prototypen. Beim Dampfphasenlöten wird die Kondensationswärme einer zuvor erhitzten Flüssigkeit genutzt, um das Aufschmelzen zu erreichen. Das inerte Gas bietet hierbei gleichzeitig einen Schutz vor Oxidation. Für das weit verbreitete Konvektionslöten durchfahren die Werkstücke Kammern mit definierten Temperaturen. Dadurch werden Temperaturrasten eingehalten, welche ein schonendes aber vollständiges Aufschmelzen und ein optimales Erstarren des Lots garantieren.

Wärmeleitung und Laserlöten ermöglichen das individuelle Löten kleiner Lötverbindungen oder technisch anspruchsvoller Aufbauten. Die häufigsten Anwendungen dieser Techniken sind in der Fertigung von Kleinstserien und Prototypen. Beim Laserlöten wird der Bauteilanschluss mitsamt der Lötpaste sehr kurz von einem hochenergetischen Laser erwärmt. Die kurze Zeit und die kleine Fläche der Wärmebelastung schont empfindliche Bauteile und erhitzt nur die Lötstelle. Bei der Wärmeleitung werden erhitzte Formen auf die Lötstelle gepresst und erst nach dem Erstarren der Verbindung entfernt. Bei diesem Verfahren wird das zu lötende Bauteil fixiert, was ein Verrutschen oder Verformen verhindern soll.

Die Abb. 2.7 und 2.8 zeigen zwei gängige Bauteilanschlüsse von komplexeren SMD-Bauteilen. Die Abbildungen deuten an, wie die Bauteile beim Aufschmelzen in das Lot einsinken und das meiste Lötmaterial in den konkaven Lotmeniskus verdrängen.

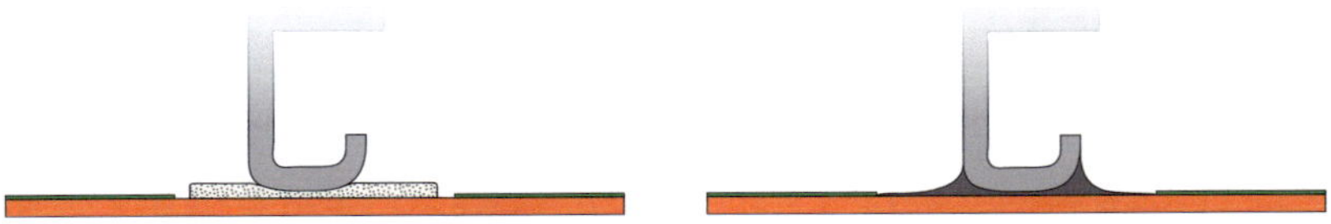

(a) J-Lead; Ungelötet

(b) J-Lead; Gelötet

Abbildung 2.8: Eine Schnittdarstellung für einen Pin in J-Lead-Form. In Abb. 2.8a liegt das Kontaktbein auf der Lötpaste auf und in Abb. 2.8b ist das Kontaktbein vom aufgeschmolzenen Lot benetzt und etwas eingesunken. Das Bauteil senkt sich beim Löten ab. Der Name dieser Pinform stammt daher, dass, je nach Betrachtungswinkel, der Pin dem Buchstaben J ähnlich sieht.

2.2.4 Die Fertigungslinie

Die Fertigung von Flachbaugruppen mit SMD-Montage ist ohne flächendeckende Automatisierung nicht vorstellbar. Die heutige Automatisierung der Elektronikfertigung ist in dieser Form auch nur durch SMT möglich. Zwar existieren viele Methoden und Werkzeuge der manuellen Fertigung und Reparatur von SMD-Flachbaugruppen, die vor allem im Hobby- und Modellbau, dem Prototypenbau und der Forensik Anwendung finden, jedoch keine Bedeutung in der Serienfertigung besitzen.

Durch das hohe Maß an Automatisierung ist es bereits möglich, solche Fertigungslinien ohne menschliche Mitarbeiter zu betreiben. Ein Eingreifen ist, wenn überhaupt, nur im Fehlerfall oder für Wartungen und Produktwechsel nötig. Robotiksysteme und autonome Fahrzeuge beladen die Magazine mit PCBs und holen die fertigen Produkte ab. Solch ein hoher Automatisierungsaufwand ist nur in großvolumigen Prozessen wirtschaftlich.

Eine grundlegende Ausführung einer SMD-Linie ist in Abb. 2.9 zu sehen. Es werden nur die nötigsten Komponenten gezeigt, auf weitere Automatisierung und Inspektionsanlagen wird in dieser Darstellung verzichtet.

Die PCBs werden durch einen Magazinierer in den Prozess gegeben. Als Erstes erreichen die Leiterkarten den Pastendrucker. Die Lötpaste wird aufgebracht und die bedruckte Leiterkarte direkt weiter transportiert. Eine Lagerung von bedruckten Leiterkarten ist in der Regel nicht vorgesehen, da die Lötpaste eintrocknen kann und die Gefahr besteht, das Material unnötig

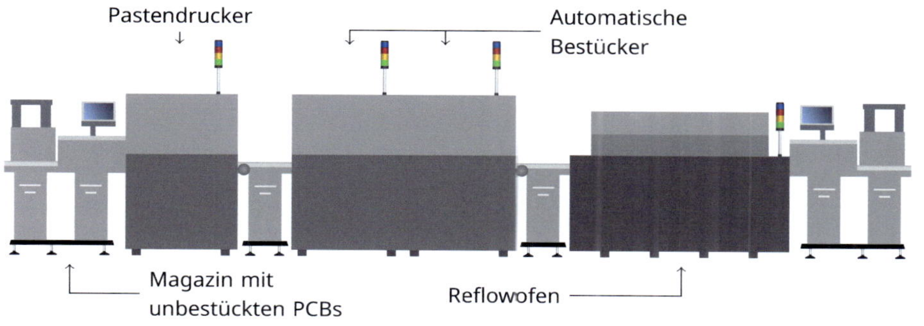

Abbildung 2.9: Minimale Ausstattung einer SMT-Fertigungslinie. Die Leiterkarten durchlaufen den Prozess von links nach rechts. Die Entnahme erfolg wie die Zufuhr über ein Magazin.

zu verunreinigen. Als nächste Station erreichen die bedruckten PCBs einen oder eine Gruppe von Bestückern. Häufig reicht ein einziger Bestücker nicht aus. Ein einzelner Bestücker kann nur eine begrenzte Anzahl an Bauteilen in seinen Magazinen halten, weshalb bei großer Bauteilvielfalt die Bestückung mehrstufig ablaufen muss. Ein weiterer Grund für diese Entscheidung kann die Taktzeit der Linie sein. Der Bestücker ist durch seine komplexe Aufgabe typischerweise der taktgebende Teil des Prozesses, alle anderen Geräte müssen sich nach der Geschwindigkeit des Bestückers richten. Reicht die Platziergeschwindigkeit einer einzelnen Anlage nicht aus, macht es auch hier Sinn, die Bestückung mehrstufig auszulegen. Nach dem Bestücken fahren die Bauteile in die Lötanlage. Im Gegensatz zum THT-Prozess ist es nicht üblich, einen Niederhalter auf die Baugruppe aufzusetzen. In einigen Prozessen bewegt sich die Leiterkarte auch nicht in einem Lötrahmen oder Werkstückträger durch den Prozess, sondern wird von den einzelnen Stationen direkt bewegt. Nach dem Löten werden die nun fertigen Leiterkarten wieder in einen Magazinierer geladen.

Durch den hohen Automatisierungsgrad der Fertigungsanlagen sind Fehler in einer SMD-Linie selten. Trotzdem kann eine große Vielfalt an Fertigungsfehlern an jeder der gezeigten Stationen auftreten. Durch die voranschreitende Miniaturisierung der Schaltungen und Bauteile folgt, dass eine flächendeckende Sichtprüfung durch den Menschen unmöglich wird. Die hohe Fertigungsgeschwindigkeit trägt ebenfalls dazu bei, dass nur eine automatische optische Inspektion die Qualität der Fertigung sicherstellen kann und den Prozess vor unnötigen Ausschuss und unerkannten Defekten in den Produkten bewahrt.

3 Automatische Optische Inspektion

- Aufbau und Funktion einer automatischen optischen Inspektionsmaschine.
- Architektur der Systemsoftware.
- Zusammenspiel mit angrenzenden Systemen und Einordnung in den Fertigungsprozess.
- Die Klassifikationskette.
- Fehler bei der Klassifikation von Fertigungsdefekten.

Eine optische Inspektionsmaschine ist ein Prüfmittel für die fertigungsbegleitende Qualitätskontrolle. Als Inspektionsgerät trifft die Maschine Qualitätsentscheidungen auf Basis von Messwerten aus den integrierten Messgeräten (Kamera, Laserentfernungsmessgerät, 3D-Scanner, usw.). Zur Entscheidungsfindung dient ein Prüfprogramm, welches die gewünschten Qualitätsparameter abbildet. Die Qualitätsparameter können entweder explizit in der Form von Grenzwerten (Farbwert, Anzahl der Pixel, u.Ä.) angegeben sein, oder implizit durch komplexere Algorithmen (Formsuche, Position, Optical Character Recognition (OCR), u.Ä.) definiert werden. Zur Umsetzung dieser Grenzwerte oder Algorithmen dienen Prüffunktionen, welche die Bildeingaben unter Berücksichtigung der Parameter auf das Prüfergebnis abbilden. Die Summe aller Prüffunktionen ist das Prüfprogramm. Die Optimierung und Ausführung des Prüfprogramms übernimmt die Inspektionssoftware der Maschine. Sie stellt das Bindeglied zwischen den Messgeräten, der Hardwaresteuerung und dem Prüfprogramm her.

Die Systemparameter und Ausstattungsmerkmale einer Maschine zur optischen Inspektion richten sich nach dem konkreten Prüfproblem, jedoch haben sich einige wenige Anwendungsgebiete herauskristallisiert, welche von vielen der Hersteller bedient werden. Wichtige Kernparameter sind die Prüfgeschwindigkeit, oftmals in $mm^2\,s^{-1}$ angegeben, die Wahl der Messmethode und der Umfang der Prüffunktionen. Außerdem spielen Kenngrößen wie die maximalen Maße eines Prüflings oder die Bauteilfreiheit, also der Abstand des niedrigsten Punktes des Messsystems zum Prüfling selbst, eine wichtige Rolle bei der Auswahl einer Maschine.

Die Inspektionsmaschine ist der wichtigste Teil eines modernen optischen Inspektionssystems. Ergänzt wird die, meist in der Fertigungslinie stehende, Maschine durch andere Arbeitsplätze, welche über ein komplexes Softwaresystem miteinander verbunden sind. Auch wenn die Inspektionsmaschine als ausführender Teil des Systems die eigentliche Prüfung durchführt, braucht man die anderen Systeme zur Einrichtung, Programmierung und Überwachung der Inspektionsmaschine und zur Nachklassifikation der Fertigungsdefekte [2].

In den folgenden Abschnitten wird der Aufbau einer Inspektionsmaschine und die typische Architektur der Prüfsoftware dargestellt. Dabei werden die angeschlossenen Teilsysteme, welche zusammen mit der Prüfmaschine das gesamte Inspektionssystem bilden, kurz beschrieben. Anschließend werden die Klassifikationskette und verschiedene Fehler bei der Klassifikation von Fertigungsdefekten diskutiert.

3.1 Anatomie eines Prüfsystems

Kernstück eines jeden optischen Inspektionssystems sind die Komponenten zur optischen Erfassung des Prüflings. Im Fall der klassischen 2D-Inspektion handelt es sich um eine digitale Matrix- oder Zeilen-Kamera samt der erforderlichen optischen Bestandteile und eine umfangreiche Beleuchtungseinrichtung. Bei einer 3D-Inspektion sind, je nach Verfahren, weitere Komponenten nötig. Handelt es sich um ein kombiniertes System, so ist es erstrebenswert, die Kamera sowohl für die 2D- als auch die 3D-Inspektion zu verwenden. Die Summe all dieser Komponenten wird als Bilderfassungseinheit oder Inspektionskopf bezeichnet. Alle Bestandteile des Inspektionskopfes sind gemeinsam auf eine Menge an Prüfaufgaben ausgelegt und unterliegen klaren Randparametern.

3.1.1 Zweidimensionale Bildgebung

Kernstück der Prüfhardware ist der Bildgeber der Maschine, eine digitale Kamera. Die Kamera wandelt elektromagnetische Strahlung, also einfallendes Licht, erst in Spannung und durch Digitalwandlung in maschinenlesbare Daten um. Viele Parameter der Maschine hängen direkt von der Leistungsfähigkeit der Kamera ab, weshalb diese auf das Problem abgestimmt sein muss. Die dreidimensionale Prüfung erweitert die zweidimensionale Prüfung um zusätzliche Komponenten, stellt aber ähnliche Anforderungen an die Bildgebung.

Bei der Auswahl einer digitalen industrietauglichen Kamera spielen einige Kenngrößen der Sensoren eine wichtige Rolle. Besonders interessant sind Sensoren mit einem geringen Eigenrauschen und einer hohen Langzeitstabilität des digitalisierten Bildes. Solche Sensoren müssen über viele Betriebs-

Abbildung 3.1: Zwei gängige Kamerasensoren. Beide Sensoren haben eine vergleichbare Anzahl an Pixeln (ca. 12 MPx). Der Sensorchip von Sony ist zum Beispiel in Smartphones verbaut, während der Sensor von AMS in Industriekameras Verwendung findet. Die Angaben stammen aus den jeweiligen Datenblättern der Hersteller.

stunden hinweg verlässlich rauscharme und klare Bilder liefern. Typischerweise haben industrielle Kameras eine größere Sensorfläche und größere Pixel als Kameralösungen für den Endkonsumenten. Abb. 3.1 verdeutlicht den Größenunterschied solcher Sensoren zu denen aus weniger anspruchsvollen Kameralösungen.

Ein weiteres wichtiges Merkmal der Sensoren ist die Methode des Auslesens der Bildinformationen. Es existieren zwei vorherrschende Verfahren. Im Globalshutter-Verfahren werden alle Pixel des Sensors gleichzeitig belichtet und ausgelesen, was einen größeren Aufwand im Design des Sensors bedeutet sowie Komplexität und Preis erhöht [3, S. 234]. Im Rollingshutter-Verfahren werden Zeilen oder Spalten des Sensors sequentiell belichtet bzw. ausgelesen [3, S. 234]. Globalshutter wird im industriellen Bildverarbeitungsbereich meist dem Rollingshutter vorgezogen, da es eine zeitgleiche Beobachtung der gesamten Szene liefert und nicht die typischen Bewegungsartefakte des Rollingshutter aufweist.

Aufgabe der Kamera ist es auch, die Bilddaten des Sensors an ein Bildverarbeitungssystem, wie einen Computer, zu übertragen. Hierfür werden standardisierte Übertragungsprotokolle und Schnittstellen verwendet. Die Wahl der Schnittstelle und des Protokolls basiert auf der Verfügbarkeit geeigneter Kabellängen und der Belastbarkeit der Kabel, als auch auf den maximalen Datenraten, welche erzielt werden können. In einem System mit einem beweglichen Inspektionskopf müssen die Datenleitungen jeder Bewegung folgen und das über eine große Anzahl an Bewegungszyklen. Die verwendeten Kabel müssen in der Lage sein, dieser Belastung standzuhalten.

Für die Abbildung einer Szene auf einen Digitalsensor einer Kamera benötigt es auch einer Optik. Für die automatische optische Inspektion haben sich telezentrische Objektive etabliert. Gegenüber der entozentrischen Optik bieten sie einen gleichbleibenden Bildmaßstab über das gesamte Bildfeld [4, Kap. 3.4.3.6]. So können Prüfungen unabhängig von ihrer Position im Bildfeld durchgeführt werden. Besonders Distanzmessungen werden nicht durch eine perspektivische Verzeichnung verändert. Durch die gleichbleibende Auflösung und dadurch geringe Verzeichnung des Kamerabildes lassen sich eine Vielzahl solcher Bilder durch geeignete Bewegung aneinanderfügen, um eine größere Abtastung zu erreichen [4, Kap. 8.1.4].

3.1.2 Beleuchtungstechnologien

Neben der Kameratechnologie spielt die Ausleuchtung des Prüflings eine große Rolle für die Inspektion. Die Beleuchtung ermöglicht das Erfassen der entscheidenden Merkmale des Prüflings. Ohne eine abgestimmte Beleuchtung kann auch die beste Kamera keine verwertbare Beobachtung liefern. Zu den Beleuchtungsoptionen gehören neben verschiedenen Spektralbereichen des sichtbaren und nichtsichtbaren Lichts auch der Beleuchtungswinkel und die Beleuchtungsanordnung. Die Abb. 3.2 zeigt den Einfluss dieser Beleuchtungsoptionen auf die Bildaufnahme eines Bauteils und der Leiterplatte samt Pads.

Die verschiedenen spektralen Bereiche der Beleuchtung sind nützlich bei der Beurteilung von Schutzlacken, Materialien, Markierungen und Verunreinigungen, während Beleuchtungswinkel und Anordnungen die topologischen Merkmale gut hervorheben. Die Top-Beleuchtung befindet sich nahe am Objektiv und hat einen großen Öffnungswinkel, um eine möglichst homogene Beleuchtung zu verwirklichen. Durch die gleichmäßige und beinahe orthogonale Beleuchtung werden Schriften und Objektkanten kontrastreich sichtbar. Eine koaxiale Beleuchtung bringt Licht direkt in den Strahlengang der beobachtenden Optik ein. Dies wird über einen halbdurchlässigen Spiegel realisiert. Durch diese Anordnung erscheinen spiegelnde Oberflächen mit einer orthogonalen Orientierung zur Kamera schon bei geringsten Lichtintensitäten als überstrahlt und geneigte Oberflächen als dunkle Bereiche. Dies hilft, unverzinnte Pads und fehlendes Lot zu erkennen. Eine

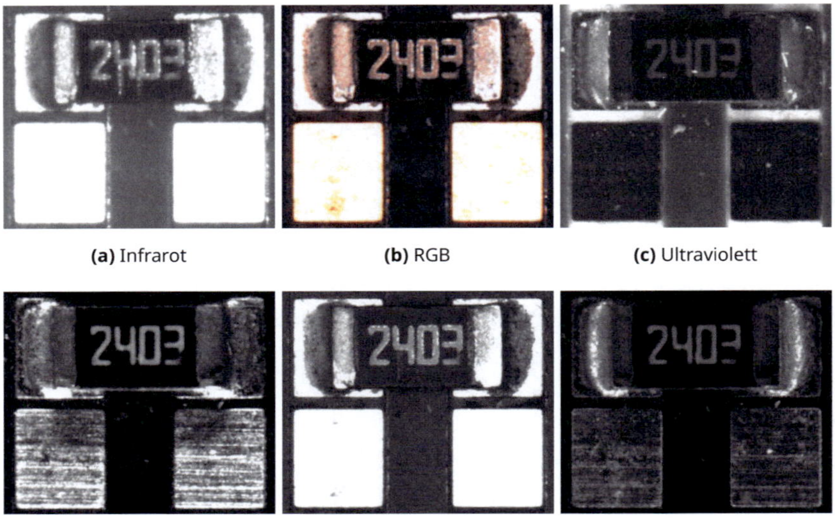

(a) Infrarot **(b)** RGB **(c)** Ultraviolett

(d) Top **(e)** Koaxial **(f)** Seite

Abbildung 3.2: Ein Widerstand als 1206 Chip und ein unbestücktes und unbedrucktes Paar Pads unter verschiedenen Beleuchtungen. In der oberen Reihe zeigen Abb. 3.2a, Abb. 3.2b und Abb. 3.2c eine Variation des Lichtspektrums der Beleuchtung mit konstanter Beleuchtungsrichtung (Top), während Abb. 3.2d, Abb. 3.2e und Abb. 3.2f den Einfluss unterschiedlicher Beleuchtungsrichtungen bei gleichbleibender Lichtfarbe (Weiß) darstellen.

Dunkelfeldbeleuchtung von der Seite schafft es, geneigte Ebenen und Lotmenisken deutlich auszuleuchten. Auch Defekte in Oberflächen sind besser kontrastiert. Verschiedene spektrale und spatiale Optionen der Beleuchtung lassen sich frei kombinieren, was die Anzahl der theoretisch möglichen Lichtsituationen unübersichtlich werden lässt. Häufig bieten Hersteller von AOI-Systemen vordefinierte Mischungen an, welche auf typische Situationen zugeschnitten sind.

3.1.3 Achsen und Bewegung

Aus den technischen Parametern der verfügbaren Kameras, den optischen Beschränkungen der Objektive und der Auflösungsanforderung an das System ergeben sich effektive Bildbereiche von circa 15 cm^2 bis 20 cm^2 [5, 6] bei gängigen AOI-Systemen. Diese sind kleiner als die typischen elektrischen

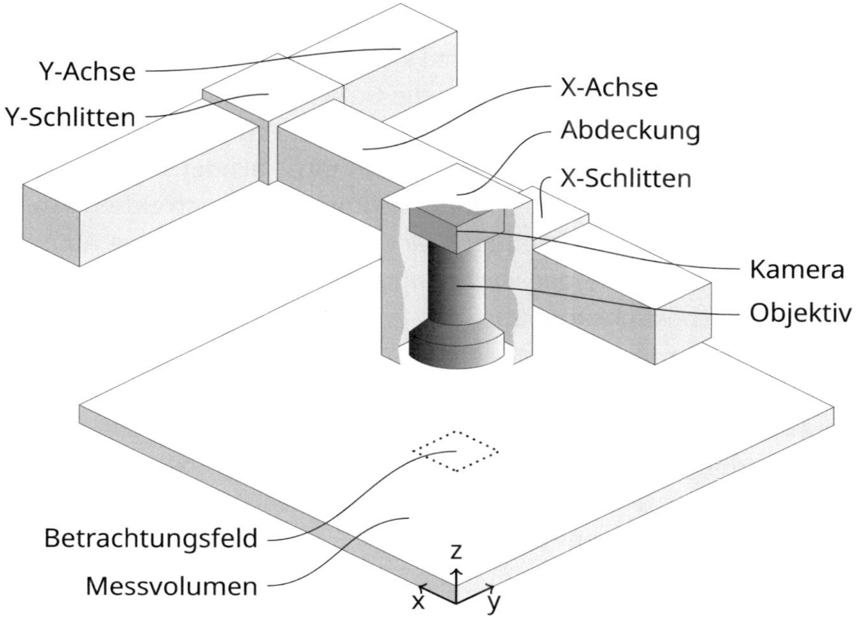

Abbildung 3.3: Der grundlegende Aufbau einer optischen Inspektionsmaschine, bestehend aus den optischen Komponenten und dem Achssystem. Zur übersichtlicheren Darstellung ist das optische Teilsystem auf eine Kamera und ein telezentrisches Objektiv reduziert. Beleuchtungsoptionen werden nicht dargestellt. Die Größe des Betrachtungsfelds ist deutlich kleiner als das angestrebte Messvolumen. Bei einem reinen 2D-System hat das gesamte Messfeld keine Ausdehnung in Z. Durch eine kombinierte Bewegung der x-Achse und y-Achse kann das Messfeld im Inspektionsraum positioniert werden. Weitere optionale Freiheitsgrade für die Bewegung sind eine z-Achse für eine vertikale Nachführung der optischen Systeme und eine Rotationsachse um die optische Achse der Bildaufnahmeeinheit.

Flachbaugruppen, weswegen eine Bewegung von Inspektionskopf und Prüfling relativ zueinander unerlässlich ist.

Ob der Prüfling unter einem statischen Inspektionskopf, der Inspektionskopf über dem ruhenden Prüfling bewegt wird oder eine Mischbewegung ausgeführt wird, liegt einerseits an den maximal zulässigen Kräften, welche auf Prüfling und Inspektionskopf wirken dürfen, als auch an der technischen und wirtschaftlichen Umsetzbarkeit solcher Lösungen. Die Masse der Prüflinge liegt meist weit unter der Masse eines Inspektionskopfes, daher scheint es sinnvoll, den Prüfling mit maximaler Geschwindigkeit zu bewegen und den Inspektionskopf mit den optischen Komponenten in Ruhe zu belassen. Aber ungelötete, bestückte Flachbaugruppen können nicht beliebig in Bewegung versetzt werden, da die Gefahr besteht, dass sich Bauteile ablösen. Auch bedeutet eine reine Bewegung des Prüflings unter der Kamera, dass der Prüfling wesentlich kleiner sein muss als der Bauraum der Inspektionsmaschine, damit das Bildfeld alle Bereiche überstreichen kann. Die häufigste Konfiguration besteht aus einem Bandmodul für die Aufnahme, Lagerung und Übergabe der Flachbaugruppe und einem x-y-Achssystem, welches den Inspektionskopf über den Prüfling bewegt. Ein solcher Aufbau ist in Abb. 3.3 dargestellt. Trotz der zunehmenden Integration der Schaltungen und der Miniaturisierung der Komponenten reicht für eine zeitoptimierte Prüfung das kachelweise Abrastern des Prüflings nicht aus. Unter Berücksichtigung der verschiedensten Beleuchtungsoptionen werden möglichst optimale Inspektionspfade über den Prüfling ermittelt. Ein Beispiel hierfür findet sich in Patent [7].

3.1.4 Besonderheiten dreidimensionaler Inspektion

Für die dreidimensionale Bildgebung in einem optischen Inspektionsgerät für elektrische Flachbaugruppen kommen eine Vielzahl von Verfahren infrage. Am häufigsten werden das Phasen-Schiebe-Verfahren und der kodierte Lichtschnitt verwendet. Beide Verfahren sind in [4] beschrieben und werden von jedem Hersteller in einer leicht abgewandelten Umsetzung angeboten. Weitere Verfahren, welche schon Anwendung in der Leiterkarteninspektion gefunden haben, sind chromatisch-konfokale Sensoren (3D EyeZ, Göpel electronic GmbH), Laserlinien-Schnitt (Xceed, PARMI Europe GmbH) und diverse Shape-From-Shading-Verfahren. Besonders nennenswert sind die Shape-From-Shading-Verfahren, da hier in der Regel versucht wird, eine 3D-Messfunktionalität mit bestehenden Beleuchtungen und Kameras für die 2D-Inspektion zu erreichen. In [8] wird gezeigt, wie ein solches System für die Inspektion von SMD-Lötstellen verwendet werden kann und in [9] wird ein abgewandeltes Verfahren für THT-Lötstellen gezeigt. Wegen des Funktionsprinzips der winkelabhängigen Reflexion ist keine vollständige 3D-Messung der Leiterkartenoberfläche möglich. Die chromatisch-konfokalen Sensoren und der Laserlinien-Schnitt liefern, genau wie die Verfahren mit strukturiertem Licht, Messungen der gesamten Leiterkarte. Was alle Verfahren gemeinsam haben, ist, dass nicht jede Topologie und jedes Material gleichermaßen gemessen werden können. Bei hochreflektiven und transluzenten Materialien oder unkooperativen Oberflächenstrukturen, wie zum Beispiel tiefen Bauteilschluchten, kommt es zu charakteristischen Messwertausfällen. Weniger schwerwiegend ist es, wenn Messwerte vereinzelt ausfallen, da eine Rekonstruktion der gesamten Oberfläche durch Interpolation der Nachbarn möglich ist. Kritisch sind Messfehler, welche sich nicht als solche identifizieren lassen, da hier augenscheinlich korrekte Werte ermittelt werden. Typische Beispiele für den totalen Ausfall von Messwerten sind die hochglänzenden Abschnitte von Lötmenisken, welche durch Totalreflexion keine Beobachtung zulassen, oder sehr tiefe Strukturen wie Steckkontakte oder Durchkontaktierungen. Beispiele für schwer oder gar nicht identifizierbare Messfehler sind Bauteile im Glaskörper oder transluzente Bauteile. Durch den klaren Glaskörper mit eventuell aufgebrachten Markierungen kann das Messsystem den tatsächlichen Bauteilkörper nicht rekonstruieren und keine zuverlässige Lage ermitteln. Wenn keine diffuse Reflexion beobachtet werden kann, scheitern die meisten Profilometrieverfahren. Bei transluzenten Materialien kann aufgrund der Volumenstreuung ein falscher Höhenwert ermittelt werden. Unabhängig von der verwendeten Technologie haben alle Systeme eine entscheidende Gemeinsamkeit. Alle bekannten Systeme arbeiten als 2,5D-Messsysteme mit Höhenkarten, da kein Hersteller mit dreidimensionalen Koordinaten arbeitet und die Systeme auch generell keine Hinterschneidung unterstützen. Das Ergebnis einer dreidimensionalen Messung ist also keine Punktewolke oder gar eine Beschreibung der Körper durch Primitive, vielmehr wird jedem Bildpunkt einer zweidimensionalen Karte ein Höhenwert über einem gesetzten Null-Niveau der Maschine zugeordnet. Ein entscheidender Vorteil der Höhenkarte liegt darin, dass sie sich mit den anderen Beobachtungen des Systems übereinander legen lässt, wodurch eine einfache Korrelation von Merkmalen und multimodalen Messungen ermöglicht werden. Ein weiterer Vorteil ist die einfachere Definition von Prüffunktionen. Viele Algorithmen der 2D-Inspektion lassen sich problemlos auf eine grauwertkodierte Höhenkarte anwenden. Eine Kanten- oder Blobsuche in einer Höhenkarte ist für viele Benutzer eines 2D-AOI intuitiv zu bedienen.

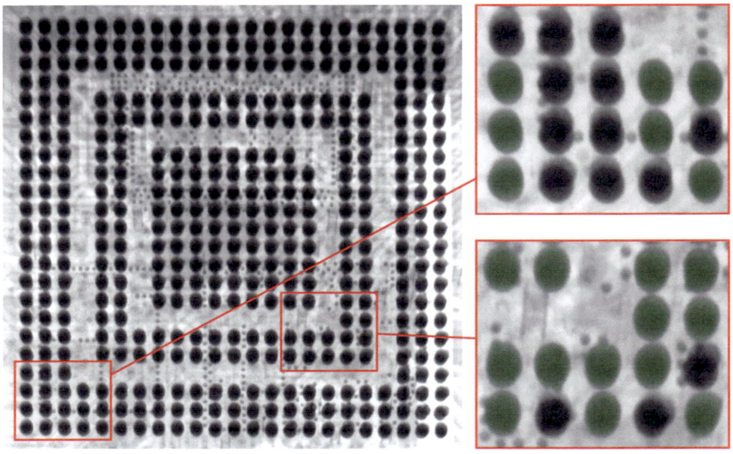

(a) Entzerrtes Röntgenbild **(b)** Nahaufnahmen

Abbildung 3.4: Röntgenbild eines Ball Grid Array (BGA) mit 424 Anschlüssen. Das Bauteil wurde schräg durchstrahlt und das Bild anschließend entzerrt. Die Bildausschnitte zeigen mehrere fehlerhafte Lötstellen. Fehlerfreie Lötstellen sind grün markiert.

3.1.5 Röntgeninspektion

Im Kontrast zum AOI bietet die Automatische Röntgen(X-Ray) Inspektion (AXI) eine andere Sicht auf die Leiterkarte. Statt der Oberflächeneigenschaften und Geometrien werden hier Dichten und Kontinuitäten der Materialien betrachtet. Hochenergetische Photonen verlassen durch eine Blende gerichtet die Röntgenquelle und durchstoßen auf ihrem Weg zum Detektor den Prüfling. Der Detektor liefert ein Grauwertbild, welches der Absorption der Strahlung durch den Prüfling entspricht. Die Absorption, zusammen mit den Betriebsparametern der Röntgenquelle, lassen Rückschlüsse auf das Material zu. Da die Strahlung sowohl die Oberseite als auch die Unterseite der Schaltung abbildet, kann die Prüfung bei komplexen Leiterkarten schwierig sein. Es wird eine Trennung der Ober- von der Unterseite benötigt. Um diese Schichttrennung umzusetzen, werden, durch Bewegung des Detektors, der Strahlenquelle, des Prüflings oder einer Mischbewegung, eine Vielzahl von Strahlengängen unterschiedlichster Orientierung durch jeden Punkt der Leiterkarte beobachtet. Aus der Summe aller Beobachtungen lässt sich dann eine Ebene isolieren und für die Prüfung verwenden.

Die Abb. 3.4 zeigt eine einfache Röntgenaufnahme eines BGA-Bauteils ohne Schichttrennung. Deutlich sind die rückseitigen Bauteile zu erkennen, welche die Lötstellen überlagern. Da Intensitätssprünge in einem Absorptionsbild eine Änderung in der Dichte eines Bauteils anzeigen, sind andere Ansätze für die automatische Prüfung nötig als beim AOI.

Ein markanter Fehler, welcher ausschließlich mit AXI identifiziert werden kann, ist der Head in Pillow (HIP)-Fehler [10]. Hier schmilzt die verdeckte Lötkugel nicht oder nicht vollständig auf und liegt wie ein Kopf in einem Kissen aus Lötmaterial. Solche schwer erkennbaren, verdeckten Lötstellenfehler sind das größte Argument für eine flächendeckende Prüfung mit Röntgensystemen.

3.2 Anordnung im Fertigungsprozess

Die Platzierung einer optischen Inspektionsmaschine im Fertigungsprozess hängt sehr stark von ihrer Prüfaufgabe ab. Da Defekte so früh wie möglich erkannt werden sollen, kann nach jedem Bearbeitungsschritt eine Inspektionsmaschine angeordnet sein. Hierbei ist zu beachten, dass durch die weitere Bearbeitung in nachfolgenden Schritten eine nachträgliche Inspektion unmöglich wird. Ein Beispiel: Die Inspektion der Lötpastendruckqualität ist nach dem Aufsetzen der elektrischen Komponenten nicht mehr sinnvoll.

Es existieren Lösungen mit Inspektionssystemen im sogenannten „Inselbetrieb“. Hierbei werden die zu prüfenden Objekte je nach Bedarf über einen Magazinierer oder händisch in die Maschine geführt. Da diese Lösungen in vollautomatisierten Linien keine Rolle spielen und nur eine Lösung für Kleinserien darstellen, werden sie im folgenden nicht betrachtet.

Abb. 3.5 zeigt die am häufigsten verwendete Anordnung von Systemen in einer SMD-Linie. Hinter dem Lötpastendrucker ist ein Solder Paste Inspection (SPI)-System und hinter dem Lötofen ein AOI angeordnet. In dieser Konfiguration sind die häufigsten Fehler wirtschaftlich zu erkennen und die Qualität des Endprodukts gesichert. Zusätzlich könnte nach dem Bestücken ein weiteres AOI die korrekte Platzierung der Bauteile in der unverlöteten Paste prüfen. Durch die nicht unerheblichen Kosten eines Inspektionssystems

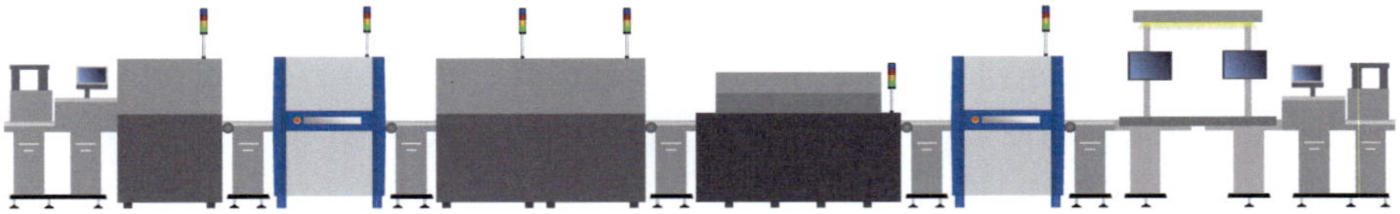

Abbildung 3.5: Die häufigste Anordnung von Inspektionssystemen in einem SMD-Prozess. V.l.n.r: Magazin, Lötpastendrucker, SPI (blau), zwei Bestücker, Lötofen, AOI (blau), Reparaturplatz, Magazin.

wird in vielen Fällen auf diese Prüfung verzichtet. Vorteilhaft ist die Prüfung an dieser Stelle jedoch, wenn preisintensive Bauteile platziert werden, bei denen eine Korrektur unabdingbar ist, oder häufige Fehlplatzierungen von Bauteilen nicht anders behoben werden können.

Hinter dem AOI-System kann optional ein AXI-System platziert werden. Wenn im Prozess verdeckte Lötstellen zu inspizieren sind oder für die Fehlerklassifikation und Nachsorge Röntgenaufnahmen benötigt werden, kommt das AXI-System zum Einsatz. Durch seinen niedrigeren Durchsatz kann es nur in den seltensten Fällen das AOI ersetzen. Das AOI kann die Aufnahme von zusätzlichen Röntgenbildern oder volumetrischen Röntgendaten vom AXI anfordern.

Um einen Prozess mit Systemen unterschiedlicher Hersteller betreiben zu können, benötigt man einen standardisierten Kommunikationskanal zwischen den Maschinen einer Linie. Viele Jahre war der Standard IPC-SMEMA-9851 [11] die verbreitetste Lösung. Über zwei 14-polige Anschlüsse ist jede Zelle der Linie mit ihrem Vorgänger und Nachfolger verbunden. Somit kann jede Maschine übermitteln, in welchem Zustand sie sich gerade befindet. Der Zustand wird durch eine Menge an Zustandsvariablen beschrieben. Solche Zustandsvariablen zeigen zum Beispiel an, ob die Maschine prüft, auf einen Prüfling wartet oder wie das Prüfergebnis ausgefallen ist. Nachfolgende oder überwachende Systeme können so den Zustand jedes Systems ermitteln und in der Prozessführung darauf reagieren. Zur Identifikation des Prüflings ist es nötig, dass jede Zelle über die notwendige Technologie zur Erkennung verfügt. So muss jede Maschine einen Barcode- oder Radio-Frequency Identification (RFID)-Leser besitzen, um die Identifikationsmerkmale der Prüflinge erfassen zu können.

Mit der Einführung des neuen Standards IPC-HERMES-9852 [12] wurden viele Verbesserungen angestrebt. Zu diesen Verbesserungen gehören die Verwendung von Ethernet-Kabeln anstatt der 14-poligen SMEMA-Kabel, eine XML-basierte Schnittstelle und die leichtere Identifikation von Prüflingen [13]. Das Produkt muss nur noch beim Betreten des Prozesses identifiziert werden. Hierfür reicht ein einzelner RFID- oder Barcodeleser in oder vor der ersten Maschine. Anschließend wird dem Prüfling eine Universally Unique Identifier (UUID) zugewiesen, mit welcher er von nun an identifiziert und übergeben wird. Mit der Verwendung einer XML-basierten Schnittstelle wird die Kommunikation leicht erweiterbar.

3.3 Architektur der Prüfsoftware

Für die Beschreibung einer Softwarearchitektur eines AOI-Systems wird zunächst ein grober Architekturentwurf angefertigt und dieser schrittweise weiter verfeinert. Auf diese Weise werden die Bedeutungen und das Zusammenspiel der einzelnen Komponenten besser beleuchtet. Grundlegend kann die Software in zwei Komponenten geteilt werden: Hardwaresteuerung und Prüfmanagement. Diese beiden Komponenten unterteilen sich weiter in die nachfolgend beschriebenen Komponenten. Abb. 3.6 zeigt die hier diskutierten Komponenten der Software und deren Zusammensetzung.

3.3.1 Hardwaresteuerung

Die Hardwaresteuerung behandelt die komplette Kommunikation des Systems mit seiner Umwelt und führt die angeforderten Bewegungen, Bildaufnahmen und das Handling des Prüflings aus. Dabei reagiert diese Komponente auf Anfragen der Prüfmanagementkomponenten. Aus softwaretechnischer Sicht bildet sie eine Abstraktionsschicht für eine Vielzahl an verwendbaren Hardwarekomponenten und bietet eine Schnittstelle für das Prüfmanagement. Somit kann dem Nutzer eine einheitliche Softwareumgebung für eine breite Spanne an Systemen geboten werden. Die Hardwaresteuerung untergliedert sich weiter in die Kamera- und Beleuchtungssteuerung, Bewegungssteuerung, Maschinenkontrolle und die externe Peripherie.

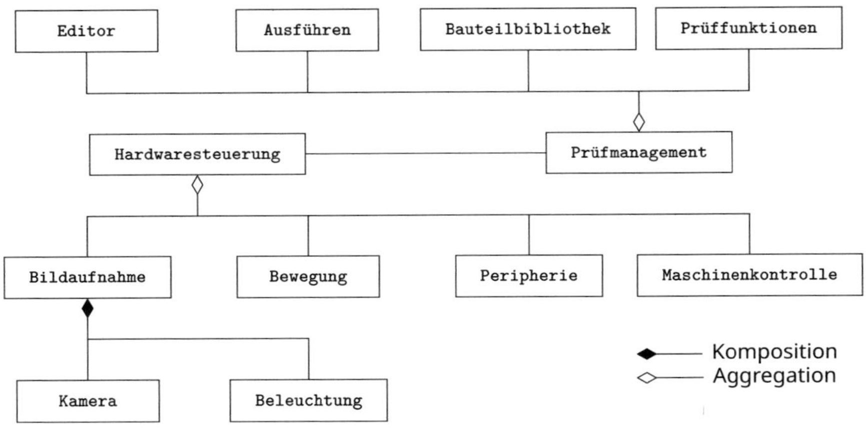

Abbildung 3.6: Darstellung der beschriebenen Grobstruktur einer Inspektionssoftware.

Über die Kamera- und Beleuchtungssteuerung werden alle Komponenten des Inspektionskopfes verwaltet und die teilweise komplexen Abläufe der Bildaufnahmesequenzen gesteuert. Bei einer einzelnen 3D-Aufnahme mit 4 aktiven Projektoren zur Beleuchtung mit strukturiertem Licht müssen alle Signale und eventuelle Fehlerfälle in dieser Komponente in Echtzeit behandelt werden. Außerdem dient die Kamera- und Beleuchtungssteuerung als Abstraktionsschicht, um die verschiedensten Paarungen von Kameras und Beleuchtungen vor den restlichen Komponenten zu verbergen und eine konsistente Sicht auf die Bildaufnahme zu ermöglichen. Sind Bildvorverarbeitungsschritte nötig, wie eine Verzeichnungs- oder Beleuchtungskorrektur, so werden auch solche Schritte in dieser Komponente verborgen, um eine homogene Bildaufnahme über Systeme hinweg zu ermöglichen. Im Fall von 3D-Systemen kann eine sehr rechenintensive Auswertung der Bildsequenzen nötig sein, welche ebenfalls in dieser Komponente umgesetzt wird.

Die Bewegungssteuerung übernimmt die Ansteuerung der Achssysteme der Inspektionsmaschine. Je nach Konfiguration müssen hier unterschiedlichste Bewegungsarten abstrahiert werden. Ein typisches Beispiel ist die Bewegung des Inspektionskopfes entlang der x- und y-Achsen des Systems, überlagert mit einer optionalen Rotation um die optische Achse der installierten Zentralkamera. Die Bewegungssteuerung muss mit einer Vielzahl von Hardware kommunizieren können, um ein breites Feld von Achssystemen zu steuern. Des Weiteren propagiert die Komponente den Zustand des Bewegungsapparats an alle anderen Komponenten, welche eventuell auf eine Freigabe warten. Zum Beispiel sind keine Bildaufnahmen während einer Bewegung erwünscht oder müssen mit eben dieser synchronisiert werden. Auch kann bei einer beidseitigen Inspektion, wie im THT-Bereich üblich, eine zeitgleiche Beleuchtung des Prüflings die jeweils andere Seite in der Bildaufnahme und somit in der Prüfung behindern. Diese Diskrepanz zwischen den beiden Beleuchtungen löst ein gegenseitiger Ausschluss durch die Bewegungssteuerung.

Die Maschinenkontrolle bildet eine Schnittstelle zur Speicherprogrammierbare Steuerung (SPS) der Maschine und damit zu dem Sicherheitskreis und dem Leiterplattenhandling. Über die Maschinenkontrolle können Zustände der Maschine abgefragt und gesetzt werden. Die Software kann auf Unterbrechungen des Sicherheitskreises reagieren und Anfragen an das Leiterplattenhandling stellen. Besonders das Prüfmanagement ist auf diese Schnittstelle angewiesen. Wenn sie nicht von der SPS direkt gesteuert werden, kann die Maschinenkontrolle auch weitere, für die Sicherheit unkritische Teilsysteme steuern. Beispiel hierfür wären eine Effektbeleuchtung oder eine Innenraumbeleuchtung für einen Servicefall.

Die Komponente Externe Peripherie übernimmt die Ansteuerung aller Schnittstellen zu externen Systemen. Es existieren diverse Bussysteme, über welche Fertigungslinien gesteuert und überwacht werden können. Je mehr von diesen Systemen unterstützt werden, desto vielseitiger lässt sich ein Inspektionssystem mit anderen Fertigungsanlagen kombinieren. Gerade im Zuge der Industrie 4.0-Bewegung [14] spielt das Sammeln und Verarbeiten von Inspektionsdaten über die Grenzen einer einzelnen Maschine hinweg eine große Rolle. Damit folgte auch die Forderung an breitbandige externe Schnittstellen, um Bilddaten und Statistiken zu übertragen. Eine weitere Aufgabe dieser Komponente ist die Ansteuerung von zusätzlichen Hardwarebausteinen, welche eine Prozessrelevanz besitzen. Dazu zählen Geräte wie Strichcodescanner, RFID-Lesegeräte oder Handtaster und Fußschalter. Diese dienen der Identifikation von Prüflingen im Prozess oder ermöglichen das menschliche Quittieren eines Arbeitsschrittes an die Prozesssteuerung. Eine solche Identifikation von Prüflingen ist zum Beispiel nötig, wenn auf einer Inspektionsmaschine verschiedene Produkte in einer unvorhersehbaren Reihenfolge geprüft werden und dynamisch ein Prüfablauf geladen werden soll. Wie bereits zuvor beschrieben entfällt das Identifizieren jedes Prüflings an jeder Maschine individuell durch die Verwendung von Hermes für die Intermaschinenkommunikation.

3.3.2 Prüfmanagement

Für eine effiziente, nachvollziehbare und gründliche Prüfung der elektronischen Baugruppe ist es nötig, ein gutes Prüfmanagement zu haben. Besonders wichtig ist es hier, dem Nutzer ausreichende Möglichkeiten zu geben, die gewünschten Qualitätsparameter in einem Prüfprogramm auszudrücken. Das Mittel zur Beschreibung solcher Qualitätsparameter sind Prüffunktionen. Eine Prüffunktion kann als atomare Operation einer Prüfung betrachtet werden. Als Eingabe bekommt eine Prüffunktion ein oder mehrere Bilder, welche meist an der gleichen Position mit unterschiedlichen Beleuchtungsoptionen oder Bildaufnahmetechnologien erzeugt wurden. Zusätzlich zu den hochdimensionalen Bildeingaben kann es auch weitere skalare Eingaben geben, welche als Prüffunktionsparameter den internen Bearbeitungsablauf oder Schranken und Grenzen für die Entscheidungsfindung festlegen. Das Ergebnis ist eine binäre Entscheidung. Diese Entscheidung über Gut oder Schlecht wird typischerweise mit den englischen Begriffen Pass und Fail bezeichnet. Eine Prüffunktion kann also als Abbildung eines Tensors zweiter oder höherer Ordnung auf eine binäre Ausgabe verstanden werden.

Eine Sonderstellung hat die Gruppe der Positions- oder Ausrichtefunktionen, welche dazu dienen, eine Positionskorrektur relativ zum Prüfling über eine Passermarke zu ermöglichen. Die Beziehung der Positionsfunktionen zu den generellen Prüffunktionen ist im Klassendiagramm in Abb. 3.7 dargestellt. Diese Funktionen liefern keine Aussage über die Qualität, sondern eine numerische Abweichung eines optischen Merkmals, wie Form, Kontur oder Struktur, zwischen seiner erwarteten und der tatsächlich beobachteten Position. Diese Abweichung wird genutzt, um einen Positionsausgleich durchzuführen und steht im engen Zusammenhang mit der folgenden logischen Struktur des Prüfprogramms.

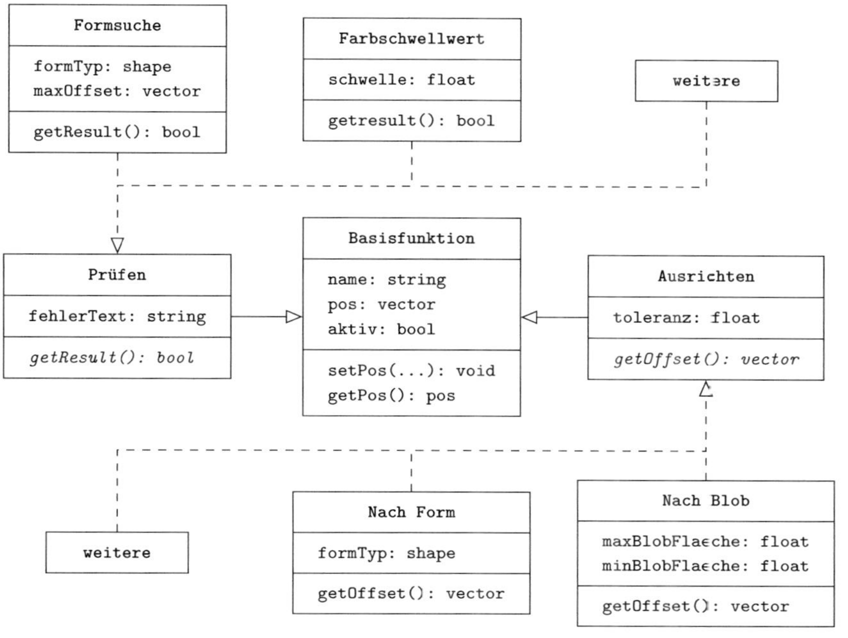

Abbildung 3.7: UML-Klassendiagramm der Prüffunktionen. Neben den Funktionen mit einer qualitativen Aussage existieren auch solche, die eine Positionsabweichung bestimmen.

Um einen Bezug zwischen dem Prüfschritt und dem geprüften Objekt herstellen zu können, muss eine logische Repräsentation des Prüflings im Prüfprogramm entstehen. Dieses Problem lösen die AOI-Hersteller mit ihren proprietären Datenstrukturen zur Speicherung von Prüfprogrammen. Die unterschiedlichen Lösungen haben gemeinsam, dass sie dem Benutzer eine Zuordnung von Prüfschritten zu Bestandteilen der Flachbaugruppe ermöglichen. Nachfolgend wird eine allgemeine Struktur vorgestellt, welche die Beziehungen der einzelnen Bestandteile der Flachbaugruppe zueinander abbildet. Durch die Verwendung dieser Struktur können Prüffunktionen nicht nur einem Ort auf der Flachbaugruppe zugewiesen werden, sondern über eine relative Positionierung zu übergeordneten Komponenten definiert sein. Es ergibt sich eine logische Baumstruktur, welche es ermöglicht, Teilbäume für spezifische Bauteile wiederzuverwenden und zum Beispiel über eine allgemeine Bibliothek zu verwalten. Eine solche Bibliothek ermöglicht eine einheitliche Prüfungsstrategie für identische Bauteile. Die Abb. 3.8 zeigt diese Struktur.

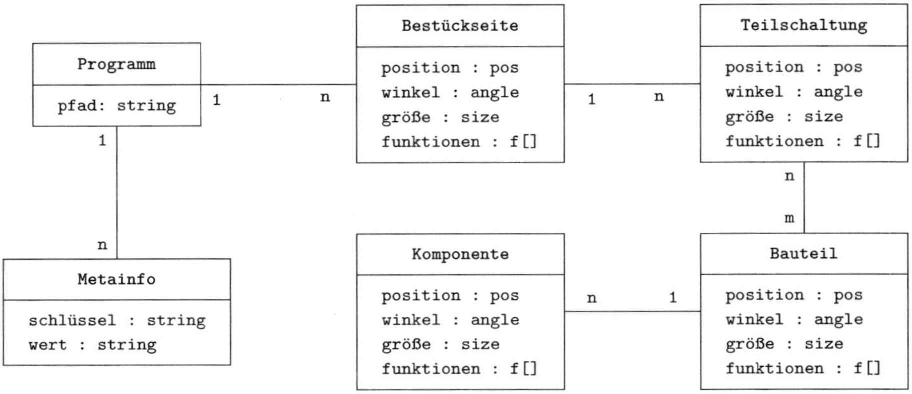

Abbildung 3.8: Struktur eines Prüfprogramms als Entity-Relationship-Diagramm. Es werden die Verknüpfung und die Hierarchie aller logischen Teilstrukturen im Prüfprogramm dargestellt. Prüffunktionen können in fast jedem Punkt der Struktur zugeordnet werden.

Den Anfangsknoten der Hierarchie bildet das abstrakte Prüfprogramm. Dieses Prüfprogramm kann mit einer Vielzahl an Metainformationen beschrieben und indizierbar gemacht werden. Die Metainformationen liegen hier als eine Liste von Schlüssel-Wert-Paaren vor. Beispiele für wichtige Metainformationen sind das Datum der Erstellung oder Bearbeitung, sowie der Programmierer oder der Revisionsstand des Prüflings, für den das Programm bestimmt ist. Darüber hinaus sind Informationen wie mittlere Ausführungszeit, Prüfschrittanzahl oder verwendete Technologien interessant, um ein Programm auf einer anderen Maschine ausführen zu können.

Der nächste logische Abstraktionsschritt ist die Bestückseite, aus dem Englischen auch oft Layer genannt. Im Normalfall stellt eine Bestückseite eine Seite der geprüften Leiterkarte dar. Da Leiterkarten nur zwei bestückbare Seiten aufweisen, sind auch meist nur zwei Bestückseiten in einem Programm vorhanden. Ist eine Prüfung über einen mehrstufigen Bestückprozess hinweg oder ein Prüfling mit Übergrößen, welcher über sequenzielle Handlingschritte bewegt und geprüft wird, gewünscht, so bilden mehr als zwei Bestückseiten diese Prüfungen ab. Diese Struktur dient damit auch der Prozess- und Bewegungssteuerung der Maschine. Nach jeder geprüften Seite muss vom Handling eine Aktion erfolgen. Mit der Akstraktion aller Handlingschritte auf eine Bestückseite lassen sich sehr komplexe, verkettete Prüfungen umsetzen.

Eine Bestückseite hat immer mindestens eine Teilschaltung, Originalschaltung genannt. Alle weiteren Teilschaltungen sind Kopien dieser Originalschaltung mit lediglich abweichenden Positionen auf der Bestückseite. Dies hat den Grund, dass vor allem in SMD-Prozessen kleinere Schaltungen im Verbund auf einer genormten Leiterkarte gefertigt werden und erst im Anschluss zu vereinzeln sind. Für den unüblichen Fall, dass unterschiedliche Teilschaltungen auf einer Leiterkarte existieren, wird deren Prüfung auch mittels unterschiedlicher Bestückseiten abgebildet. Eine Änderung am Original hat auch eine entsprechende Änderung an allen anderen Teilschaltungen zur Folge. Dadurch wir eine zielstrebige und effiziente Programmierung gewährleistet und es wird vermieden, lokale Prozessabweichungen durch individuelle Prüfparameter zu begünstigen.

Alle Teilschaltungen bestehen aus Bauteilen. Bauteile sind die physikalischen Formen der elektrischen Schaltungskomponenten, also Widerstände, Kondensatoren, integrierte Schaltungen etc. Aus Sicht des Prüfers können verschiedene Teile eines Bauteils weiter abstrahiert werden. Sie bilden die letzte Hierarchiestufe des Prüfprogramms, die Komponenten. Ähnlich den Teilschaltungen, welche einem Original folgen, können Komponenten wiederkehrende Teile eines Bauteils definieren und so eine gleichartige Prüfung garantieren. Ein Beispiel hierfür sind integrierte Schaltungen (englisch: ICs), welche über eine Vielzahl gleichartiger Pins verfügen können. Alle Pins werden nach denselben Qualitätskriterien bewertet, befinden sich jedoch an anderen Positionen relativ zum Bauteilkörper.

Ein Prüfprogramm kann in dieser Hierarchie manuell oder aber durch einen automatischen Prozess aus importierten Fertigungsdaten erstellt werden. Am wichtigsten für diesen Schritt sind die Bestückdaten, um die Position und die Bezeichnung eines Bauteils zu erhalten, sowie die Ätz- und Löt-Masken der Flachbaugruppe, um die Positionen und Ausdehnungen der Pads zu erhalten.

3.3.3 Prüfdatenmanagement

Die wichtigste Aufgabe des Prüfdatenmanagements ist es, die Ergebnisse der Inspektionen zu archivieren und anderen Teilsystemen auf Anfrage zur

Verfügung zu stellen. Das Prüfdatenmanagement ist kein Bestandteil der eigentlichen Prüfsoftware, gehört jedoch zu einem zeitgemäßen Prüfsystem dazu. Im einfachsten Fall wird eine Datenbank zur Umsetzung verwendet. Die Inspektionssoftware registriert ihre Ergebnisse zusammen mit einer eindeutigen Identifikation für den Prüfling in dieser Datenbank. In den meisten Fällen müssen Inspektionsdaten entsprechend von Kundenvorgaben aufbewahrt werden.

Viele AOI-Hersteller bieten jedoch komplexere Lösungen für diese Aufgabe an. Durch eine Erweiterung mit einer problembezogenen Dienstschnittstelle entsteht aus einer einfachen Datenbank ein umfangreicher Prüfdatendienst, welcher eine zentrale Rolle bei der Automatisierung einer ganzen Fertigungsanlage spielt. Statt eines linearen Arbeitsflusses vom Programmierer zum AOI hin zum Reparaturplatz werden so neue bidirektionale Arbeitsweisen umgesetzt. Der Prüfdatendienst koordiniert die Kommunikation aller Teilsysteme eines Inspektionssystems und kann auch eine zentrale Rechtekontrolle implementieren. Über einen solchen Dienst werden Prüfprogramme ausgeliefert und Statistiken linienübergreifend ermittelt und analysiert. Ein Reparaturplatz kann, bei Bedarf und ausreichender Zugriffsrechte des Benutzers, direkt auf die zukünftige Ausführung der Prüfprogramme Einfluss nehmen, wenn der menschliche Experte ein Defizit in der Prüfumsetzung feststellt. Hierzu müssen auch die Programme ganz oder teilweise in dem Prüfdatendienst registriert sein.

Ein Programmierer kann schnell auf Produktänderungen reagieren, indem er die aktuellsten Bildaufnahmen von einem System anfordert, das Programm an seinem Offline-Arbeitsplatz editiert und anschließend das geänderte Programm über den Dienst auf alle verbundenen Systeme verteilt. Eine Bearbeitung der Programme an der Inspektionsmaschine oder ein Kopieren der Programme entfällt damit.

Nicht immer sind Fertigungsanlagen oder Inspektionsanlagen einer Linie vom selben Hersteller. Durch die Verwendung inhomogener Geräteausstattung ist die Integration von Fremdsystemen für solche Prüfdatendienste wichtig. Daraus folgt auch die Notwendigkeit einer gewissen Abstraktion in der Datenebene, da die Ergebnisse und Bilddaten von AOI-Systemen unterschiedlicher Hersteller nicht standardisiert sind. Viele AOI-Hersteller bieten einen Datendienst, wie er hier beschrieben wurde, in der einen oder anderen Form an. Das macht solche zentralen Prüfdatendienste zu einer guten Quelle für Prozess- und Prüfdaten für datengetriebene Analysen und neue Ansätze für die Inspektionstechnologie.

3.4 Die Klassifikationskette

In einem Fertigungsprozess mit umfangreicher optischer Prozessüberwachung folgt die Fehlerklassifikation einem typischen Muster. Erkennt die Inspektionsmaschine einen oder mehrere Fehler auf einem Prüfling, kann dieser nicht weiter verarbeitet werden und muss aus dem Prozess entfernt werden. In den meisten Fällen wird der defekte Prüfling automatisch ausgeschleust und an einen Magazinierer oder einen Reparaturplatz übergeben. In den seltensten Fällen bleibt der Prozess stehen, wenn ein Fehler auftritt. Ein solcher Ablauf ist in der Abb. 3.9 dargestellt.

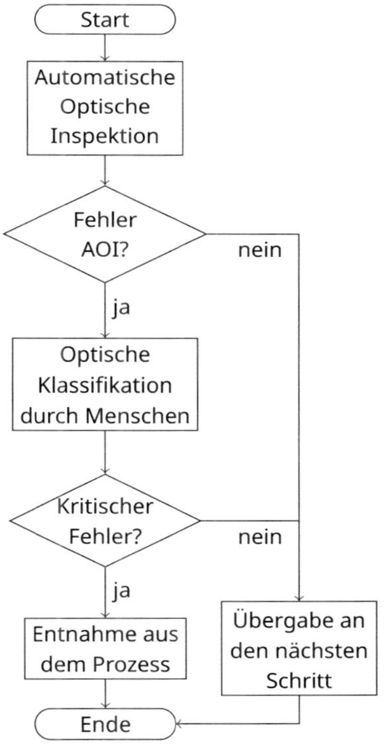

Abbildung 3.9: Typischer Ablauf einer Fehlerklassifikation.

Die konkreten Umsetzungen dieser Abläufe hängen von der Prozessausstattung des EMS ab und sind sehr individuell. Um dem wirtschaftlichen Verlust durch Falschklassifikation entgegenzuwirken, ist es üblich, eine zweite Klassifikation durch einen Menschen durchzuführen. Natürlich überprüft der menschliche Experte nur die Fehler, welche das AOI markiert hat und nicht den gesamten Prüfling. Auch eine direkte Reparatur, sofern möglich und wirtschaftlich, ist an dieser Stelle denkbar. Hier muss betont sein, dass die Bedeutung der Fehlerklassifikation durch die Maschine und den Menschen sich unterscheiden. Die Maschine meldet das Vorhandensein eines Defekts und das Prüfkriterium bzw. die Prüffunktion, welche zur Erkennung geführt hat. Daraus kann sich ein Rückschluss auf die Natur des Defekts und damit auf den Prozessfehler ergeben, dies ist jedoch nicht garantiert. Der Mensch hingegen klassifiziert nicht nach einem Merkmalskatalog oder Algorithmus, sondern benennt den konkreten Typ des Defekts und damit den Prozessfehler bei der Klassifikation.

Ein Beispiel: Eine OCR-Funktion meldet einen Fehler auf einem Prüfling. Eigentlich soll diese Funktion einen Bauteilaufdruck überprüfen, um den elektrischen Nennwert der Komponente sicherzustellen. Die Funktion überprüft nicht, ob überhaupt ein Bauteil vorhanden ist. Auch kommt es auf die Umsetzung der Funktion an, ob ein Text, welcher auf dem Kopf steht, erkannt wird. Dies könnte ein Indiz für ein korrektes aber verpoltes Bauteil sein, oder auch einen fehlerhaften Aufdruck. Dem menschlichen Experten wird der entsprechende Bildausschnitt und der Name der Prüffunktion, welche den Fehler markierte, angezeigt. Durch sein Domänenwissen über Prozess und Bauteil erkennt er umgehend, dass das Bauteil zwar vom korrekten Typ ist und auch fehlerfrei platziert und verlötet wurde, jedoch der Aufdruck des Nennwertes beschädigt ist. Der Mensch klassifiziert „defektes Bauteil", eine Entscheidung, welche die Maschine so nicht hätte treffen können. Diese Fehlerklasse wird nicht willkürlich benannt, sondern aus einer Auswahl von vordefinierten Fehlern gewählt.

Durch die Vorauswahl aller verwendbaren Fehlerklassen wird die Klassifikationsaufgabe vereinfacht und die Granularität der Prozessüberwachung definiert. Um die Eingabe der Fehlerklasse zu beschleunigen und gleichzeitig die Auswahl an verfügbaren Fehlerklassen zu visualisieren, existieren spezialisierte Fehlertastaturen. Diese Eingabegeräte können mit programmierbaren, mechanischen Tasten oder einem Touchscreen umgesetzt sein und zeigen üblicherweise ein Piktogramm der Fehlerklasse. Abbildung 3.10 zeigt ein solches Eingabegerät mit mechanischen Tasten und Piktogrammen aus einem SMD-Prozess.

Die vom Menschen genutzten Fehlerklassen haben neben dem Namen noch einen boolschen Eigenschaftswert. Dieser Wert definiert, ob es sich um einen kritischen Prozessfehler oder einen Pseudofehler bzw. Prozessfehler oh-

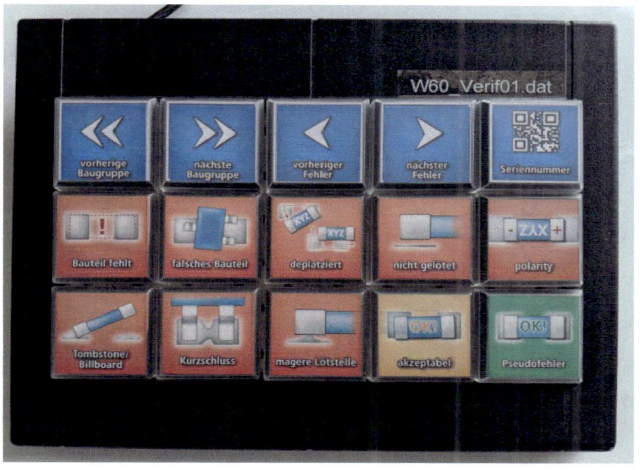

Abbildung 3.10: Fehlertastatur mit Piktogrammen der verfügbaren Fehlerklassen

ne Einfluss auf die Funktionsfähigkeit handelt. Im Weiteren wird eine Notation für Fehlerklassen verwendet nach der Form: `(<Name>|<isFail>)`. Bei dieser Notation gibt `<Name>` eine menschenlesbare, eindeutige Zeichenkette zur Bezeichnung der Fehlerklasse und `<isFail>` einen Wahrheitswert an, welcher entweder `0` bei unkritischen oder `1` bei kritischen Fehlern annimmt. Ein kritischer Prozessfehler wird so dargestellt: `(Pin verbogen|1)`.

Eine Prozessführung muss garantieren, dass ein Produkt erst weiterverarbeitet werden kann, wenn keine Fehler auftraten oder alle vom AOI gefundenen Fehler als unkritisch definiert oder repariert wurden.

Eine Besonderheit stellen die SPI-Systeme dar. Durch die enge Kopplung mit dem Lötpastendrucker sind hier frühzeitige Warnungen von Positions- und Volumenabweichungen wichtig. Warnungen werden ausgegeben, wenn kein kritischer Fehler auftritt, jedoch ein oder mehrere Messwerte eine Warngrenze verletzen. Bei einem noch akzeptablen Niveau des Lötpastenvolumens mit einer Tendenz zu einem Fehler liegt der Verdacht nahe, dass ein Reinigungszyklus des Lötpastendruckers nötig ist. Auch Positionsabweichungen können mit Warnschranken versehen sein und für eine Korrektur der Maskenposition genutzt werden. In modernen Fertigungslinien mit hohem Durchsatz ist es nicht wirtschaftlich, auf Warnungen von Hand zu reagieren. Hier existieren proprietäre Protokolle der Druckerhersteller, welche von den SPI-Systemen bedient werden. Dadurch ergibt sich ein geschlossener Kreis zwischen Drucker und nachgeschalteter Inspektion, welcher häufig unter dem Begriff „closed loop“ vermarktet wird.

3.5 Fehlerdetektion

Die Prüfung von Defekten in der Elektronikfertigung ist nicht immer leicht. Bei der optischen Inspektion, wie sie in diesem Kapitel beschrieben ist, fällt es schwer, eine absolute und objektive Prüfung zu definieren. An dieser Stelle fehlen die Vorgaben und Standardisierungen, mit welcher Technologie und welchen Algorithmen ein Fehler definitiv zu erkennen ist. Für die optische Sichtprüfung durch einen menschlichen Experten hingegen existieren derartige Normen. Das bekannteste und universell akzeptierte Beispiel ist hier die IPC-A-610 [15]. Diese Norm ist Bestandteil einer größeren Hierarchie von Normen rund um die Fertigung von elektronischen Komponenten.

Die Aufgabe der IPC-A-610 ist es, anhand von Beispielbildern und Beschreibungen deutliche Fälle von Fehlertypen zu definieren. Die Beispiele sind dabei so gewählt, dass sie mit möglichst wenigen Bildern ein großes Spektrum des jeweiligen Fehlertyps abdecken. Es handelt sich hierbei jedoch um eine rein qualitative Beschreibung und kann nicht immer Grundlage eines Prüfalgorithmus sein. Einige Qualitätsmerkmale sind klar definiert, diese messtechnisch zu erfassen ist aber nur schwer möglich. Andere Merkmale beschreiben einen optischen Eindruck oder einen visuellen Effekt (z.B. metallischer Glanz), welcher sich nicht algorithmisch überprüfen lässt. Ein konkretes Beispiel hierfür ist der Benetzungswinkel als allgemeines Abnahmekriterium für eine Vielzahl an Lötverbindungen. Dieser Benetzungswinkel darf im allgemeinen Fall nicht größer als 90° sein, siehe hierzu [15, Kap. 5]. Das ist aber mit einer orthogonalen Abbildung nicht zu beobachten, da nur mit einem Neigungswinkel kleiner als 90° abgebildet wird. Es sind also nicht alle Defekte der Elektronikfertigung durch eine automatisierte optische Inspektion sicher zu finden. Vor allem nicht, wenn die Maßgaben der IPC-A-610 verwendet werden. Aus Sicht der automatischen optischen Inspektion lassen sich auftretende Defekte in eine von drei Gruppen einsortieren: **Eindeutig bestimmt**, **Indizienbestimmt** und **Nicht detektierbar**.

Eindeutig bestimmte Fehler sind mit nur einem oder wenigen optischen Merkmalen sicher zu erkennen. Der Defekt selbst ist auf der Abbildung deutlich dargestellt und algorithmisch definierbar. Ein Beispiel sind fehlende Bauteile. Das Vorhandensein eines bekannten Bauteils ist in einem Bildausschnitt über grundlegende Bildoperationen bestimmbar. Dies gilt für 2D-AOI und 3D-AOI.

Indizienbestimmte Fehler sind nicht direkt in der Abbildung dargestellt. Hier wird eine Prüfung auf die Ausprägung eines sekundären Merkmals definiert. Ein Beispiel ist die Prüfung eines Anflusswinkels von Lot in einem zweidimensionalen Inspektionssystem. Der Winkel kann nicht direkt erfasst werden, aber durch eine geeignete Beleuchtung kann eine Oberflächenneigung entweder geschätzt [9, 8] oder qualitativ bewertet werden.

Nicht detektierbare Fehler bilden keine eindeutigen Merkmale in der Abbildung aus und sind deswegen nicht auffindbar. Ein Beispiel ist der Lotdurchstieg an einer THT-Lötstelle [15, Kap. 7.3.5.1], da es keine Möglichkeit gibt, mit einer orthogonalen optischen Messanordnung zu ermitteln, wie sich das Lot im Durchstieg verteilt hat. Hier können nur Röntgensysteme eingesetzt werden.

In [10] wird eine Methode eingeführt, welche dabei helfen soll zu bestimmen, wie gut ein Testverfahren für den jeweiligen Anwendungsfall in der Elektronikfertigung geeignet ist. Dabei werden verschiedene Fehlerklassen allgemeiner als in der IPC [15] definiert und beschrieben. Jeder Fehlerklasse wird dann eine Note zugewiesen, welche ausdrückt, wie gut das jeweilige Verfahren diese Klasse finden kann. Die sich ergebende Fehlermatrix ist in Tabelle 3.1 dargestellt. Da bei produktionsnahen Verfahren auch immer die Wirtschaftlichkeit eine Rolle spielt, werden die Kosten initial und pro Prüfung mit berücksichtigt. Hier gibt [10, Kap. 5] beide Kosten als gering gegenüber den anderen Testverfahren an.

Die Abstufungen der Detektierbarkeit in dieser Arbeit deckt sich nicht mit den Gewichten der Fehlermatrix, aber die Fehlermatrix zeigt deutlich die Grenzen von 2D-AOI. Zum Zeitpunkt der Veröffentlichung (2012) von [10] waren 3D-AOI-Systeme noch nicht verbreitet, weshalb sich die Aussagen le-

Fehlerart	Fehler detektierbar
Bauteilfehler	
Bauteilfehler *mit* Beeinträchtigung der elektrischen Funktion	
defektes Bauteil (Gehäuse)	1*
verbogener Bauteilanschluss/Lifted Lead	1
fehlender Bauteilanschluss	1
fehlerhafter Bauteilkennwert	3
Bauteilfehler *ohne* Beeinträchtigung der elektrischen Funktion	
defektes Bauteil (Gehäuse)	1*
verbogener Bauteilanschluss	1
Bestückfehler	
fehlbestücktes Bauteil/falsche Beschriftung	1*
falsch positioniertes Bauteil/Versatz	1*
verpoltes Bauteil	1*
fehlendes Bauteil	1*
zu viel bestücktes Bauteil	1*
Lötfehler	
THT-Lötfehler	
unzureichende Füllhöhe	3
unzureichende Lötverbindung	1
SMD-Lötfehler an *sichtbaren* Lötstellen	
Grabsteineffekt/Tombstone	1
Benetzungsfehler	1
Kurzschluss	1
unzureichende Lötverbindung	1
SMD-Lötfehler an *verdeckten* Lötstellen	
Lunker	3
Black Pad	3
Kurzschluss	3
unzureichende Lötverbindung	3

Tabelle 3.1: Die Fehlermatrix aus [10, Kap. 5.8]. Jeder Fehlerart ist eine Note zugeordnet, welche angibt, wie gut die automatische optische Inspektion geeignet ist, diesen Fehler zu finden. **1** der Fehler ist detektierbar; **2** der Fehler ist mit erhöhtem Aufwand detektierbar; **3** der Fehler ist nicht detektierbar; * bedeutet, es ist die beste Methode, diesen Fehler zu finden.

diglich auf 2D-AOI-Systeme beziehen. Mit einem 3D-AOI lassen sich verdeckte Lötstellen unter Umständen indizienbasiert überprüfen. Bei einer Koplanaritätsprüfung mit einem dreidimensionalen Messsystem werden die Winkel zwischen der Normalen der Bauteiloberfläche und der Leiterplattenoberfläche ermittelt. Weichen diese Winkel mehr als ein vom Nutzer definierter Schwellwertwinkel ab, so gelten Bauteil und Leiterplatte als nicht koplanar. Im Fall eines BGA-Bauteils deutet dies auf Probleme der verdeckten Lötverbindungen hin. Mit einem 2D-AOI ist dieser Fehler nicht feststellbar. Erfolgt eventuell noch eine elektrische Prüfung oder muss das BGA-Bauteil noch programmiert werden, so kann eine indizienbasierte Koplanaritätsprüfung ausreichend sein.

3.5.1 Fehler der Inspektionsmaschine

Für eine automatisierte, prozessbegleitende Inspektion werden von den Herstellern problembezogene Prüfungen angeboten. Die Prüfung kann in Form einer Menge von Prüffunktionen oder durch eine hinreichend komplexe, kombinierte Prüffunktion abgebildet werden. Hierbei werden die technischen Randbedingungen des Systems berücksichtigt. Es ist selbstverständlich, dass bei mangelnder technischer Ausstattung nicht alle Merkmale erfasst werden können. Inspektionssysteme mit vergleichbarer Ausstattung unterscheiden sich meist nur in technischen Details der Umsetzung, weswegen ihre Prüfstrategien vergleichbar sind.

Eine Prüffunktion, egal welcher Art, garantiert nicht das Finden aller Fehler. Durch die Vielzahl der verwendeten Grundmaterialien und durch abweichende Spezifikationen der Bauteile in Größe, Kontur, Farbe und Textur ist es unmöglich, eine absolut verlässliche Prüfung für alle Eventualitäten zu definieren. Das ist auch der Grund, warum es keine allgemein akzeptierte Industrienorm für die automatische Inspektion gibt.

Bei der automatischen Inspektion kann es grundlegend zu zwei Arten von Fehlern kommen. Der erste Fehler ist für den Elektronikhersteller und AOI-Benutzer sehr kritisch und auf jeden Fall zu vermeiden. Es handelt sich hierbei um den sogenannten Schlupf, also das Nicht-Erkennen eines wirklichen Fehlers. Der andere Fehlertyp ist der Pseudofehler, also ein vermeintlich gefundener Fehler, welcher real kein Fehler ist. Üblicherweise spricht man im Zusammenhang mit Klassifikationen und ihrer Leistungsfähigkeit von Falsch-Positiven („Pseudofehler“) und Falsch-Negativen („Schlupf“). Wegen der leicht missverständlichen Deutung von positiv und negativ im Umfeld der Fehlerdetektion ist es unter AOI-Herstellern üblich, die genannten abweichenden Begriffe zu verwenden.

Der Pseudofehler wird generell als weniger kritisch betrachtet als der Schlupf, da typischerweise jeder Pseudofehler erneut durch eine Sichtprüfung muss, der Schlupf-Fehler jedoch unentdeckt die Fertigung verlassen kann. Bei sicherheitskritischen Produkten mit Anwendung im Automobil-, Medizin- oder Militärbereich ist Schlupf nicht zu tolerieren. Durch eine nur subtile Ausbildung von Fehlermerkmalen kann es vorkommen, dass ein Kompromiss zwischen geringem Schlupf und hoher Pseudofehlerrate getroffen werden muss. Der Bediener ist natürlich bestrebt, wirtschaftlich und gleichzeitig mit einer hohen Fehlererkennungsrate zu arbeiten, jedoch können Pseudofehler im Tausch für eine hohe Sicherheit der Fehlerfindung als akzeptabel empfunden werden.

Um die Pseudofehlerrate zu verringern, bedarf es neben einem wiederholgenauen AOI-System auch ein fein abgestimmtes Prüfprogramm. Dazu sind viel Zeit und eine große Anzahl von Beispielen nötig. Ziel ist es, die Prozessschwankungen in den Schwellwerten der Prüffunktionen abzubilden und gleichzeitig die Merkmale der Fehler deutlich abzugrenzen. Ist diese Abgrenzung nicht möglich, muss eine höhere Pseudofehlerrate erwartet werden. Dieser Aufwand wird nur bei sehr großen Stückzahlen betrieben.

Kleinserienfertiger können sich weder den Aufwand leisten, Prüfprogramme stetig zu optimieren, noch haben sie genügend Prüflinge im Prozess, um alle Prozessanomalien abzudecken. Hier helfen Bauteilbibliotheken und Prozesserfahrung, um ein gutes initiales Prüfprogramm zu erstellen.

Es gibt einen Grund, weshalb Hersteller von AOI-Systemen nur sehr selten oder nie Pseudofehlerraten zu ihren Systemen angeben: Durch die hohe Varianz von Bauteilen, Materialien, Prozessen und Prüffunktionen ist es nicht möglich, eine generelle Aussage über die Zuverlässigkeit eines solchen Geräts zu treffen. Auch kann ein solcher Wert sehr irreführend sein. Geht man von einer hypothetisch beworbenen Fehlerrate von 0,1 % für alle Prüffunktionen aus, ergeben sich ganz unterschiedliche Ausfallzahlen, je nach Art der verwendeten Prüffunktion. Um das zu verdeutlichen, werden die quelloffenen Entwurfsdateien des Arduino-Mega2560 [16] als Beispiel verwendet.

Die in Abb. 3.11 gezeigten Computer-Aided Design (CAD)-Daten einer Flachbaugruppe besitzen 267 SMD-Lötverbindungen, welche geprüft werden sollen. Alleine 100 dieser Lötverbindungen gehören dem Thin Quad Flat Package (TQFP)-Bauteil in Abb. 3.11b. Da das TQFP-Bauteil rotationssymmetrisch ist, ist es außerdem notwendig, eine Polmarkenerkennung auszuführen. Diese Prüffunktion bestimmt die Orientierung eines Bauteils anhand eines oder mehrerer Merkmale auf dem Bauteilkörper. Für dieses Beispiel wird eine vollständige Fehlerfindung mit einer hypothetischen Pseudofeh-

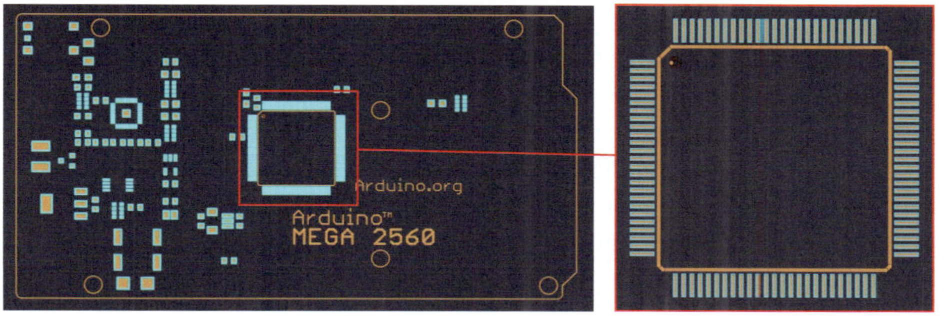

(a) Lotmaske für das gesamte Board

(b) Lotmaske des TQFP100

Abbildung 3.11: Elektronische Beschreibung der Lotmaske für die Fertigung eines Arduino Mega 2560. Blau umrandete Geometrien stellen Pads dar.

lerrate von 0,1% für beide Funktionen des TQFP angenommen. Bei dieser Fehlerrate ist ein Pseudofehler auf 1000 Prüfungen zu erwarten. Wendet man diese Erwartung auf die Lötstellenprüffunktionen des TQFP an, so ergibt sich durch die 100 Lötstellen des Bauteils ein erwarteter Pseudofehler auf 10 Bauteile. Eine Polmarkenprüfung wird nur einmal pro Baugruppe ausgeführt und führt damit zu einem erwarteten Pseudofehler auf 1000 Baugruppen.

Somit ergeben sich aus einer pauschal angegebenen Pseudofehlerrate von 0,1 % eine Ausfallrate von $\frac{1}{10}$ für die Lötstellenprüfung und $\frac{1}{1000}$ für die Polmarkenprüfung des Bauteils. Berücksichtigt man obendrein die gesamte Anzahl an Lötstellen (267) auf der Baugruppe, statt der des Bauteils, ergibt sich sogar eine Ausfallrate von $\frac{267}{1000}$, also etwas mehr als $\frac{1}{4}$. Dies bedeutet, dass bei den Lötstellenprüfungen im Mittel jede vierte bzw. zehnte Baugruppe einen Pseudofehler enthalten würde und unnötigerweise manuell geprüft werden muss. Diese Anzahl ist in Prozessen mit großem Durchsatz nicht akzeptabel und steigt natürlich mit zunehmender Prüfdichte weiter. Bei den Polmarkenprüfungen würde jedoch nur jede tausendste Baugruppe einen Pseudofehler haben, was als akzeptabel angesehen werden kann.

Für einen objektiven Vergleich von AOI-Systemen auf Basis von Fehlerraten müssten Versuche mit identischen Produkten und vergleichbaren Prüfprogrammen durchgeführt werden. Es gibt keine einheitliche Prüfstrategie für die Fehlerfindung in solchen Prozessen, weshalb die Umsetzung einer konkreten Prüfung sehr von den pyhsikalischen Möglichkeiten des Systems, den gebotenen Prüfheuristiken und dem Sachverstand des Benutzers abhängen. Es ist also nicht möglich, ein Prüfprogramm auf das System eines anderen Herstellers zu übertragen. Ein Vergleich unterschiedlicher Systeme auf Basis ihrer Pseudofehlerraten ist wegen der unterschiedlichen Granularität der Prüffunktionen inhaltslos. Dies ist der Grund, warum Hersteller von AOI-Systemen es vermeiden, solche Fehlerraten anzugeben.

3.5.2 Fehler des Menschen

Im Folgenden werden die Fehler beleuchtet, welche menschliche Bediener oder Experten im Prozess verursachen. In dieser Betrachtung sind Bedienfehler der Software ausgeschlossen. Jeder AOI-Hersteller verfolgt unterschiedliche Konzepte und Arbeitsabläufe bei der Erstellung der Prüfprogramme. Durch eine mehr oder weniger geführte Programmerstellung ist der Einfluss von Unachtsamkeit, mangelndem Domänenwissen oder mangelndes Verständnis von Prüffunktionen und deren Parametern auf die Qualität des Prüfprogramms unterschiedlich stark ausgeprägt.

Auch sind diese Probleme meist durch zusätzlichen Schulungsaufwand auszugleichen. Es soll in dieser Betrachtung vielmehr um die Fehler gehen, welche im Prozess der Nachklassifikation von Fehlern und Pseudofehlern gemacht werden. Das Prüfprogramm wird hierbei als optimal angenommen. Auch Folgefehler durch eine optionale Reparatur werden nicht betrachtet, da sie außerhalb des Einflussbereichs des Systems liegen und hier voll und ganz auf die Expertise des Werkers vertraut werden muss. Erfolgt eine erneute Prüfung nach der Reparatur, so wie es etwa bei Bestückprozessen möglich ist, läuft der Klassifikationsprozess erneut ab.

Ist der Mensch der Meinung, dass der vermeintliche Fehler ein tatsächlicher Defekt ist, so bestimmt er die Art des Fehlers. Je nach Prozess kann dieser Schritt unterschiedlich granular sein. Im einfachsten Fall wird lediglich eine Bestätigung des Fehlers erteilt. Wie zuvor definiert, können auch weitere Fehlerklassen neben `(Pseudofehler|0)` als unkritisch definiert sein. Besonders schwierig ist eine Situation, in welcher zwei ähnliche Fehlerklassen anwendbar sind, und nur eine subjektive Entscheidung den Unterschied zwischen beiden definiert. Als Beispiel dienen zwei Fehlerklassen `(wenig Lot|1)` und `(wenig Lot|0)`. Das AOI-System entscheidet mittels einer Volumenmessung, dass es sich um eine zu magere Lötstelle handelt. Der menschliche Bearbeiter kann diese Meinung quittieren, oder mit `(wenig Lot|0)` bestimmen, dass diese Lötstelle trotzdem als akzeptabel betrachtet werden muss. Wenn an dieser Stelle keine eindeutigen Grenzwerte definiert sind, können keine fundierten Entscheidungen getroffen werden. Hier kann der Mensch durch eine subjektive Entscheidung einen negativen Einfluss auf die Wirtschaftlichkeit des Prozesses ausüben.

Bei der Fehlerklassifikation kann auch leicht die falsche Fehlerklasse gewählt werden. Handelt es sich um einen echten Fehler, so wird die falsche Fehlerursache in der Fehlerdatenbank hinterlegt, das Produkt jedoch korrekt weiter als fehlerhaft behandelt. Durch einen falschen Fehler entstehen zwar keine kurzfristigen wirtschaftlichen Schäden, werden die gesammelten Daten jedoch weiterverarbeitet, können eine Menge solcher Falschklassifikationen längerfristige Probleme bereiten. Sind die Daten eine Grundlage zur Entscheidungsfindung, ob Prozessparameter, etwa im Lötpastendruck oder der Bestückung, geändert werden müssen, kann es zu Entscheidungen kommen, welche über einen größeren Zeitraum negative Auswirkungen auf die Wirtschaftlichkeit des Prozesses im Ganzen haben.

Da die meisten Fehler in der optischen Qualitätssicherung elektrischer Flachbaugruppen auf menschliche Fehlentscheidungen bei der Prüfprogrammerstellung oder Klassifikation zurückzuführen sind, der Mensch jedoch ein unverzichtbares Element des Prozesses ist, braucht es neue Ansätze für die Prüftechnologien. Im folgenden Kapitel wird unter anderem beschrieben, wie Ansätze der künstlichen Intelligenz in vielen Bereichen der digitalen Bildverarbeitung durch ihre Geschwindigkeit, Genauigkeit und robuste Klassifikation selbst von verrauschten Daten überzeugen können. Aus dieser Beobachtung leitet sich der Wunsch ab, die optische Inspektion und alle angeschlossenen Arbeitsschritte durch intelligente Systeme zu erweitern oder zu automatisieren. Eine hypothetische intelligente Prüfmaschine könnte auf klassische Bildverarbeitung mit vom Menschen gewählten Merkmalen verzichten und komplexe Prüffunktionen auf Basis des maschinellen Lernens mit einem Mindestmaß an Parametern benutzen.

4 Künstliche Intelligenz

- Begriffsdefinition künstliche Intelligenz.
- Eine kurze geschichtliche Zusammenfassung der wichtigsten Schlüsselmomente der Entwicklung künstlicher Intelligenz.
- Betrachtung des Stands der Technik mit direktem Bezug zur optischen Inspektion.

Um sich dem Thema der KI oder einem angelehnten Thema zu nähern, braucht es eine Begriffsdefinition. Da es keine einheitliche Definition von Intelligenz selbst gibt, gestaltet sich auch die Definition der KI als schwierig. Zu Beginn dieses Kapitels wird aufgezeigt, was in diverser Fachliteratur an Definitionen zu finden ist. Anschließend beleuchtet ein kurzer geschichtlicher Abriss die unterschiedlichen Herangehensweisen an das Thema. Dies dient dem besseren Verständnis von Herkunft und Motivation der jeweiligen Ansätze. Diese Betrachtung ist nicht vollständig und behandelt lediglich einige ausgewählte historische Schlüsselmomente. Dann nähert sich das Kapitel den genutzten Technologien im Detail und bietet einen Überblick über den Stand der Technik, welcher mit dieser Arbeit im direkten Zusammenhang steht.

4.1 Begriffsdefinition

Zur Begriffsdefinition der KI findet sich in [17, Kap. 1] folgendes:

> „Künstliche Intelligenz“ (KI) ist eine wissenschaftliche Disziplin, die das Ziel verfolgt, menschliche Wahrnehmungs- und Verstandesleistungen zu operationalisieren und durch Artefakte, kunstvoll gestaltete technische - insbesondere informationsverarbeitende - Systeme verfügbar zu machen.

In [18, Kap. 1.1] wird der Begriff der künstlichen Intelligenz definiert als:

> Teilgebiet der Informatik, welches versucht, menschliche Vorgehensweisen der Problemlösung auf Computern nachzubilden, um auf diesem Wege neue oder effizientere Aufgabenlösungen zu erreichen.

Unbestreitbar ist der Bezug der künstlichen Intelligenz zum Menschen. Eine Überlegenheit der Maschine gegenüber dem Menschen in Geschwindigkeit und Leistungsfähigkeit reicht nicht aus, um daraus eine Intelligenz abzuleiten. Weil ein Computer große Zahlen schneller multiplizieren und addieren kann als ein Mensch oder weil eben dieser Computer in der Lage ist, unzählige von numerischen Werten zu speichern und auf Befehl fehlerfrei und blitzschnell wiederzugeben, ist er nicht intelligent. Zur künstlichen Intelligenz bedarf es mehr. Häufig werden Reaktions- oder Adaptionsfähigkeit sowie eine Form von Perzeption als Grundlage gesehen. In [17, Kap. 1] wird Folgendes definiert:

> So unterscheidet sich die KI von der klassischen Informatik wegen der Betonung von Wahrnehmung, Schlussfolgern und Handeln, und sie unterscheidet sich von der Psychologie wegen der Betonung des Aspekts der Berechnung.

Zusammenfassend lässt sich sagen: Das Ziel der KI-Wissenschaft ist die Mechanisierung von Denkprozessen, um Maschinen die Möglichkeit zu geben, intelligente Handlungen auszuführen. Diese Handlungen sind das Resultat von Wahrnehmung und Schlussfolgerung und ermöglichen ein Maß an Adaption an die gestellte Aufgabe oder die Umgebung, welches von unveränderlichen Ansätzen der Informatik nicht zu erwarten ist. Grundlage für das Handeln ist eine Wissensbasis, eine Sammlung von nutzbaren Informationen über das gestellte Problem oder die Umgebung. Die Rolle der Wissensbasis für die KI wird in [18, Kap. 2] wie folgt beschrieben:

> Die Repräsentation und die Verarbeitung von Wissen sind Kernthemen der künstlichen Intelligenz. Wissen wird dabei im Folgenden als Information verstanden werden, die in bestimmten Situationen nützlich oder wertvoll sein kann. Wissen ist Information, die für die Lösung eines Problems hilfreich ist.

Die Art der Darstellung dieses Wissens wird verwendet, um Ansätze der KI zu unterteilen. Häufig findet man die Unterteilung in die symbolverarbeitende oder klassische KI und die konnektionistische KI, zu welcher die künstlichen neuronalen Netze gehören. In der klassischen KI ist Wissen explizit in Form von Symbolen gegeben. Diese Symbole bezeichnen Objekte, Eigenschaften oder Aussagen. Durch die logische Verarbeitung der Symbole wird das Problem gelöst. Dies ist ein leistungsfähiger, konkreter Lösungsweg. Wichtige Vertreter sind die Aussagen- und Prädikatenlogik.

In der konnektionistischen KI wird Wissen implizit durch gewichtete Verbindungen dargestellt. Das beste Beispiel sind die Gewichtsmatrizen neuronaler Netze, welche das erworbene oder programmierte Wissen in sich tragen. Durch die unscharfe Darstellung und Verarbeitung von Wissen in den Verbindungen zeigen diese Ansätze ihre Vorzüge bei Problemen mit unscharfen, verrauschten und gestörten Daten. Jedoch ist das Verarbeiten von unscharfen Daten keine exklusive Eigenschaft der neuronalen Netze. In der klassischen KI liefert zum Beispiel die Fuzzylogik [17, Kap. 9.4] eine regelbasierte Verarbeitung unscharfer Daten.

4.2 Geschichte der KI

Das Forschungsfeld der künstlichen Intelligenz beschäftigt sich mit der Mechanisierung des Denkens. Dies ist keineswegs eine neue Idee. Rückblickend findet man die ersten Ansätze bereits in den philosophischen Ideen des formalen Argumentierens. Unter anderem arbeitete Gottfried Wilhelm Leibniz an der Idee der Universalsprache. Dieses System von Symbolen, den „characteritica universalis", sollte in der Lage sein, beliebige Aussagen darstellbar und Verbindungen von Aussagen berechenbar zu machen. Die Ausformulierung einer solchen Sprache gelang Leibniz nie. Einen großen Einfluss hatte jedoch sein Dualsystem, welches die Darstellung von Zahlen durch lediglich zwei Zeichen ermöglicht und damit die Brücke schlug zwischen der Arithmetik und den Prinzipien der Logik.

Das Dual- oder Binärsystem ist die Grundlage der modernen programmierbaren Rechenmaschinen, der Computer. Die berühmte erste Umsetzung einer solchen Maschine gelang Konrad Zuse im Jahr 1937. Durch die beeindruckende Leistungsfähigkeit der Computer, komplexe Aufgaben zu bewältigen, kam bald die alte Frage erneut auf, ob die menschliche Intelligenz einzigartig oder die Folge ausreichender Komplexität ist.

Oft wurde spekuliert, ob man einen menschlichen Verstand in einer Maschine nachbauen kann oder ob Denken dem Menschen vorbehalten ist. Alan Turing näherte sich diesem Problem in seiner berühmten Publikation [19] 1950 mittels seines „Imitation Game" an. Dieses Gedankenexperiment wurde später unter dem Namen „Turing-Test“ berühmt und sowohl wissenschaftlich als auch belletristisch viel beachtet. In diesem Spiel ist es die Aufgabe eines Richters, die Identität von zwei anderen Spielern zu bestimmen. Der Richter kommuniziert über einen Teleschreiber mit den anderen Partizipanten. Jede andere Art der Kommunikation oder Wahrnehmung ist unterbunden.

In der ersten Variante spielen ein Mann A und eine Frau B das Spiel. Der Richter muss anhand von gestellten Fragen herausfinden, welche Person, die ihm nur als X und Y bekannt sind, der Mann oder die Frau ist. Die Aufgabe von A ist es jedoch, den Richter zu einem falschen Schluss zu führen, während B mit dem Richter kooperiert. Nun verändert Turing die Situation, indem er A durch eine Maschine mit der gleichen Aufgabe ersetzt. Ausführlich diskutiert er die These, dass, bei erfolgreicher Täuschung, der Maschine die Fähigkeit der Intelligenz zugesprochen werden muss.

Kurz vor Turings theoretischen Betrachtungen veröffentlichten McCulloch und Pitts [20] im Jahr 1943 eine Möglichkeit, mit künstlichen Neuronen Logikschaltungen zu realisieren. Diese Arbeit fand großes Interesse und viele Folgepublikationen beriefen sich auf sie. Die künstlichen Neuronen folgten in einer vereinfachten Form dem biologischen Vorbild. Sie summierten gewichtete Eingangssignale auf und führten eine Schwellenwertoperation auf diese Aktivierung aus. Das Ergebnis der Schwellenwertoperation war die Ausgabe des Neurons und konnte ebenfalls die Eingabe für ein weiteres künstliches Neuron sein. Ihre Neuronen arbeiteten mit diskreten Ausgaben und Gewichten. In [17, Kap. 3.3.2.1] wird das logische Neuron wie folgt zusammengefasst:

$$e_i = \Phi\left(\sum_j w_{ij} s_j - \Theta\right) \quad \text{mit} \quad \Phi(u) = \begin{cases} 0 & \text{für } u < 0 \\ 1 & \text{für } u \geq 0 \end{cases}$$

Hierbei bezeichnet e_i die Ausgabe des i-ten Neurons, w_{ij} das Gewicht des j-ten Vorgängers zu diesem Neuron und s_j die Ausgabe des entsprechenden Vorgängerneurons. Θ ist der Schwellenwert. Im Jahr 1949 veröffentlichte Hebb sein Buch „The Organization of Behavior“ [21]. In diesem Buch postuliert er die Annahme, welche später als Hebb'sche Regel die Grundlage für das Lernen neuronaler Netze werden soll:

> When an axon of cell A is near enough to excite a cell B and repeatedly or persistently takes part in firing it, some growth process or metabolic change takes place in one or both cells such that A's efficiency, as one of the cells firing B, is increased.
>
> Wenn ein Axon der Zelle A nahe genug ist, um eine Zelle B zu erregen und wiederholt oder dauerhaft sich am Feuern beteiligt, geschieht ein Wachstumsprozeß oder metabolische Änderung in einer oder beiden Zellen dergestalt, daß As Effizienz, als eine der auf B feuernden Zellen, anwächst. (Übersetzung aus [22])

Frühzeitig wurden Spiele als geeignete Umgebung für KI-Experimente erkannt. Durch ihre abgegrenzten Regeln und intuitiven Erfahrungen mit menschlichen Spielern gelten sie als gute Grundlage für eine Beurteilung von maschinell erzeugten Lösungsstrategien und damit der KI. Der britische Code-Knacker Donald Michie baute in den frühen 1960er Jahren eine Maschine, welche lernen konnte, das Spiel Tik-Tak-Toe zu spielen. Diese Maschine bestand aus einer Menge von Streichholzschachteln mit farbigen Perlen in den Einschüben und wurde von seinem Erfinder „Matchbox Educable Noughts And Crosses Engine" kurz „MENACE" genannt [23] (Noughts and Crosses ist der brit. engl. Begriff für Tik-Tak-Toe). Jede Schachtel entsprach einem Spielzustand bzw. einer Spielbrettsituation und die farbigen Perlen in den Schachteln codierten einen gültigen Zug. Durch das Ziehen einer Perle wurde ein Spielzug festgelegt. Erfolgreiche Strategien wurden durch das Hinzufügen entsprechend farbiger Perlen belohnt. Schlechte Spielzüge wurden durch das Entfernen der gezogenen Perle bestraft. Wegen der begrenzten Leistungsfähigkeit der damaligen Rechenmaschinen griff Michie auf die Umsetzung des Algorithmus mithilfe der Streichholzschachteln zurück.

Michie war ein Freund und Kollege von Alan Turing, mit welchem er öfter Schach spielte [24]. Michie entwickelte einige Schach-Algorithmen, welche jedoch der damaligen Rechentechnik voraus waren und nur auf einem Zettel mit Bleistift von ihm ausgeführt wurden. Das Schachspiel galt auch einige Jahre später noch als Hürde für die maschinelle Intelligenz. Zwar existierten bereits Programme und Geräte, welche gut bis sehr gut spielen konnten, jedoch war ein Großmeister im Schach für einen Computer nicht zu besiegen. 1996 schaffte es der Computer DeepBlue [25] von IBM, dem damaligen Schachweltmeister Garry Kasparov einen Sieg unter Wettkampfbedingungen abzuringen. Das war ein bis dahin nie erreichter Durchbruch. Den Wettkampf gewann Kasparov mit 4:2, unterlag aber im Folgejahr der Maschine in einem erneuten Wettstreit. Ähnliche verblüffende Durchbrüche stellten die KI Watson von IBM und AlphaGo von Google dar.

Watson gewann 2011 in der Fernsehquiz-Sendung „Jeopardy!" gegen zwei menschliche Spieler [26]. Beide Spieler waren sehr erfahrene, wiederkehrende Kandidaten der Sendung, die bereits Rekordsummen gewonnen hatten. Das Besondere an dieser Leistung ist, dass es sich bei der Sendung „Jeopardy!" nicht um ein herkömmliches Faktenquiz handelt, sondern dem Spieler die Antworten und Kategorien bekannt sind und sie eine passende Frage formulieren müssen. Watson stellt damit einen Durchbruch im Bereich des Verstehens natürlicher Sprache und der Kombination Domänen-übergreifender Aussagen dar.

Gleichermaßen beeindruckend war der Sieg der Software „AlphaGo" [27] über den damaligen Go-Weltmeister Lee Sedol. AlphaGo wurde in einem überwachten Trainingsverfahren mit vielen Spielzügen vergangener Großmeisterspiele trainiert und in Spielen gegen sich selbst verfeinert. Die besondere Abgrenzung von Go gegenüber Schach ist die höhere Komplexität der Spielzüge und die vielfach größere Kombinationsvielfalt der Spielbrettsituationen. Bei der Architektur von AlphaGo handelt es sich nicht um ein einziges Netzwerk, sondern um einen Verbund von Netzwerken, welche Spielsituationen bewerten und neue Spielzüge vorschlagen.

Schon kurze Zeit danach wurde die nächste Version mit dem Namen „AlphaGo Zero" [28] veröffentlicht. Der ursprüngliche Ansatz wurde dahingehend verfeinert, dass nun keine menschlichen Spielzüge mehr als Trainingsgrundlage dienten. Das Training der neuen KI erfolgte ausschließlich über ein unüberwachtes verstärkendes Lernen. „AlphaGo Zero" schlug „AlphaGo" 100 zu 0.

Aus dieser Arbeit entstand im Jahr 2017 eine weitere KI mit dem Namen „Alpha Zero" [29]. Die erfolgreichen Ansätze von „AlphaGo Zero" wurden auf weitere Spiele angewendet. Die Grundlage war auch hier lediglich das Re-

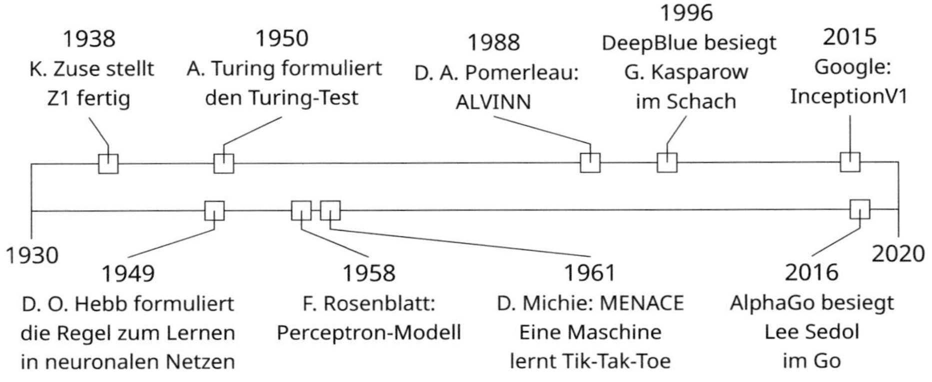

Abbildung 4.1: Eine Zeitachse der hier vorgestellten Schlüsselentwicklungen der künstlichen Intelligenz.

gelwerk der spezifischen Domäne und das Training folgte dem „tabula rasa reinforcement training" [29, 28] getauften Paradigma. In ihrer Arbeit zeigten die Autoren, dass bereits 24 Stunden Training genügen, um die Spielleistung ihrer KI auf ein übermenschliches Niveau zu bringen.

Mit der Entwicklung von „MuZero" [30] gelang es erstmals, ohne Kenntnis der Spielregeln an die vorherigen Leistungen anzuknüpfen. Die Publikation beschreibt, wie „MuZero" die Leistungsfähigkeit von „Alpha Zero" erreichen konnte, ohne die konkreten Regeln der Spiele Schach, Go und Shogi definiert zu bekommen. Darüber hinaus erreichte die gleiche KI auch Leistungen in den Videospielen der KI-Lernumgebung „The Arcade Learning Environment (ALE)" [31], welche weit über dem menschlichen Durchschnitt liegen.

Neben den Spielen haben natürlich auch andere Problemdomänen herausragende Leistungen mit KI demonstriert. Besonders wenn es um das schnelle visuelle Verstehen von Szenen geht, sind autonome Fahrzeuge ein gutes Beispiel. Dieses Problemfeld teilt sich mit den Spielen die Betonung von vorausschauendem und planendem Verhalten. Im Gegensatz zu den vorherigen Beispielen liegt hier aber ein weiterer Schwerpunkt auf der Geschwindigkeit der Entscheidungsfindung und der Robustheit gegenüber externer Einflüsse, sowie das Erkennen von komplexen, veränderlichen visuellen Szenen.

In einem sicherheitsrelevanten Umfeld in einer Interaktion mit anderen Fahrzeugen und Hindernissen ist es von hoher Wichtigkeit, rechtzeitig eine Gefahrensituation wahrnehmen und auf diese reagieren zu können. Bewegen sich KI-Lösungen außerhalb virtueller, klar definierter Welten oder Regelwerke, so müssen sie in der Lage sein, auf unbekannte Eingaben reagieren zu können.

Das bekannteste Beispiel für ein autonomes Landfahrzeug ist das ALVINN-Projekt [32]. Das Fahrzeug war in der Lage, selbständig einem Straßenverlauf zu folgen. Hierzu bekam ein flaches künstliches neuronales Netz Eingaben von einer Kamera und einem elektrooptischen Entfernungsmessgerät. Aus dem Kamerabild wurde eine stark reduzierte Sicht des blauen Kanals extrahiert, weil, nach Aussage des Autors, der blaue Kanal den größten Kontrast der Fahrbahn wiedergab. Die Ausgabe des Netzwerks war eine Reihe von Neuronen, welche den vorgeschlagenen Lenkwinkel kodierten. Trainiert wurde ALVINN in einem überwachten Prozess, wobei die Trainingsdaten von einem menschlichen Fahrer stammten, dessen Lenkbewegungen in Verbindung mit den Sensordaten des Fahrzeugs aufgezeichnet wurden.

ALVINN besaß keine Möglichkeit, unvorhergesehenen Hindernissen auszuweichen, auf Gefahrensituationen zu reagieren oder mit anderen Verkehrsteilnehmern zu kooperieren. Es bestand also kein tieferes Verständnis der beobachteten Szenen. Dennoch hat die Technologie des autonomen Fahrens seit Anfang der 1990er Jahre derartige Fortschritte gezeigt, dass heute erste kommerzielle Anwendungen verfügbar sind. Nach dem großen Erfolg der faltenden neuronalen Netze und dem tieferen Bildverständnis, welches sich hieraus ergab, entstanden neue Ansätze der autonomen Fahrzeuge mit Steuerung auf Basis von künstlichen neuronalen Netzen. Eine Übersicht der wichtigsten Meilensteine findet sich in [33].

In der gleichen Publikation [33] wird auch ein moderner Trainingsansatz für das Imitationslernen im Straßenverkehr vorgestellt. Unter der Annahme, dass künstliche neuronale Netze unter Nutzung diverser Sensortechnologien eine Erkennungsleistung in Echtzeit erbringen können, die einem menschlichen Fahrer in nichts nachsteht, verlagert sich der Problemschwerpunkt auf die Einschätzung und Reaktion in einer Gefahrensituation. Hier schildern die Autoren den Umstand, dass menschliche Fahrer überwiegend sehr gut fahren und das Maß für die Qualität der Verhaltensentscheidung sind.

Nur in wenigen Situationen treffen Menschen grundlegend falsche Entscheidungen, was die Verfügbarkeit von Beispielen von schlechtem Verhalten oder Grenzsituationen in Trainingsdaten deutlich verringert. Um dieses Problem zu lösen, untersuchten die Autoren einen Ansatz, bei dem echte Trainingsdaten mit Daten aus simulierten Situationen, welche deutliches Fehlverhalten zeigen, vermischt werden und als Grundlage für die künstlichen neuronalen Netze dienen. Dieser Ansatz soll zu stabileren und verlässlicheren autonomen Fahrzeugen führen. Denkbar ist jedoch auch ein Einsatz ähnlicher Vorgehensweisen in vielen anderen Problemfeldern des optischen Verstehens. Die optische Inspektion von Fertigungsprozessen ist hier nur ein Beispiel.

4.3 KI in der optischen Inspektion

Seit der Publikation [34], welche die „Inception" getaufte KNN-Architektur vorgestellt hat, gab es in vielen Domänen ein großes Interesse an KI und Deep Learning. So war diese Publikation und die mediale Aufmerksamkeit, welche sie nach sich zog, auch die Inspiration für die Grundlagen dieser Arbeit.

Bereits 2017 wurde in [35] eine Herangehensweise aufgezeigt, wie die automatische optische Inspektion von den neuen Forschungen auf dem Gebiet der künstlichen Intelligenz profitieren kann. Kernaussage der Untersuchung ist, dass nur mit einer ausreichenden Datenbasis sinnvolle Ergebnisse erzielt werden können, und damit die Prüfdatendienste eine tragende Rolle in der zukünftigen Entwicklung spielen werden.

In den letzten Jahren gab es sehr viele Ansätze, Teilprobleme der optischen Inspektion mit neuen Verfahren zu lösen oder Prozesse zu optimieren. Publikationen, welche KI-Verfahren anwenden, existieren zu allen vorgestellten Prüftechnologien und zu jedem Schritt im Produktionsprozess. Nachfolgend sollen eine kleine Menge ausgewählter Publikation das Forschungsfeld umreißen.

4.3.1 SPI

Die automatische optische Pastenkontrolle wird von einigen Autoren als die wichtigste optische Inspektion angesehen. Diese Einschätzung beruht auf der Annahme, dass der Großteil aller Fertigungsdefekte durch fehlerhaften Pastendruck hervorgerufen werden. Aus der Praxis zeigt sich aber, dass Defekte generell in jedem Produktionsschritt entstehen können und die Art und Häufigkeit von Fehlern stark vom Produkt und individuellen Prozessparametern abhängen.

Die Mehrheit der aktuellen Publikationen mit dem Fokus auf KI und Bezug auf SPI verwenden unterschiedliche Klassifikationsansätze oder vergleichen diese untereinander. Die nachfolgend beispielhaft vorgestellten Publikationen [36, 37, 38] heben sich dadurch von der Masse ab, dass sie neuartige Ansätze aufzeigen, die über eine einfache Klassifikation hinausgehen.

In [36] legen die Autoren dar, dass eine Erkennung von Fehlern im Prozess so früh wie möglich passieren muss, da die Reparaturkosten mit jedem Arbeitsschritt steigen. Der vorgestellte Ansatz basiert auf der Annahme, dass ein Großteil der Fehler bereits in den Messwerten eines SPI vorherzusehen ist. Die Autoren benutzen einen sogenannten „Variational Autoencoder" [39], um eine optimale Einbettung der gemessenen Größen in einen dimensionsreduzierten Raum mit anschließender Rekonstruktion zu erreichen. Über einen Vergleich der Rekonstruktion zu den Eingabedaten können Prozessfehler als Abweichungen von der erwarteten Einbettung erkannt werden. Für das Training muss auf einen sehr leistungsstarken Rechner in der Cloud zurückgegriffen werden.

Einen ähnlichen Ansatz verfolgen die Autoren der Publikation [37]. Allerdings verwenden sie neben den Messwerten des SPI-Systems auch die zugrundeliegenden Bilder. Diese Daten dienen als Eingabe für ein multimodales neuronales Netz, welches Fehler als Auffälligkeiten erkennen soll.

Auch die Publikation [38] stellt einen neuen Ansatz für die Lötpastenkontrolle vor. Es besteht auch hier die Annahme, dass der Pastendruck für die meisten Fehler verantwortlich ist. In ihrer Arbeit führen die Autoren eine neue Architektur ein, welche sie „CRRN" (convolutional recurrent reconstructive network) nennen. Die Besonderheit dieser Architektur ist, dass sie Fehler nicht in der spatialen, sondern in der spatio-temporalen Domäne klassifiziert und damit auch Abweichungen des Druckvorgangs über die Zeit hinweg identifizieren kann.

4.3.2 AOI

Auch die klassische AOI hat in den letzten Jahren viel Forschungsbemühen mit Bezug auf KI erfahren. Da AOI-Systeme vor und nach dem Lötprozess eingesetzt werden können und eine größere Vielzahl an Prüfungen durchführen, ist es nicht überraschend, dass eine breite Vielfalt an Publikationen zu finden ist.

In der Publikation [40] wird gezeigt, dass schon relativ einfache neuronale Netze mit einer multimodalen Eingabe den klassischen Ansätzen weit überlegen sein können. Das in der Arbeit diskutierte Beispiel ist die Erkennung von Farbringen auf THT-Widerständen. Es wird gezeigt, dass eine Schwellenwertentscheidung auf Basis der RGB-Kanäle nicht immer ausreichend ist. Der Lösungsvorschlag ist, die in dem System vorhandenen Infrarot- und Ultraviolettbeleuchtungen zu verwenden, um zwei weitere Farbkanäle als Eingabe für das neuronale Netz zu haben. In den anschließenden Versuchen zeigt sich, dass die Trennung von vorher problematischen Farbpaaren, wie Blau und Violett, Rot und Orange bzw. Rot und Braun, mit den zusätzlichen Farbkanälen durch ein neuronales Netz sehr gut möglich ist. Keine der zusätzlichen Beleuchtungen hätte als Grundlage für eine Trennung dienen können, da die Farbkanäle nur zusammen eine eindeutige Trennung ermöglichen. Sicher wäre auch eine Prüfung mithilfe konventioneller Bildverarbeitung denkbar, aber dem Nutzer würde ein tiefes Verständnis für die Beurteilung von multi-spektralen Bilder abverlangt werden.

In ihren Publikationen [41, 42] nehmen sich die Autoren der Lötstellenkontrolle unter Verwendung von faltenden neuronalen Netzen an. In [41] wird zuerst diskutiert, wie die Erkennung von Fehlern mit einem neuronalen Netz umgesetzt werden kann. Hierzu sind jedoch problembezogene Datensätze nötig, welche nicht in ausreichender Qualität und Umfang verfügbar sind. Daraus folgt, dass die Produktionsdaten als Trainingsgrundlage verwendet werden sollten. In der Arbeit wird nun aber herausgestellt, dass sich reale Fertigungsdaten nicht ohne Vorverarbeitung und Selektion als Trainingsgrundlage eignen. Durch die angestrebte hohe Wirtschaftlichkeit der Fertigungslinien treten Fehler im Vergleich zu Nichtfehlern nur selten auf. Auch die Verteilung der Fehlerklassen untereinander ist nicht generell vorhersagbar und auf keinen Fall gleich. Nach der Untersuchung verschiedener Ansätze kommen die Autoren zu dem Schluss, dass Datensätze, welche auf dem Zielsystem der KI-Lösung aufgenommen worden sind, die beste Eignung für eine Fehlererkennung zeigen.

Aufbauend auf der vorherigen Veröffentlichung widmen sich die Autoren in ihrer Publikation [42] erneut der neuronalen Klassifikation von Fertigungsdefekten. Ziel dieser Arbeit soll es sein, die Erkennungsgenauigkeit durch einen hierarchischen Ansatz zu erhöhen. Der vorgestellte Ansatz verwendet vier eigenständige neuronale Netze. Jedes Netz bekommt eine Aufgabe bzw. ein Entscheidungskriterium zugewiesen. Diese Kriterien sind aus den Erkenntnissen aus [41] abgeleitet. Nach der Auswertung der drei Netze auf der ersten Stufe wird anhand der Netzwerkausgaben entschieden, ob die Klassifikation durch das vierte Netzwerk ausgeführt werden muss oder die Fehlerklasse abgeleitet werden kann. Der Ansatz ist nicht generell auf beliebige Fehlerklassen übertragbar, zeigt aber, dass eine komplexere und höher spezialisierte Architektur deutlich bessere Ergebnisse liefern kann, als eine generelle Bildklassifikations-KI.

Weil es schwer ist, einen geeigneten Datensatz mit ausreichenden Labelinformationen zu finden oder zu akkumulieren, schlagen die Autoren von Publikation [43] einen kombinierten Ansatz vor. Dieser Ansatz dient der Klassifikation von Lötstellen in einem SMT-Prozess anhand von Bildern. Eine kleine Menge gelabelte und eine potenziell größere Menge ungelabelte Bilddaten stehen eingangs zur Verfügung. Mit den wenigen vollständigen Daten wird ein Klassifikator trainiert. Unabhängig davon wird der gesamte Datensatz in einer Ballungsanalyse verarbeitet. Ziel ist es, den ungelabelten Daten durch ihre Nähe zu gelabelten Beispielen in einem, durch Principal Component Analysis (PCA) eingebetteten Raum einer Klasse zuzuordnen. Nachdem die Ergebnisse beider Teilverfahren vorliegen, werden die Beispiele der ungelabelten Daten mit der geringsten Konfidenz für ein sogenanntes Active-Learning ausgewählt. Active-Learning bezeichnet ein aktives Befragen eines menschlichen Experten, um weitere Labelinformationen zu erlangen. Durch die gezielte Befragung im Zweifelsfall wird der Experte weniger belastet, als es bei einer Beurteilung des vollständigen Datensatzes wäre. Die so erlangten neuen Labelinformationen werden für ein verfeinerndes Training des Klassifikators verwendet.

Einen ähnlichen Ansatz haben die Autoren der Publikation [44] für die Prüfung von handbestückten THT-Leiterplatten gewählt. In dieser Arbeit existiert jedoch eine weitere Annahme, dass nicht jedem Label getraut werden kann, welches durch einen menschlichen Experten vergeben wurde. Um das Vertrauen in die Nutzerbewertung zu erhöhen, kann jedem Beispiel mehrmals eine Klasse durch einen Menschen zugewiesen werden. Alle menschlichen Entscheidungen bleiben dabei erhalten und aus der Summe aller Entscheidungen wird eine Auftrittswahrscheinlichkeit für jede Klasse ermittelt. Initial sollte zu jeder Zielklasse ein Beispiel mit menschlicher Bewertung vorhanden sein. Weitere Klassen können im Laufe des Prozesses hinzugefügt werden. Wie bei [43] erfolgt in [44] zuerst eine Ballungsanalyse mit den bekannten Labeln als Ballungskern. Auch hier wird jedem Beispiel eine temporäre Klasse als Ergebnis der Ballungsanalyse zugewiesen. Diese Klassifikation findet unabhängig von der menschlichen oder der nachfolgenden Klassifikation statt. Für die dritte Bewertung, und damit auch die Ausgabe des Systems im Inferenzfall, wird ein neuronaler Klassifikator trainiert. Im überwachten Training des Klassifikators werden Label verwendet, welche sich aus all den einzelnen Bewertungen der Beispiele ergeben. Abschließend werden wie bei [43] einige Beispiele mit einer geringen Konfidenz oder unklaren Klassenzugehörigkeiten für einen Active-Learning-Schritt ausgewählt. Solange neue Bewertungen durch einen menschlichen Experten vergeben werden, kann das System diese sammeln und den Klassifikator iterativ verbessern.

Neben der Klassifikation wurden auch andere Möglichkeiten aufgezeigt, wie KI die automatische optische Inspektion verbessern kann. In der Publikation [45] zeigten die Autoren, wie mit der Hilfe eines neuronalen Schätzers fehlerhafte Messpunkte in einer 3D-AOI-Aufnahme ausfindig gemacht werden können. Das vorgestellte Verfahren hat nicht nur Fehlstellen identifiziert, sondern auch mögliche gültige Werte für diese vorgeschlagen. Die diversen Störstellen eines 3D-AOI wurden bereits in Kapitel 3 gezeigt. Durch diese neuronale Filterung der Daten war es möglich, auch bis zu einem gewissen Grad gestörte Bilder für die bekannten Prüfverfahren zu benutzen.

4.3.3 AXI

In der Publikation [46] verwenden die Autoren ein speziell entworfenes neuronales Netz zur Klassifikation von HIP-Fehlern. Auch hier besteht wieder das Problem der nur ungenügend verfügbaren und ungleichmäßig verteilten Trainingsbeispiele. Weil die Autoren einen Einsatz des Modells in realen Inspektionssystemen anstreben, versuchen sie nicht, die Trainingsdaten anzupassen, sondern mit entsprechenden Architekturentscheidungen beim Entwurf ihres Netzes entgegenzuwirken. Die Autoren identifizieren zwei Bewertungsfunktionen als besonders vorteilhaft für ungleichmäßige Datensätze und verwenden diese. Anschließend folgt ein Vergleich der eigenen Architektur mit etablierten Modellen. Bei diesem Vergleich schneidet das vorgestellte System deutlich besser ab und kann sich als Klassifikator für HIP-Fehler behaupten. Abschließend geben die Autoren einen Ausblick auf zukünftige Arbeiten mit umfangreicheren Datensätzen.

In der Publikation [47] nähern sich die Autoren ebenfalls dem Problem der Klassifikation von verdeckten Lötstellen unter der Annahme der ungleich verteilten Trainingsdaten an. Die Klassifikation erfolgt hier nicht in die bereits diskutierten Fehlerklassen, sondern es findet lediglich eine binäre Entscheidung über Fehler/Nicht-Fehler statt. Die Autoren verwenden acht Schnittebenen der untersuchten Lötkugel als Eingabe für einen „Adversarial Auto Encoder" (AAE) [48]. Diese Architektur besteht aus einem Autoencoder und einem Diskriminator-Netz. Die Aufgabe des Autoencoders ist es, seine Eingabe in eine latente Variable zu überführen und daraus wieder zu rekonstruieren. Autoencoder werden unüberwacht trainiert und dienen häufig als Merkmalsextraktoren für weitere Netze. Die Aufgabe des Diskriminators ist es, die latente Variable des Autoencoders von einer Stichprobe aus einer Normalverteilung zu unterscheiden. Das Training der beiden Teilnetze erfolgt nacheinander. Zuerst trainiert der Autoencoder, die Eingabe in den Raum der latenten Variable einzubetten und möglichst verlustfrei zu rekonstruieren. Danach trainieren der Encoderteil des Autoencoders und der Diskriminator mit gegenläufigen Zielen. Ziel des Diskriminators ist die eindeutige Trennung von eingebetteter Eingabe und normalverteilter Stichprobe, während der Encoder eine eindeutige Trennung verhindern soll. Dies folgt dem Schema der „Generative Adversarial Networks“ [49]. Durch das Einbringen des Diskriminators wird der latenten Variable eine Normalverteilung aufgezwungen. In Zusammenhang mit der ungleichen Verteilung der Trainingsbeispiele auf die beiden Klassen schlussfolgern die Autoren, dass die Gut-Beispiele in den dichteren Regionen der Verteilung zu finden sind und die Schlecht-Beispiele in den weniger dichten Regionen. Über einen statistischen Test der latenten Variable erfolgt am Ende die Zuordnung der Bilder in eine der beiden Klassen.

4.3.4 Sonstige

Neben den neuen Verfahren, welche als direkter Ersatz für bestehende Herangehensweisen eingesetzt werden sollen, existieren auch völlig neue Ansätze, wie die Publikationen [50, 51] zeigen. Diese Arbeiten lassen sich zwar keiner der drei genannten Bereiche zuordnen, sollen aber generell beim Training neuer Ansätze helfen [51] oder bieten einen vollkommen neuen Ansatz der KI-Unterstützung in der optischen Inspektion [50].

Mit der Publikation [50] zeigen die Autoren, wie ein Assistenzsystem auf Basis von KI dem Experten bei der abschließenden Fehlerverifikation helfen kann. Der Benutzer wird bei der Überprüfung der vermeintlichen Fehler mit einer Einschätzung durch die KI unterstützt. Das auf Entscheidungsbäumen basierende KI-System kann eine von drei Klassen vorschlagen: `(good|0)`, `(false call|0)` und `(real defect|1)`. Der Benutzer kann bei der Entscheidung über einen vermeintlichen Fehler die KI-Meinung als Grundlage nehmen. Das vorgeschlagene System verarbeitet eine Menge an Merkmalen, welche sowohl aus der Kontrolle der Lötpaste, als auch aus der AOI nach dem Löten stammen. Mit der Verwendung von SPI- und AOI-Daten werden nicht nur der aktuelle Zustand der Lötstelle nach dem Löten bewertet, sondern auch eventuelle Auffälligkeiten und Abweichungen im Pastendruck einbezogen, welche nicht jenseits der Prozessfehlergrenzen lagen. Dieser Ansatz bietet damit eine umfassendere Beobachtung der untersuchten Lötstellen als eine Maschine allein leisten könnte. Eine weitere Besonderheit dieses Ansatzes ist, dass hier das KI-System nicht die eigentliche Fehlererkennung durchführt. Das System bietet seine Entscheidung dem menschlichen Experten an und hat keinen direkten Einfluss auf den Prozess.

In der Veröffentlichung [51] wenden sich die Autoren keinem direkten AOI-Thema zu, sondern zeigen einen Weg, Trainingsbilder für diverse KI-Ansätze zu erzeugen. Hierzu erstellen die Autoren einen digitalen Zwilling einer SMT-Linie. Als Ausgangsdaten dienen die CAD-Daten der Prüflinge. In einem mehrstufigen Prozess werden die einzelnen Produktionsschritte simuliert. Für jeden Prozessschritt existieren Parameter, mit welchen sich der Prozess steuern lässt und damit Fehler induziert werden können. In den ersten Schritten werden der Pastendruck durch das Erzeugen einer Höhenkarte und die Bauteilplatzierung durch das Einbringen eines vorgefertigten 3D-Modells simuliert. Hierbei können Versatz und Verdrehung des Bauteils und für das Pastendepot zusätzlich das Volumen gesteuert werden. Für den Lötschritt erfolgt eine physikalische Simulation des Anfließens des Lots an den Bauteilkörper. Dazu wird angenommen, dass das Lot vollständig und gleichmäßig aufschmilzt. Anschließend wird die Oberflächenspannung des Lötmaterials minimiert, wodurch sich die charakteristischen Lötminisken bilden. Für den abschließenden Schritt der simulierten Bildaufnahme durch ein AOI wird ein Rendering-Programm benutzt, welches die erzeugten 3D-Modelle und Texturen orthogonal abtastet und damit die simulierten Beobachtungen liefert. Die Eingangsparameter sind hier Sensorgröße, thermisches Rauschen, Auflösung und die Beleuchtung. Die Beleuchtung ließ sich nicht zufriedenstellend simulieren, weshalb mit einer Spiegelkugel eine Beleuchtungskarte eines realen AOI-Systems aufgenommen wurde, welches die Grundlage für die Simulation darstellt. Alle erzeugten Bilder sind überzeugend nahe an echten Bildaufnahmen der tatsächlichen Vergleichsflachbaugruppe. Durch solche Simulationen ist es möglich, spezialisierte KI-Lösungen für die Inspektion von Kleinserien zu trainieren, da sich viele Fehler schon vor der Produktion simulieren lassen und als Trainingsgrundlage dienen können.

4.4 Zusammenfassung

In den vorgestellten Publikationen zeigt sich immer wieder, dass die Verfügbarkeit von geeigneten Daten ein großes Problem darstellt. Dies hat eine Vielzahl an Gründen. EMS-Dienstleister stehen meist unter engen Verschwiegenheitserklärungen und können keine Bilder und Fertigungsdaten ihrer Kunden veröffentlichen. Keine der genannten Veröffentlichungen hat einen Datensatz zur Verfügung gestellt. Produkte und Qualitätsanforderungen sind durch die Industrie hindurch so inhomogen, dass es sehr aufwendig ist, einen vollständigen Datensatz zu erstellen, welcher für die unterschiedlichen Prüfstrategien und Bildaufnahmetechnologien geeignet ist.

Menschliche Experten bewerten zwar die auftretenden Fehler, sind dabei aber von den Bewertungsmaßstäben und Fehlerklassen ihres eigenen Prozesses abhängig, welche nicht mit anderen Fertigern kompatibel sein müssen. Die starke Ungleichverteilung von Fehlern und Nichtfehlern sorgt dafür, dass das Sammeln von Bildern in einem ausreichenden Umfang und mit genügender Diversität der Fehlerausformung sehr zeitaufwendig ist. Deshalb haben sich Ansätze entwickelt, welche durch Synthese [51] oder umfangreicher Erweiterungen des Trainings [44, 43] dieses Problem lösen wollen.

Die Verarbeitung eines einzelnen Spektralbereichs scheint nicht mehr zeitgemäß zu sein. Moderne AOI-Systeme verfügen über umfangreiche Bildaufnahme- und Beleuchtungsoptionen, weshalb viele Ansätze multimodale Daten [40, 37], hochdimensionale Daten [46, 47] oder zeitliche Zusammenhänge [38] für eine Fehlerfindung verwenden.

Eine Vernetzung der Fertigungsanlagen ist bereits von den Herstellern angestrebt. Es zeigt sich deutlich, dass durch das Sammeln von Daten über eine Menge an Systemen hinweg viele KI-Ansätze profitieren können.

Neben den KNN-Klassifikatoren, welche die bisherigen Bildverarbeitungsansätze ablösen sollen, existieren Ansätze [35, 50], welche die Systemgrenzen überwinden, um die optische Inspektion in ein neues Prüfparadigma zu führen und die Fertigung weiter zu automatisieren.

5 Problemstellung

- Zusammenfassung der Probleme der optischen Inspektion und wie künstliche Intelligenz helfen kann.
- Diskussion der Hürden bei der Einführung neuer Prüfansätze.
- Autonomes Fahren als Beispiel für einen Technologiewandel mit ähnlichen Problemen.
- Formulierung der Problemstellung.

Dieses Kapitel formuliert die Problemstellung dieser Arbeit auf Basis der bisherigen Betrachtungen. In Kapitel 3 wurden die Herangehensweisen und die jetzigen Probleme der optischen Inspektion dargestellt. Kapitel 4 ist auf die aktuellen Entwicklungen im Bereich der AOI in Zusammenhang mit KI eingegangen.

In Kapitel 3 wurde gezeigt, dass es an vielen Stellen im Klassifikationsprozess zu einer Vielzahl an Fehlern kommen kann. Bei der Betrachtung ist nicht auf die einfachen Bedienfehler oder auf falsche Prüfstrategien eingegangen worden, welche selbstverständlich nicht zu vernachlässigen sind. Ein Beispiel für einen Prozessschritt mit großem Verbesserungspotenzial ist die abschließende Fehlerklassifikation durch einen menschlichen Experten. Der Mensch bekommt zu jedem gefundenen Defekt oder zu jeder Auffälligkeit, welche die Inspektionssysteme gefunden haben, die entsprechenden Daten präsentiert. Häufig werden für diesen Arbeitsschritt sogar zusätzliche Bildinformationen aufgenommen, welche nur für den menschlichen Experten bestimmt sind. Es ist vollkommen unerheblich, wie gut die Fehlerfindung, ob mit oder ohne KI-Unterstützung, ist, wenn der Mensch am Ende der Prozesskette die absolute Entscheidungsgewalt über das Ergebnis hat. Obendrein ist diese Entscheidung, welche von wirtschaftlichem Interesse ist, an eine repetitive und ermüdende Arbeit gebunden. Zu jedem Ergebnis der Inspektionsmaschinen gibt der Mensch eine Fehlerklasse an oder überstimmt das Ergebnis des Systems. Hier befindet sich ein kritischer Punkt im Prozess, welcher zum Totalausfall des Produkts oder zu unwirtschaftlich hohem Ausschuss führen kann.

Neben den vermeidbaren Fehlern wurden auch die aufwendigen und komplizierten Arbeiten gezeigt, welche trotz hohem Grad an Automatisierung noch immer Bestandteil der AOI sind. Als Beispiel hierfür soll die Prüfprogrammerstellung stehen. Auch wenn bereits Systeme existieren, welche den Benutzer bei der Erstellung von Prüfabläufen unterstützen sollen, so liegt die Verifikation aller Prüfparameter letztlich beim Menschen. Um diese Prüfparameter bewerten zu können, braucht es ein tiefes Verständnis vom Fertigungsprozess, seinen Fehlern und den teilweise sehr komplexen Prüfheuristiken und der zugrunde liegenden Bildverarbeitung. Um ein gutes Verständnis hiervon zu erlangen, sind in der Regel viele Stunden Schulung nötig.

Auch die Prüfungen selbst lassen sich, wie Kapitel 4 gezeigt hat, deutlich verbessern. Durch die Reduktion von Programmparametern werden Prüfungen verständlicher und die Erstellung von Programmen zugänglicher. Mit der Verarbeitung von hochdimensionalen multimodalen Daten und der Einbeziehung komplexer zeitlicher Beobachtungen werden treffsichere Aussagen über den Fertigungsprozess und die Produkte möglich.

Es zeichnet sich ein deutliches Interesse der Forschung und auch der Industrie ab, KI-Lösungen flächendeckend in die optische Inspektion der Flachbaugruppenfertigung zu integrieren. Die Entwicklung von intelligenten Prüfsystemen ist ein wichtiger Schritt für die Elektronikfertigung, die stetige Nachfrage nach preiswerter und qualitativ hochwertiger Elektronik zu erfüllen.

Bei Fertigungsprozessen mit tiefgreifenden Maßnahmen der Qualitätssicherung, wie zum Beispiel vollflächige optische Inspektion, ist zu erwarten, dass es eine gewisse Skepsis und Ablehnung gegenüber völlig neuartigen Ansätzen der Prüfung geben wird. Die Funktionen der Inspektionsmaschinen sind über die Jahre der Entwicklung den Anforderungen der Elektronikfertiger an aussagekräftige Prüfmerkmale angepasst worden. Eine völlig neue Prüfstrategie, wie eine Prüfung auf Basis von künstlichen neuronalen Netzen, sollte einen deutlichen Mehrwert gegenüber der etablierten Bildverarbeitungsansätze bieten. Dieser Mehrwert muss in realen Prozessen bewiesen werden. Die Prozesse sind in der Regel sehr fein abgestimmt und erlauben nur wenig Raum für Experimente. Da auch die Ausstattung einer Fertigungslinie einen sehr hohen finanziellen Wert hat, sind Versuchslinien ein Privileg, welches sich nur die wenigsten Elektronikfertiger leisten. Durch das Fehlen von objektiven Prüfkriterien und deren aussagekräftigen Schwellen, ist absehbar, dass reine KI-basierte Lösungen die Anforderungen eines strengen Qualitätsmanagements nicht erfüllen. Schlechte Überprüfbarkeit und Nachvollziehbarkeit von künstlichen neuronalen Netzen verhindern, dass dieser Schritt von allen Fertigern akzeptiert werden wird. Eine solche Entscheidung muss mit der stetigen Entwicklung erklärbarer KI-Verfahren ständig neu überdacht werden.

Bei der bestehenden Architektur der Prüfsysteme und Herangehensweise an die Prüfung elektrischer Flachbaugruppen handelt es sich um etablierte und akzeptierte Konzepte. Viele der vorgestellten Verfahren aus Kapitel 4 orientieren sich streng an den bestehenden Rahmenbedingungen und brechen nicht aus den etablierten Arbeitsabläufen aus. Auch gibt es Nebenbedingungen, wie die Verfügbarkeit von Trainingsdaten oder Begrenzungen in der zur Verfügung stehenden Rechentechnik, welche die Entwicklungsmöglichkeiten weiter einschränken. Eine weitere Hürde sind die sehr unterschiedlichen Herangehensweisen der Elektronikfertiger an das Thema des Datenschutzes. Wenn ein Dienstleister das Verarbeiten seiner Fertigungsdaten, oder Teile davon, in externen Rechensystemen unter Auflagen erlaubt, so stimmt ein anderer lediglich einer Verarbeitung auf der eigenen Hardware zu.

Eine KI-basierte Lösung kann auch nicht für alle Elektronikfertigungsprozesse identisch sein. Unterschiedliche Prozesse zeigen unterschiedliche Ausprägungen von Merkmalen. Je nach Anforderung an den Prozess oder das Produkt sind identische Merkmale unterschiedlich zu bewerten. Auch wenn alle diese objektiven Überlegungen sich in einer hypothetischen generellen KI-basierten Lösung berücksichtigen ließen, so ist doch die Definition der Qualitätsmerkmale und die endgültige Beurteilung der Qualität dem Menschen überlassen und damit subjektiv. Um eine möglichst hohe Akzeptanz bei einer breiten Masse an Anwendern zu erreichen, muss die angestrebte Lösung dies berücksichtigen. Es muss also möglich sein, auf der Ebene eines Fertigers, eines Prozesses, einer Fertigungslinie oder gar eines Produktes individuelle Entscheidungen abbilden zu können.

Andere Industriezweige haben bereits eine breite Integration von KI durchlaufen oder streben diese an. Ein Beispiel hierfür ist das Vorhaben der selbstfahrenden Autos. Wie in der optischen Inspektion liegt hier der Schwerpunkt auf verlässlichem und nachvollziehbarem Verhalten, sowie der schnellen Verarbeitung einer großen Menge an multimodalen, aber meist optischen Daten zur Situationsbewertung. Gesetzliche Rahmenbedingungen, bestehende Infrastruktur, Interaktion mit nicht autonomisierten Fahrzeugen, hohe Investitionskosten und nicht zuletzt die Skepsis der Verkehrsteilnehmer verhindern eine schnelle, flächendeckende Einführung dieser Technologie. Mit Ausnahme der gesetzlichen Bestimmungen sind das auch Hürden, welche einer intelligenten bzw. autonomen optischen Prozessüberwachung im Wege stehen.

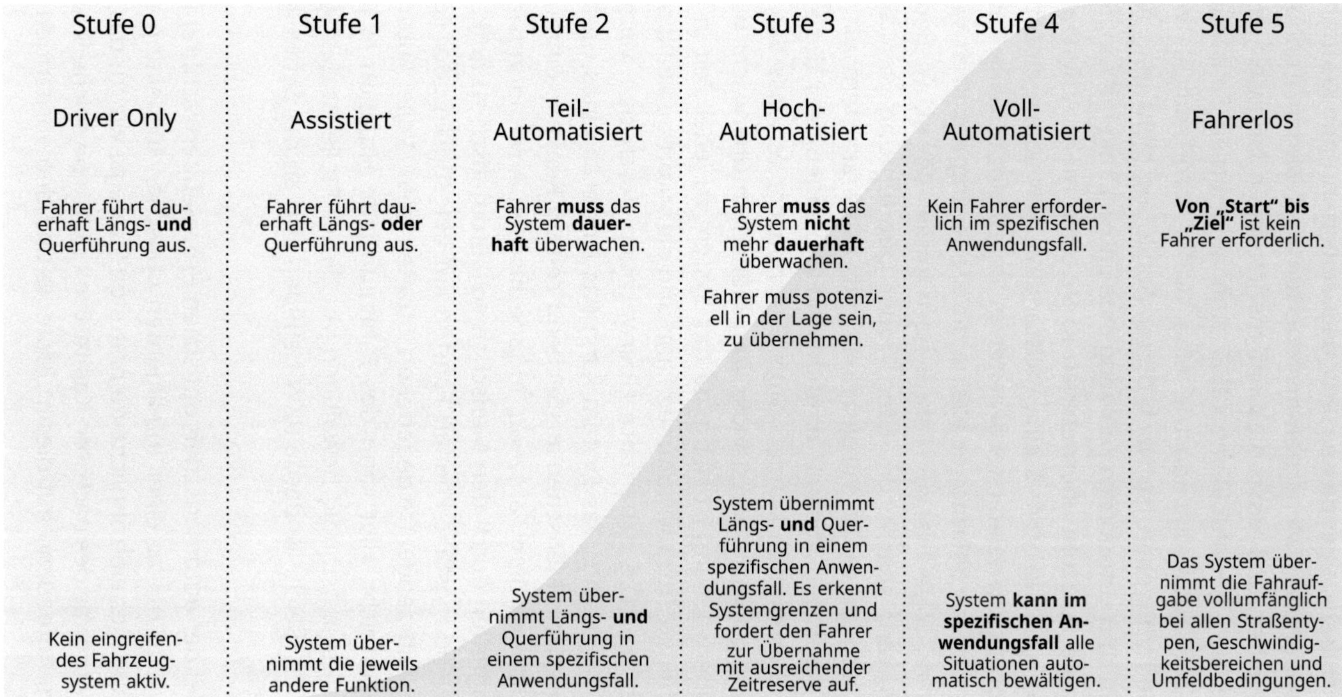

Abbildung 5.1: Die fünf Phasen der Entwicklung selbstfahrender Autos nach [52].

Es besteht der stillschweigende Konsens, dass selbstfahrende Kraftfahrzeuge den konventionellen Menschen-gesteuerten Kraftwagen irgendwann verdrängen werden, und dass dies ein mehrstufiger langwieriger Prozess sein wird. In einer Publikation [52] zum autonomen Fahrzeug hat der Verband der Automobilindustrie eine Grafik veröffentlicht, welche in Abb. 5.1 wiedergegeben ist. Nach dieser Abbildung sieht man für die Entwicklung hin zum autonomen Fahrzeug eine Entwicklung mit fünf Stufen voraus. Von Stufe zu Stufe übernehmen KI-Systeme mehr Aufgaben des Fahrzeugbetriebs, bis in *Stufe 5* eine vollständige Autonomie eintritt und das Fahrzeug ohne einen Bediener arbeitet. In *Stufe 0* gibt es keine Automatisierung. Der Mensch übernimmt alleine die Steuerung des Kraftwagens. Mit Erreichen von *Stufe 1* ist der Fahrer noch immer der aktive Bediener des Fahrzeugs, wird aber in der Längs- oder Querführung vom System unterstützt. Diese Stufe ist vergleichbar mit Fahrerassistenzsystemen, welche automatisch den Abstand zu anderen Fahrzeugen oder das Halten der Fahrspur übernehmen können. *Stufe 2* ermöglicht es, dass das Fahrzeug selbstständig fährt, aber ständig vom Menschen überwacht werden muss. Diese Überwachung ist nötig, da das System zu jeder Zeit in einen unvorhergesehenen Zustand kommen kann und die sofortige Reaktion des Menschen benötigt. Die dauerhafte Überwachung durch den Menschen wird mit *Stufe 3* hinfällig. Das System kann das Eintreten eines Grenzfalls vorhersehen und dem Menschen ausreichend Zeit zur Reaktion einräumen. *Stufe 4* ermöglicht es dem Fahrzeug, in „spezifischen Anwendungsfällen", ohne jedes Eingreifen durch den Menschen vollautomatisch zu funktionieren. Diese Anwendungsfälle können Fahrten auf befestigten oder speziell für autonome Fahrzeuge freigegebenen Straßen sein. Volle Autonomie ist mit *Stufe 5* erreicht. Hier kann das Fahrzeug jede Situation in jedem Anwendungsfall selbstständig bewältigen. An dieser Stelle ist das System einem Menschen gleich. Moderne PKW befinden sich an der Schwelle von *Stufe 1* zu *Stufe 2*.

Um den Wandel der automatischen optischen Prozessüberwachung in der Elektronikfertigung hin zu einer intelligenten optischen Inspektion zu ermöglichen, braucht es eine ähnliche mehrstufige Strategie wie für das autonome Fahren. Aufgabe des nächsten Kapitels soll sein, eine solche Strategie zu formulieren. Aufbauend auf dieser Strategie und den vorherigen Kapiteln sollen Anforderungen für eine Softwarearchitektur formuliert werden, welche die Grundlage für die Umsetzung der Strategie sein wird. Unter Berücksichtigung der Anforderungen wird eine Softwarearchitektur vorgestellt und im darauffolgenden Kapitel anhand von Beispielen die Leistungsfähigkeit belegt.

6 Eigener Ansatz

- Anforderungserhebung für ein intelligentes AOI.
- Aufzeigen von Nebenbedingungen.
- Lösungsentwurf über ein Modell mit mehreren Phasen.
- Architekturbeschreibung der vorgestellten Lösung.
- Code-Beispiele zur Lösung.

Inhalt dieses Kapitels ist der eigene Lösungsansatz für die zuvor aufgezeigten Probleme. Der erste Teil ist die Vorstellung eines Modells der Ebenen der autonomen Inspektion. Dieses Modell ist von dem Modell in Abb. 5.1 aus Kapitel 5 abgeleitet und auf die Domäne der optischen Qualitätssicherung adaptiert. Der zweite Teil der Lösung ist die Erarbeitung und die beispielhafte Umsetzung eines neuen Architekturmusters. Das Ziel dieses Architekturmusters ist die flexible Anwendung von KI-Lösungen auf einer Menge unterschiedlicher Systeme. Die KI-Lösungen werden durch allgemeine Objekte abstrahiert. Durch die Abstraktion können die unterschiedlichen KI-Lösungen zwischen den Komponenten der Architekturumsetzung ausgetauscht werden. Die hohe Flexibilität der Architektur unterstützt die Umsetzung aller Stufen des erarbeiteten Ebenenmodells.

6.1 Lösungsentwurf

In diesem Abschnitt wird ein neues fünfstufiges Modell zur weiteren Entwicklung der intelligenten optischen Inspektion vorgestellt. Dieses Stufenmodell orientiert sich an dem prognostizierten Entwicklungsplan aus der Publikation [52], wie sie in Kapitel 5 vorgestellt wurde. Aufgrund der in Kapitel 5 genannten Hürden für die Entwicklung intelligenter optischer Inspektionsmaschinen wird eine mehrstufige Strategie verfolgt. Diese mehrstufige Entwicklung hilft dabei, die neuen Ansätze in bestehende Produktionsprozesse zu integrieren, während das technische Risiko minimiert wird. Durch die stetige Verbesserung der bestehenden Systeme und Abläufe sind eine viel höhere Akzeptanz durch die Nutzer und damit eine breite Marktdurchdringung zu erwarten.

Stufe 0

Am Anfang der Entwicklung steht die manuelle Sichtprüfung, welche lediglich durch optische Hilfsmittel unterstützt ist. In bestimmten Aufgaben der Prozessüberwachung und Qualitätssicherung sind solche manuellen Inspektionen mit spezialisierten Mikroskopen noch heute üblich.

Stufe 1

In *Stufe 1* folgen die grundlegenden Formen von 2D-AOI und 3D-AOI. Bei diesen Systemen definiert der Nutzer die Prüfkriterien durch das Erstellen eines Prüfprogramms. Es existieren keine Hilfestellungen für den Benutzer oder Automatisierung bzw. Überwachung der Konfiguration. Das System nimmt an den entsprechenden Positionen die benötigten Bilder auf und führt die Bildoperationen aus. Eine Fehlerklassifikation durch den Menschen, wie zuvor beschrieben, ist absolut nötig. Der bzw. die menschlichen Experten sind an mehreren Prozessschritten maßgeblich beteiligt und eine Fehlerquelle.

Stufe 2

In *Stufe 2* sind die ersten Aufgaben des Bedieners teil-automatisiert. Über Fertigungsdaten definiert der Nutzer die Positionen und Typen der Bauteile. Prüffunktionsbibliotheken (siehe Kapitel 3) und Heuristiken helfen beim Definieren von Prüfmerkmalen und Prüfschritten. Der Benutzer korrigiert und verfeinert das teil-automatisiert erstellte Programm. Je nach Produkt sind viele Eingriffe nötig, die anfängliche Automatisierung und die verfeinerten Arbeitsabläufe nehmen dem Nutzer aber die meisten repetitiven Aufgaben ab. Eine Fehlerklassifikation durch den Menschen ist weiterhin nötig. Wie die modernen Automobile befinden sich die modernen AOIs im Übergang von Stufe 1 zu Stufe 2. Die Interaktion eines hypothetischen KI-Systems mit dem AOI in *Stufe 2* ist in Abb. 6.1 dargestellt.

Erste Prüffunktionen können mittels KI umgesetzt werden und ersetzen die klassischen Bildverarbeitungsansätze. Solche Prüffunktionen verlangen vom Nutzer weniger spezifisches Bildverarbeitungswissen ab und fokussieren die Prüfprogrammerstellung mehr auf die eigentliche Prüfintention.

Stufe 3

Mit Erreichen von *Stufe 3* ist die Prüfprogrammerstellung so weit verfeinert, dass der menschliche Experte lediglich das Programm überprüft und nur in seltenen Fällen überarbeiten muss. Der Mensch definiert nur noch, was geprüft werden soll, aber nicht mehr, wie die Prüfung abzulaufen hat. Allerdings sollte dem menschlichen Experten die endgültige Entscheidung über

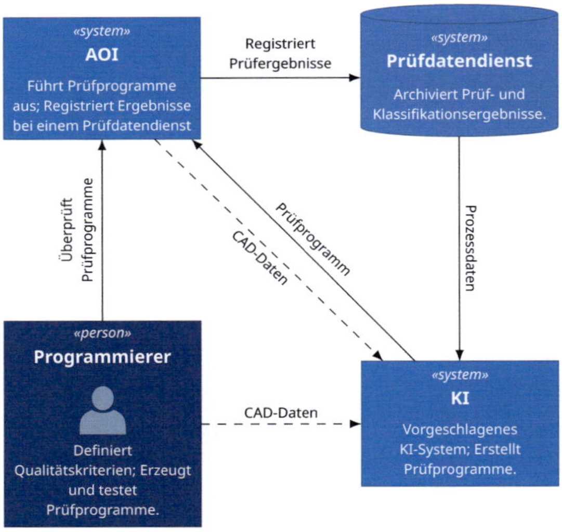

Abbildung 6.1: Nutzung der KI zur Erzeugung von Prüfprogrammen auf Basis digitaler Beschreibung. Gestrichelte Linien zeigen alternative Datenströme an. Dieses Diagramm entspricht *Stufe 2* und *Stufe 3*.

eine Prüfstrategie noch nicht entzogen werden. Wie beim autonomen Fahren muss der Bediener in dieser Stufe des Prozesses bereit sein, jederzeit, nach Aufforderung, einzugreifen. Die Struktur des Gesamtsystems hat sich zu Abb. 6.1 nicht geändert, nur der Grad der Automatisierung und die Zuverlässigkeit sind gestiegen.

KI-gestützte Prüffunktionen sind jetzt etabliert und die Verarbeitung von multimodalen Prüfdaten ermöglicht eine tiefgehendere und umfassendere Prüfung. Mit den neuen Prüfansätzen verringert sich der Umfang der Parameter für einzelne Prüffunktionen, was die Einarbeitungszeit der Benutzer verkürzt. Zeitgleich nutzt ein KI-System die akkumulierten Daten aus den Fehlerklassifikationen, um zukünftige Nutzerentscheidungen auf Validität zu prüfen.

Da die Daten einen direkten Problembezug haben, müssen sie nicht aufwendig aufbereitet und verarbeitet werden. Hier kann eine Fehlentscheidung überprüft und korrigiert werden, bevor das Ergebnis gespeichert oder weiterverarbeitet wird. Ein Hindernis ist jedoch, dass es keine objektive oder korrekte Meinung zu den Fehlerklassen gibt.

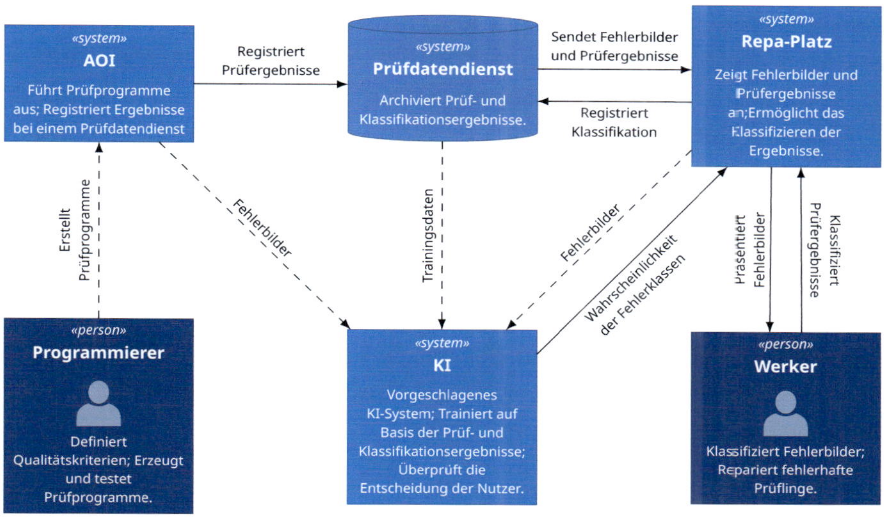

Abbildung 6.2: Integration der beschriebenen KI-Lösung in den Klassifikationsprozess. Gestrichelte Linien zeigen alternative Datenströme an. Dieses Diagramm entspricht *Stufe 3*.

Es zeigt sich erstmals deutlich ein Struktur- und Paradigmenwandel. Standen bisher Prüftechnologien und Prüfansätze im Vordergrund, so werden nun Prozessdaten und die Vernetzung der Fertigungs- und Inspektionssysteme immer wichtiger. Umfangreiche KI-Systeme können ungebunden von einer einzelnen Inspektionsmaschine systemübergreifende Entscheidungen fällen.

Bei der Umsetzung einer Klassifikationsverifikation sind unterschiedliche Herangehensweisen möglich, beide unterscheiden sich jedoch kaum in der Architektur, sondern lediglich im zeitlichen Ablauf. Abb. 6.2 zeigt ein Kontextdiagramm, welches das Zusammenspiel des KI-Moduls mit dem Klassifikationsprozess darstellt.

In der ersten Variante sendet das Inspektionssystem im Fehlerfall einen Bilddatensatz inklusive Metainformation an das KI-Modul. Der Datensatz entspricht zum Teil oder vollständig den Fehlerdaten, welche auch im Prüfdatendienst registriert werden. Das Modul hinterlegt die Daten unter einer eindeutigen ID-Nummer. Diese ID kann entweder vom Inspektionssystem oder dem Prozessleitsystem diktiert sein oder wird vom Modul zugewiesen. Zu einem späteren Zeitpunkt lädt der Reparaturplatz den Fehlerdatensatz und präsentiert diesen dem Nutzer. Je nach Prozess kann dieser Zeitpunkt wenige Sekunden oder mehrere Stunden nach der eigentlichen Prüfung sein. Das KI-Modul hat in der Zwischenzeit eine Beurteilung der Daten angefertigt und kann auf Anfrage eine erwartete Verteilungswahrscheinlichkeit für die jeweils relevanten Fehlerklassen geben. Der Reparaturplatz fragt diese Wahrscheinlichkeit mit der ID-Nummer ab und vergleicht sie mit der Nutzerentscheidung. Die zweite Variante empfängt die Fehlerbilder und Metainformationen direkt vom Reparaturplatz und liefert ad hoc eine Schätzung der Fehlerklassen. Unabhängig von der gewählten Umsetzung ist es denkbar, dass frühere Nutzerentscheidungen aus dem Prüfdatendienst als Trainingsgrundlage für den KI-Entscheider dienen.

Beide Varianten haben Vor- und Nachteile, weshalb keine pauschal als besser bezeichnet werden kann. Die erste Variante lässt dem KI-System deutlich mehr Rechenzeit, um eventuell aufwendigere Ansätze zu verwenden. Zur gleichen Zeit verlangt das asynchrone Registrieren und Abrufen der KI-Entscheidungen einen zusätzlichen Aufwand und das redundante Registrieren von Prüfdaten kann in umfangreichen Produktionen schnell ein Problem werden. Eine allgemein gültige Lösung muss beide Varianten berücksichtigen.

Stufe 4

In *Stufe 4* ist die automatische Fehlerklassifikation so zuverlässig geworden, dass kein menschlicher Entscheider mehr nötig ist, um Fehlerdatensätze zu klassifizieren. Durch die große Menge an Trainingsdaten und die Erfahrungen, die in den *Stufen 2* und *3* gesammelt wurden, sind nun neue Ansätze in der optischen Inspektion möglich. Da es mit Erreichen dieser Stufe möglich ist, automatisch Klassifikatoren zu trainieren, welche keine Merkmalsextraktion benötigen und zuverlässig Fehlerklassen erkennen können, ist eine Prüfung auf Basis von klassischen Prüfkriterien nicht mehr notwendig. Damit entfällt auch die bisherige Prüfprogrammerstellung. Zum Zweck der Nachvollziehbarkeit ist weiterhin ein Ablauf definiert, welcher Bestückpositionen einem Bauteil und einer Prüfung zuordnet. Anhand dieses Ablaufs kann ein menschlicher Experte weiterhin Prüfungen nachvollziehen und im Zweifelsfall zurate gezogen werden. Diese Überprüfung durch einen Men-

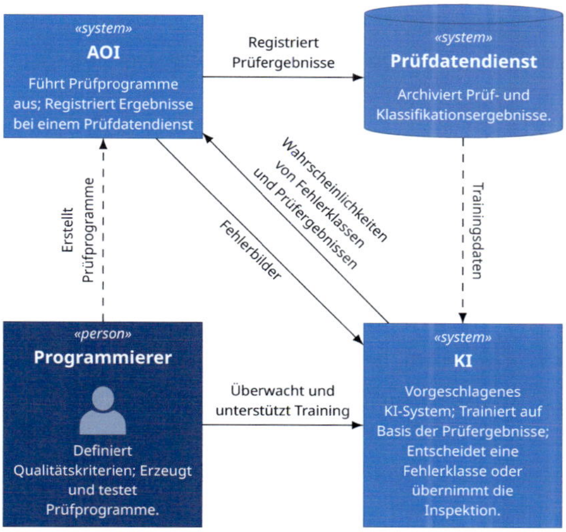

Abbildung 6.3: Integration der beschriebenen KI-Lösung in den Inspektionsprozess. Gestrichelte Linien zeigen alternative Datenströme an. Dieses Diagramm zeigt Anwendungen aus *Stufe 4* und *Stufe 5*.

schen muss vom System aktiv angefordert werden und passiert nicht automatisch. Sobald das Prüfsystem in der Lage ist, nicht nur auf Verletzung von Merkmalen zu prüfen, sondern Fehlerklassen zu benennen, ist auch eine nachgelagerte Fehlerklassifikation überflüssig. Die Arbeitsabläufe, welche für eine zuverlässige Prüfung notwendig sind, werden sich nun verändern. Abb. 6.3 zeigt, wie das beschriebene System mit dem Prüfsystem interagiert. Im Vergleich zu Abb. 6.2 ist die Komplexität des gesamten Systems gesunken, da ein bisher unumgänglicher Arbeitsschritt entfällt.

Stufe 5

Mit **Stufe 5** werden die bisherigen Prüfabläufe überflüssig. Das Prüfsystem ist nun in der Lage, ohne menschliche Hilfe Fehler zu erkennen und die entsprechende Fehlerklasse zu definieren. Elektronische Fertigungsdaten (CAD-Daten) und Prozessdaten der vorgelagerten Systeme in der Linie und darüber hinaus dienen dem Prüfsystem als Unterstützung. Über die CAD-Daten erhält das System nach wie vor die Information über die gewünschten Positionen und Arten von Bauteilen. Informationen vom Lötpastendruck und

SPI, vom Bestückungsprozess, vom Löten und vom Handling können dem System als weitere Eingaben bei der Entscheidung der Qualität helfen.

Neben der Fehlerklasse kann unter Umständen auf den Prozessfehler geschlossen und dieser eventuell sogar behoben werden. Werden identisch konfigurierte Linien mit einbezogen, so lassen sich auch Prozessanomalien auf Ebene ganzer Linien oder Bauteil-Chargen identifizieren. So wie die Grenzen zwischen den Softwaresystemen verschwimmen, ist es absehbar, dass auch die Maschinen der Fertigung in eine engere Beziehung treten. Bestückautomaten mit optischen Kontrolleinheiten sind bereits üblich. Zusammen mit dem KI-getriebenen Abrüsten der Inspektionsköpfe ist eine Integration umfangreicher Inspektionsaufgaben in die Bestückung selbst nicht ausgeschlossen. Auch existieren bereits kombinierte Inspektionssysteme für AOI und AXI. Damit wird umso deutlicher, dass eine intelligente oder kognitive optische Inspektion ein prozessumspannendes System sein wird und keine Insellösung auf einer einzelnen Maschine.

Zusammenfassung

Abschließend fasst Abb. 6.4 die geschilderten Stufen zusammen und bildet sie analog zu den Stufen aus [52] ab. Alle in Kapitel 5 gezeigten Ansätze verfolgen eine Entwicklung von *Stufe 1* zu *Stufe 2*. Um weitere Stufen zu erreichen, braucht es spezialisierte Softwarearchitekturen, welche in der Lage sind, mit den neuen Anforderungen an Prüf- bzw. Trainingsdaten, vernetzten Prüfsystemen und KI-Management umzugehen. Im folgenden Abschnitt sollen die Anforderungen für solch eine Architektur definiert und anschließend eine Architektur entworfen werden, welche diese Anforderungen umsetzen kann.

6.2 Anforderungserhebung

In diesem Abschnitt werden die Anforderungen an eine Softwarearchitektur erhoben, welche in der Lage sein soll, die zuvor beschriebene Entwicklung der optischen Inspektion zu unterstützen. Begonnen wird mit einer Definition der Stakeholder. Diese sind alle Personen oder Rollen, welche am Inspek-

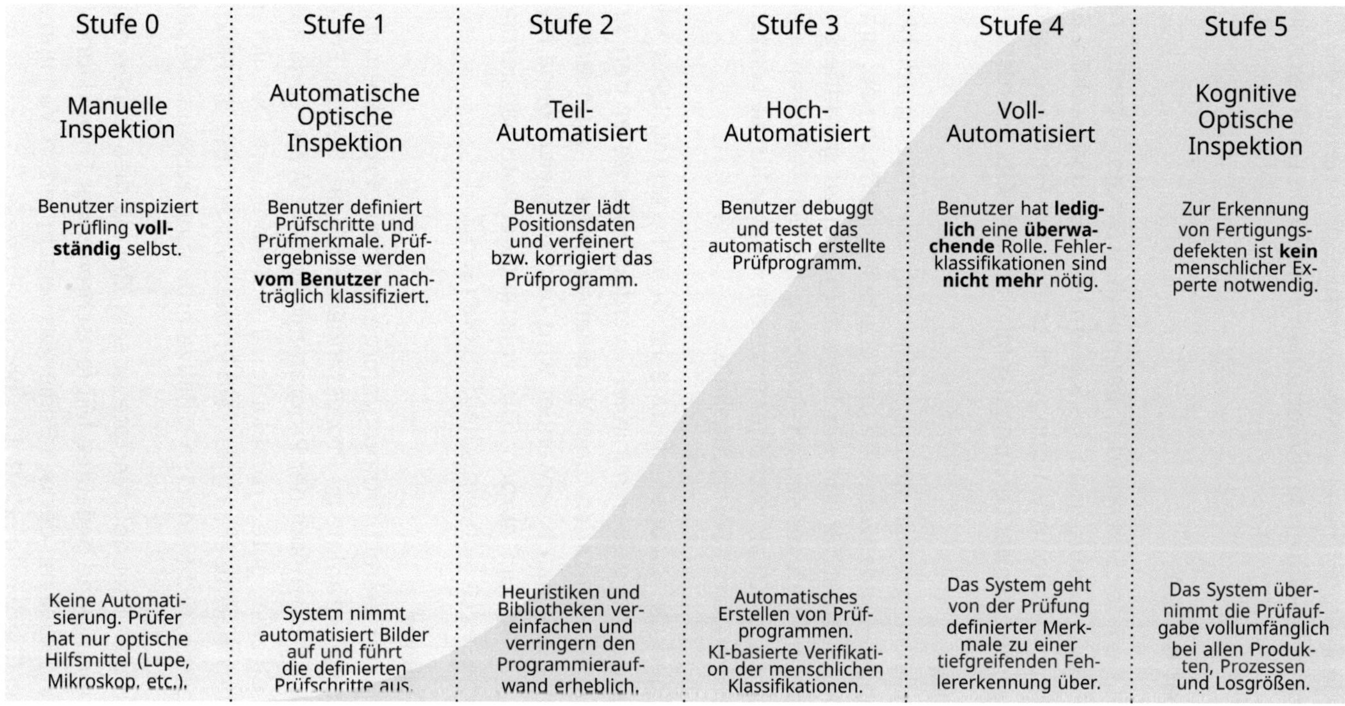

Abbildung 6.4: Prognose der Entwicklung intelligenter/kognitiver optischer Inspektion

tionsprozess wie in *Stufe 1* beteiligt sind. Anschließend werden die funktionalen und nicht-funktionalen Anforderungen aufgestellt und beschrieben.

6.2.1 Stakeholder

Durch das Auflisten der Stakeholder, der mit dem System interagierenden Personen, sind Anforderungen an das System leichter zu verstehen. Gerade in einer modernen Elektronikfertigung gibt es mehrere Personen, welche an der Funktionsweise oder der Leistungsfähigkeit eines AOIs interessiert sind.

Fertigungsleiter
Der Fertigungsleiter hat die stetige Steigerung der Wirtschaftlichkeit im Blick. Er ergründet Kundenwünsche und erarbeitet Maßnahmen, um diese zu erfüllen. Das AOI ist für ihn ein Werkzeug, um zu garantieren, dass keine fehlerhaften Produkte seinen Fertigungsbereich verlassen. Darüber hinaus dient ihm das AOI als wichtiger Prozessindikator für die Leistung der anderen Maschinen in der Fertigungslinie.

Eine generell geringe Pseudofehlerrate ist dem Fertigungsleiter wichtig. Kann diese Rate nicht weiter minimiert werden, möchte er den Arbeitsschritt der Nachklassifikation und Verifikation soweit optimieren, dass möglichst wenig Zeit dafür verwendet wird und zeitgleich keine menschlichen Fehler für Schlupf sorgen. Die vollständige Automatisierung des Fertigungsprozesses ist sein wirtschaftlich oberstes Ziel.

AOI-Programmierer
Der Programmierer erstellt Prüfprogramme für neue Produkte und passt bestehende Prüfprogramme an Prozessänderungen an. Bei der Erstellung der Prüfprogramme benötigt der Programmierer gute Werkzeuge, um zielgerichtet und effizient gute Prüfabläufe zu erstellen. Zum Definieren von Schwellenwerten möchte er sich auf sein Prozesswissen über die Elektronikfertigung verlassen, nicht jedoch mit Bildverarbeitung auseinandersetzen.

Eine geringe initiale Pseudofehlerrate ist sein Ziel, da dies keinen oder minimalen Debug-Aufwand bedeutet. Mit fortschreitender Entwicklung hin zu *Stufe 4* wird seine Rolle mit der des Bedieners verschmelzen. Von nun an hat er lediglich eine überwachende Rolle über den Prozess.

AOI-Bediener
Der Bediener betreut den Fertigungsprozess. Je nach Art der Fertigung be- und entlädt er die Magazine für das AOI. Im Fehlerfall muss er am Reparatur- oder Verifizierplatz die nötige Nachklassifikation oder Reparatur durchführen. Bei der Nachklassifikation bzw. Verifikation muss der Bediener innerhalb kürzester Zeit die entsprechende Fehlerklassenentscheidung treffen. Um Fehler und eventuelle Nachbesserung zu vermeiden, braucht der Bediener eine Hilfestellung.

Häufige Produktwechsel, zeitliche Anforderungen, Ermüdungserscheinungen und das Arbeiten in einem Fertigungsumfeld führen dazu, dass der Bediener ungewollt zu einer Fehlerquelle im Prozess wird. Hilfestellungen für den Bediener können von einer besseren Visualisierung mit zusätzlichen Fehlerbildern bis hin zu einer automatischen Überwachung der Entscheidung reichen. Mit zunehmender Automatisierung der Fertigung wird die Rolle des Bedieners verschwinden.

AOI-Hersteller
Der AOI-Hersteller ist bestrebt, seinen Kunden eine zuverlässige und belastbare Qualitätsentscheidung zu liefern. Durch die Entwicklung hin zu einer Fertigung mit ständig wechselnden Produkten und kleinen Losgrößen muss er seinen Kunden Möglichkeiten und Werkzeuge bieten, um die initialen und laufenden Aufwände zu minimieren.

Zu den wirtschaftlichen Zielen des Herstellers gehört, seine Produkte von einer Hardwarelösung hin zu einer komplexen Softwarelösung zu entwickeln. Prüfsysteme sollen einfacher und die Softwaresysteme mächtiger werden. Die ohnehin anfallenden Datenmengen in der Prozessdatenbank sind eine wertvolle Quelle von Prozessindikatoren und Trainingsdaten für moderne Ansätze. Neue datengetriebene Verfahren erschließen dem AOI-Hersteller neue Märkte.

6.2.2 Anforderungen

Die abstraktesten Anforderungen ergeben sich direkt aus den Stakeholdern und ihren Interaktionen mit dem Fertigungsprozess. Das System muss in der

Lage sein, Fertigungsfehler mit hoher Genauigkeit zu identifizieren (Anf. *R-F-1*). Wegen des Bestrebens, die Inspektionsmaschinen einfacher und preiswerter zu gestalten, sollte diese Fehlererkennung auch bei nicht optimalen Abbildungsbedingungen möglich sein. Diese Anforderung wird von allen Stakeholdern so getragen. Des Weiteren braucht der Fertigungsleiter ein System, welches Schlupf in den menschlichen Klassifikationen erkennen kann und den Experten zur Verbesserung auffordert. Zusätzlich können begründende Hinweise gegeben werden, welche bei der Findung der eigentlichen Fehlerklasse helfen. In der weiteren Entwicklung soll aus diesem Feature eine vollautomatische Fehlerklassifikation entstehen, welche den menschlichen Experten als Fehlerquelle ersetzt. All das ist in Anf. *R-F-2* festgehalten. Eine wichtige, nicht-funktionale Anforderung der Bediener und Programmierer findet sich in Anf. *R-NF-1*. Hier wird gefordert, dass das neue System keinen zusätzlichen Einrichtungsaufwand für die Bediener generiert. Nach einer initialen Inbetriebnahme sollen Aufwände für das Anlegen neuer KI-Lösungen oder das Ändern von bestehenden Lösungen minimal gehalten werden.

Aus der Entwicklungsprognose (siehe Kapitel 5) und den bekannten Ansätzen (siehe Kapitel 4) ist ersichtlich, dass es nicht eine KI-Lösung für das sehr umfangreiche Themengebiet der optischen Inspektion geben kann. Vielmehr werden viele intelligente Teilsysteme Arbeitsschritte erleichtern und ersetzen. Bis zum Erreichen der vollen Autonomie in *Stufe 5*, oder darüber hinaus, werden viele KI-Teilsysteme im Verbund arbeiten und spezialisierte Aufgaben lösen. Diese Systeme können grundlegend unterschiedlich sein und sich verschiedenster Methoden bedienen. Die gemeinsame Verwaltung und Überwachung dieser Teilsysteme sind ein wichtiger Schritt zum Umsetzen neuer Automatisierungsstufen. Hieraus leitet sich die dritte Anforderung an das System ab (Anf. *R-F-3*).

Gleichzeitig entstehen neue Aufgaben um die Inbetriebnahme und Pflege der KI-Systeme herum. In Forschung und Entwicklung sind KI-Systeme auf Basis neuronaler Netze und großer Datenmengen wohlbekannt und es existiert eine breite Palette an Softwareunterstützung. Jetzt müssen viele Arbeitsschritte in einem produktiven Umfeld ausgeführt werden, wo sowohl die Zeit, Expertise der Nutzer und Fehlertoleranz einer experimentellen Entwicklung fehlen. Ein neues System muss Experten bei der Entwicklung neuer

KI-Modelle unterstützen und die Auslieferung in einen produktiven Betrieb übernehmen. In vielen Problemsituationen wird es unvermeidlich sein, dass ein Nutzer ohne Modellexpertise das Modell nachtrainieren und verfeinern muss. Hierbei soll das neue System unterstützen und einfache Mechanismen anbieten. Durch die vielen denkbaren Einsatzmöglichkeiten in und um die Produktion herum darf das System keine festen Strukturen in Daten und Modellen annehmen oder vorschreiben. Um ungebunden neue KI-Teilsysteme und Lösungen zu entwickeln, braucht der Entwickler bzw. Hersteller eine abstrakte Schnittstelle, welche nicht auf einen Bereich der künstlichen Intelligenz festgelegt ist. Das ist in Anf. *R-NF-2* festgehalten.

Für die Ausführung von KI-Modellen wird generell weniger Rechenkapazität benötigt, als für das Training solcher Modelle. Dies liegt daran, dass die meisten Verfahren sehr viele Daten als Grundlage verarbeiten müssen. Im Beispiel eines neuronalen Netzes, welches mit einem Gradientenabstiegsverfahren trainiert wird, werden die Gewichte iterativ in vielen Einzelschritten angepasst. Das Ausführen dieses Netzwerks bedeutet lediglich, die Gewichte einmalig anzuwenden. Die Fertigungsmaschinen sollen die meiste Zeit mit Prüfungen ausgelastet sein, damit sie möglichst wirtschaftlich sind. Es ist also nicht gewünscht, dass wertvolle Rechenzeit für das Training von KI-Modellen benutzt wird. Die modernen 3D-AOI-Systeme verfügen meist über eine Graphics Processing Unit (GPU) zur Beschleunigung der Berechnung, diese wird jedoch für die performante Verarbeitung von Profilometriealgorithmen oder Bildverarbeitungsschritten benötigt. Das Training muss also außerhalb der Inspektionsmaschine stattfinden können. Bei Inspektionssystemen als Insellösung, oder wenn keine permanente Auslastung der Systeme vorliegt, kann es sein, dass die Inspektionsmaschinen selbst das Training übernehmen sollen. Aber die Beschränkungen gelten nicht nur für das Training, sondern auch für die Inferenz.

Angesichts der zu erwartenden großen Datenmengen und der vernetzten inhomogenen Systeme ist eine Auslieferung des Systems über die Cloud oder eine private Cloud denkbar. Der Begriff Machine Learning as a Service (MLaaS) ist hier bereits etabliert. Ein Nachteil der privaten Rechentechnik sind die Anschaffungs- und Betriebskosten. Der Vorteil liegt in der Datensicherheit, denn nicht jeder EMS ist bereit, Fertigungsdaten auf fremder Hardware zu verarbeiten. MLaaS ermöglicht zwar das einfache Integrieren von

KI-Lösungen in bestehende Systeme, aber die Inferenz auf einem Fremdsystem kann mit Blick auf die Taktzeit nachteilig sein.

Neben der bekannten MLaaS-Lösung sollte das System also auch einen hybriden Ansatz unterstützen. Verwaltung der Trainingsdaten und das Training der Modelle erfolgen auf einem dedizierten System. Dieses kann sich beim EMS oder bei einem Cloud-Anbieter befinden. Die Inferenz erfolgt direkt auf dem als Edge-Gerät arbeitenden Inspektionssystem. Damit ist die Trainingslast und der Verwaltungsaufwand vom zeitkritischen Inspektionssystem entfernt, die Inferenz aber auf der lokalen Hardware verbleibend. Diese Forderungen sind in Anf. *R-NF-3* festgehalten.

Die Verwendung von Embedded Vision in der optischen Inspektion ist nicht zu ignorieren und wird in den nächsten Jahren sicher an vielen Stellen die mächtigen und umfangreichen Inspektionssysteme ersetzen können. Anf. *R-NF-4* fordert, dass die Inferenz auch auf typischen Embedded Vision-Geräten möglich sein sollte. Auch hier ist eine verteilte Installation sehr vorteilhaft, da ein Training oder das Sammeln von umfangreichen Datensätzen auf solchen Systemen nach wie vor undenkbar ist. Gleichzeitig kann ein zentraler KI-Dienst eine Vielzahl von verteilten Embedded Vision-Geräten versorgen. Da die Verfügbarkeit von geeigneten Machine Learning (ML)-Bibliotheken nicht auf jedem Zielsystem gleich ist, sollten für die Inferenz nur minimale, oder besser keine, Fremdbibliotheken vorgeschrieben sein. Damit hat der Bediener die Entscheidung über die verwendete Laufzeitumgebung.

Methoden des maschinellen Lernens benötigen immer Daten zum Trainieren. Um so komplexer das Modell ist, oder um so größer die Varianz der Beispiele ist, desto mehr Daten werden benötigt. Im Falle des überwachten Trainings müssen die Trainingsdaten sogar bereits klassifiziert oder „gelabelt" sein. Auch sind nicht alle Ansammlungen von Trainingsdaten gleich gut geeignet. Sind die Daten ungleichmäßig verteilt oder geben nicht die tatsächliche Streuung der Merkmale wieder, so kann das Training zu nicht gewünschten Ergebnissen kommen oder gar scheitern. Für die optische Inspektion ist hier die Unterrepräsentation von seltenen aber kritischen Fehlern ein Risiko. Die Beschaffung eines qualitativ hochwertigen Datensatzes ist stets die erste große Hürde für die Entwicklung einer KI-Lösung. Es ergeben sich die folgenden Anforderungen.

Anf. *R-F-4* verlangt von dem neuen System, dass es ermöglicht, im Betrieb einen oder mehrere problembezogene Datensätze zu sammeln. Dazu gehört auch, dass der Datensatz über die Lebenszeit einer KI-Lösung hinweg wachsen kann und veränderlich ist.

Anf. *R-F-5* erfordert, dass das System mit hochdimensionalen und multimodalen Daten umgehen kann. Es existieren viele Methoden der zerstörungsfreien Prüfung [53], welche noch nicht in der automatischen Inspektion der Elektronikfertigung etabliert sind, aber großes Potenzial zeigen. Solche Verfahren sollen nicht durch die Festlegung, dass nur zweidimensionale Bilder verarbeitet werden können, ausgeschlossen sein. In Kapitel 4 wurde auch gezeigt, dass es bereits Ansätze zur multimodalen Klassifikation von Fertigungsdefekten gibt.

In Kapitel 3 wurde das Problem angesprochen, dass unter Umständen nicht jeder menschlichen Expertenmeinung vertraut werden kann. Gerade mit dem Hinblick auf die teilweise unklaren Grenzen zwischen den Fehlerklassen sollte das System mit unscharfen und mehreren Labels umgehen können. Das formuliert Anf. *R-F-6*.

Da nicht jedes KI-Teilsystem ein Klassifikator sein wird, muss für die Label-Informationen in den Datensätzen eine weitere Anforderung gestellt werden. Anf. *R-F-7* fordert, dass die Datensätze auch eine Assoziation zwischen hochdimensionalen Daten abbilden können. Ein Beispiel ist die KI-basierte Fehlerkorrektur aus [45], welche in Kapitel 4 vorgestellt wurde. Hier wird einem hochdimensionalen Vektor, einem Mehrkanalbild, ein anderer Vektor, ebenfalls interpretiert als Bild, zugewiesen. Die Trainingsdaten bestanden in diesem Beispiel aus einem verrauschten Eingangsbild und einem Zielbild. Eine solche Abbildung muss in den Datensätze umsetzbar sein, Strukturen mit Bild-Klassen-Paaren sind nicht ausreichend.

Aus dem Sammeln und Verwalten der hochdimensionalen multimodalen Trainingsdaten lassen sich weitere Anforderungen für die Verarbeitung der Daten ableiten. Für das Sammeln der Datensätze steht nicht unbegrenzt viel Zeit zur Verfügung, auch wurde bereits herausgearbeitet, dass die Datensätze sehr ungleichmäßig verteilt sein werden. Auf einen vollständigen Datensatz zu warten wird in einem produktiven Umfeld fast niemals möglich sein. Das Training muss also so früh wie möglich beginnen, um schnellstmöglich eine Lösung zu produzieren, welche wenigstens mit den bekannten Daten gute Ergebnisse liefert. Sobald neue Daten vorhanden sind, muss das Training fortgesetzt oder erneut begonnen werden, um die neuen Erkenntnisse einfließen zu lassen. Anf. *R-F-8* fordert all das.

Durch das Wachsen der Datensätze und dem fehlenden grundlegenden Vertrauen in die Klassenzuordnungen durch den Menschen, braucht es eine Methode, die Konfidenz der Trainingsbeispiele zu erhöhen. An dieser Stelle wird Active-Learning häufig verwendet. Das System stellt hier dem menschlichen Experten gezielte Fragen zu einem Trainingsbeispiel, um neue Informationen zu erhalten. Anf. *R-F-9* fordert, dass die KI-Lösungen auf eine solche Mechanik zurückgreifen können.

Anf. *R-F-10* verlangt, dass das System eine grafische Oberfläche besitzen soll, welche die Beziehungen der KI-Lösungen darstellt und die gesammelten Datensätze visualisiert. Außerdem soll das zuvor in Anf. *R-F-9* geforderte Active-Learning ebenfalls über diese Oberfläche stattfinden. Anf. *R-NF-5* fordert darüber hinaus, dass die Oberfläche auf einer Vielzahl an Plattformen lauffähig sein muss und damit auch mobile Endgeräte unterstützen soll. Das hat den Vorteil, dass Bediener nicht an einen Arbeitsplatz gebunden sind, um den Zustand der KI-Systeme zu überwachen. Gerade in einer Fertigungsumgebung mit häufig wechselnden Aufgabenfeldern und Arbeitsplätzen ist diese Funktion sehr wertvoll.

Nicht jeder Stakeholder des Systems soll in der Lage sein, administrative oder potenziell gefährliche Aktionen auf das KI-System auszuführen. Durch ein geeignetes Rechteverwaltungssystem sollen individuelle Rollen und Benutzer definiert werden. Jedem Nutzer werden anschließend eine oder mehrere Rollen zugewiesen, welche die erlaubten Interaktionen mit dem System definieren. Die individuellen Rollen sind deshalb notwendig, weil in unterschiedlichen Fertigungsbetrieben verschiedenste Zugangs- und Sicherheitsstrategien verfolgt werden. Das Rechte- und Benutzersystem fordert Anf. *R-F-11*.

Als letzte Anforderung verlangt Anf. *R-F-12*, dass das System verteiltes Rechnen unterstützen muss. Mit den wachsenden Datensätzen und der Anforderung an kontinuierliches Lernen steigt auch die Ressourcenbelastung für die ausführende Rechentechnik. Wenn das System die Verteilung der Arbeitslast unterstützt, hat der Benutzer mehr Kontrolle darüber, wie die Ressourcen verwendet werden. Zusätzlich entstehen weitere Spielarten der Softwareauslieferung. Es sind Konstellationen möglich, in denen sich Verbände an Inspektionsmaschinen die Trainingslast in Zeiten geringer Auslastung teilen, oder je nach Bedarf weitere Rechentechnik in der Cloud gebucht wird, wenn sie benötigt ist.

6.2.3 Liste der Anforderungen

Funktionale Anforderungen

ReqId:	*R-F-1*
Titel:	Fehlererkennung auch bei suboptimalen Bedingungen
Beschr.:	Das System muss in der Lage sein, mit geeigneten KI-Lösungen starke Klassifikatoren zu bilden. Diese Klassifikatoren sollen auch bei nicht optimalen Bedingungen gute Ergebnisse liefern.

ReqId:	*R-F-2*
Titel:	Schlupferkennung
Beschr.:	Das System muss menschliche Klassifikationsfehler erkennen können, um Schlupf und wirtschaftlichen Schaden abzuwenden. In der Weiterentwicklung soll die Fehlerklassifikation vollkommen automatisch ablaufen.

ReqId:	*R-F-3*
Titel:	Unterstützung für KI-Teilsysteme
Beschr.:	Eine Mehrzahl an spezialisierten KI-Subsystemen soll auf eine Vielzahl an Problemen angewendet werden. Das neue System muss diese Teilsysteme verwalten.

ReqId:	*R-F-4*
Titel:	Akkumulieren von Datensätzen im Betrieb
Beschr.:	Durch das Fehlen von öffentlichen Datensätzen und die sich abzeichnende hohe Spezialisierung der Daten auf ein Produkt oder einen Prozess muss das System in der Lage sein, Datensätze im Betrieb zu sammeln.

ReqId:	*R-F-5*
Titel:	Hochdimensionale multimodale Daten
Beschr.:	Das System muss mit hochdimensionalen und multimodalen Daten arbeiten können. Eine Beschränkung auf Bilddaten ist wegen der sich abzeichnenden Entwicklung nicht ausreichend.

ReqId:	*R-F-6*
Titel:	Unscharfe Klassenzuweisung
Beschr.:	In bestimmten Situationen ist es erforderlich, dass mit unscharfen Klasseninformationen trainiert werden muss. Unabhängig von der verwendeten KI-Methode muss das System die Verarbeitung von Trainingsdaten mit mehrdeutigen bzw. unscharfen Klassen unterstützen.

ReqId:	*R-F-7*
Titel:	Assoziation
Beschr.:	Neben den Klassifikationproblemen existieren andere Probleme für KI-Systeme. Das System muss die Assoziation von hochdimensionalen Daten unterstützen, um Lösungen, welche keine Zuordnung zu einer Klasse vornehmen, zu unterstützen.

ReqId:	*R-F-8*
Titel:	Kontinuierliches Lernen
Beschr.:	Durch die Anforderung an veränderliche Datensätze ist es erforderlich, dass das System ein kontinuierliches Lernen ermöglicht. Es muss den KI-Subsystemen ermöglicht werden, entweder das Training neu zu beginnen oder fortzusetzen.

ReqId:	*R-F-9*
Titel:	Active-Learning
Beschr.:	Um die Konfidenz in einzelne Trainingsbeispiele zu erhöhen, muss das System eine Methode des Active-Learning ermöglichen. Experten werden fragliche Trainingsbeispiele vorgelegt. Der Experte gibt nun eine Einschätzung zu dem Beispiel ab, welche im Datensatz vermerkt wird.

ReqId:	*R-F-10*
Titel:	Grafische Oberfläche
Beschr.:	Das System braucht eine grafische Benutzeroberfläche. Diese Oberfläche visualisiert die KI-Lösungen und Datensätze. Zusätzlich setzt sie das Active-Learning grafisch um.

ReqId:	*R-F-11*
Titel:	Rechteverwaltungssystem
Beschr.:	Das System braucht ein Benutzer- und Rechteverwaltungssystem. Auf Basis von individuellen Rollen werden Benutzern Rechte zugestanden. Damit wird verhindert, dass weniger vertrauenswürdige oder erfahrene Benutzer Änderungen am KI-System vornehmen.

ReqId:	*R-F-12*
Titel:	Verteiltes Rechnen
Beschr.:	Aufgaben, welche aus dem Training bzw. der Verwaltung der KI-Lösungen entstehen, sollen auf verschiedene Systeme verteilt werden können. Damit werden unterschiedliche Deployments möglich und der Benutzer kann individuell die Ressourcenausnutzung verwalten.

Nicht-funktionale Anforderungen

ReqId:	*R-NF-1*
Titel:	Geringer Einrichtaufwand
Beschr.:	Nach der initialen Inbetriebnahme des KI-Systems sollten keine erheblichen Einricht- oder Umrüstaufwände für die Bediener entstehen. Genauso sollte es einfach sein, eine neue KI-Lösung für ein Problem zu erstellen oder eine bestehende Lösung auf ein neues Problem auszurichten.

ReqId:	*R-NF-2*
Titel:	Abstrakte Schnittstelle
Beschr.:	Um die Entwicklung neuer KI-Systeme nicht zu behindern, braucht das System eine abstrakte Schnittstelle, welche dem Nutzer genügend Freiheiten lässt. Diese Schnitstelle darf nicht auf ein Teilgebiet der künstlichen Intelligenz alleine zugeschnitten sein.

ReqId:	*R-NF-3*
Titel:	Verschiedene Deployments
Beschr.:	Um die unterschiedlichen Anforderungen der EMS an Datensicherheit und Betriebskosten erfüllen zu können, muss das System sowohl als Cloud-Lösung, als auch für Standalone- und Edge-Systeme einsetzbar sein.

ReqId:	*R-NF-4*
Titel:	Embedded Vision
Beschr.:	Die Inferenz sollte so gestaltet sein, dass sie auch auf Embedded Vision-Geräten ausführbar ist. Dazu zählen eine geringe Ressourcenbelastung und so wenige Softwareabhängigkeiten wie möglich.

ReqId:	*R-NF-5*
Titel:	Plattformunabhängige Oberfläche
Beschr.:	Die geforderte Oberfläche sollte in einer möglichst plattformunabhängigen Technologie umgesetzt sein. Damit können mehr Geräte unterstützt werden und das Verwalten und Inspizieren des KI-Systems von mobilen Geräten aus wird möglich.

6.3 Neue Softwarearchitektur „KOI“

In diesem Abschnitt wird eine neue Softwarearchitektur erarbeitet, welche die Anforderungen aus dem vorherigen Abschnitt umsetzt. Diese Architektur soll es ermöglichen, beliebige KI-Lösungen über eine Vielzahl von Deployments auf bestehende und zukünftige Inspektionsanlagen anwenden zu können. Hierbei soll die Architektur auch in der Lage sein, höhere Stufen des vorgestellten Phasenmodells abzubilden und nicht auf *Stufe 2* beschränkt sein. Bevor auf die Struktur und das Verhalten der vorgeschlagenen Architektur eingegangen wird, sollen grundlegende Begriffsdefinitionen die Beschreibung vereinfachen. Die Begriffsdefinitionen führen zu allgemeinen Objekten, welche zur Beschreibung der KI-Lösungen dienen und damit die Anwendung dieser Lösungen generalisieren können.

Wegen der Verwendung der künstlichen Intelligenz sowie der starken Betonung der Objekte wird die vorgeschlagene Architektur als KOI bezeichnet. KOI steht hierbei für Kognitive Objekt-orientierte Inspektion oder Intelligenz. Durch die Nähe zur automatischen optischen Inspektion kann KOI auch als kognitive optische Inspektion verstanden werden. Wegen der breiten Anwendbarkeit jenseits der optischen Qualitätskontrolle wurde der ursprüngliche Verweis auf die Inspektion im Namen der Architektur aufgegeben. Zur Visualisierung der vorgestellten Softwarearchitektur werden C4-Diagramme [54] verwendet. Diese Diagramme zeigen gestaffelte Detailstufen komplexer Softwaresysteme. Dadurch wird nicht nur die innere Struktur der Software gezeigt, sondern die Softwaresysteme werden im Zusammenspiel mit ihren Nachbarsystemen dargestellt. Der Name C4 ist eine Abkürzung der vier Detailstufen: Context, Container, Component und Code. Die dargestellte Architektur wurde bereits in [55] veröffentlicht und soll hier erneut ausführlicher beschrieben werden.

6.3.1 Objekte und Definitionen

Das System wird mit einem Set an Objekten arbeiten, welche die unterschiedlichsten Ansätze und Verfahren, die bereits in Kapitel 4 vorgestellt wurden, abstrahieren sollen. Es bietet sich an, eine einheitliche Definition aller wichtigen Objekte zu haben, weil es dadurch leichter fällt, neue Konzepte zwischen den Stakeholdern auszutauschen. Des Weiteren helfen einheitliche Objektdefinitionen dabei, konkrete Problemlösungen abstrakt beschreiben zu können und dadurch einheitlich zu verarbeiten.

Wie bereits in [55] beschrieben, werden nachfolgend drei Objekte und deren Relation zueinander genutzt, um verschiedene Verhalten des Zielsystems zu beschreiben. Die Objekte heißen **Modell**, **Instanz** und **Sample**. Im Folgenden werden diese Objekte definiert.

Modell

Ein Modell stellt die formale Beschreibung einer KI-Lösung dar. Für sich ist es nicht anwendbar. Das Modell definiert, wie Eingangsdaten verarbeitet werden, Epochen- oder Batch-basiert trainiert wird und wie das trainierte Wissen angewendet werden kann. Bestandteil des Modells ist der benötigte Quellcode oder ähnliche deklarative Artefakte für eine KI-Lösung. Außerdem kann es einige Informationen für den Austausch und die Dokumentation enthalten. Dazu gehören Name, Beschreibung, Autor, Ein- und Ausgangsgrößen sowie optionale Parameter, welche das Laufzeitverhalten steuern. Weil die

Visualisierung von Trainingsinhalten eine problembezogene Aufgabe ist, gehört sie zur Modelldefinition. Für die Visualisierung werden Plugins verwendet, welche in einem späteren Abschnitt beschrieben sind.

Instanz

Eine Instanz ist eine konkrete, problembezogene Umsetzung eines Modells. Die Instanz verbindet ein Modell mit einem Satz von Trainingsdaten (siehe Definition: Sample). Durch das Training mit problembezogenen Daten wird eine anwendbare Lösung aus dem allgemeinen Modell erzeugt. Das Verhalten einer Instanz ist durch das Modell bestimmt. Eine Instanz definiert einen gültigen Wert für jeden Parameter des Modells. Wie die Modelle hat jede Instanz einen Namen und eine optionale Beschreibung. Jedes Modell kann die Grundlage für eine beliebige Anzahl an Instanzen sein. Somit können bekannte Verfahren in ein Modell verpackt auf eine Vielzahl an Problemen dynamisch und automatisierbar angewendet werden.

Sample

Ein Sample ist eine atomare Einheit von Trainingsinformationen. Es hält alle Daten, die nötig sind, um einen Trainingsschritt auszuführen. Trotz dessen, dass es die kleinste Einheit für das Training ist, kann es aus einer Vielzahl von hochdimensionalen Werten bestehen. In der Fachliteratur werden die hochdimensionalen Werte, welche die Modelle verarbeiten, als Tensoren bezeichnet. Diese Daten setzen sich aus zwei Listen von Name-Wert-Tupeln zusammen. Eine Liste beinhaltet die Eingangsdaten und die andere die Ausgangs- oder Zieldaten für die Instanz. Bei den Zieldaten kann jeder Name auch mit einer Liste von Werten verknüpft sein. Dies ermöglicht das Umsetzen von Systemen, welche eine Vielzahl, sich sogar widersprechender Labelinformationen unterstützen. Ein Beispiel für ein solches System wurde in [44] vorgestellt. Es werden zwei getrennte Listen verwendet, da sich zur Laufzeit die Label- und Zusatzinformationen ändern können, die Eingangsdaten jedoch unverändert bleiben sollen. Eine Veränderung der Eingangsdaten wird mit einem neuen Sample abgebildet. Zusätzlich zu den numerischen Eingaben unterstützt ein Sample das Halten von Tags. Tags sind deskriptive Bezeichnungen, welche das Sample mit einer Eigenschaft ausstatten. Nach diesen

Eigenschaften kann gesucht und gefiltert werden. Durch diese Tags ist es möglich, in einem stetig veränderlichen Datensatz bekannte und neue sowie wertvolle und überrepräsentierte Datensätze zu unterscheiden. Darüber hinaus obliegt es dem Autor des Modells, weitere Nutzen für die Tags zu finden.

Durch die Trennung der Lösungsbeschreibung und der tatsächlichen Umsetzung in Verbindung mit einem wachsenden Datensatz richtet sich das System bereits nach den Anforderungen Anf. *R-F-3* und Anf. *R-F-4*. Durch das Unterstützen beliebiger hochdimensionaler Daten in der Definition der Samples wird die Anf. *R-F-5* umgesetzt. Mit der Möglichkeit, alternative Werte für einen Schlüssel in den Zieldaten der Samples zu hinterlegen, ist Anf. *R-F-6* erfüllt. Weil auch die Zieldaten eine beliebige Dimensionalität haben dürfen, ist es möglich, Assoziationen in den Datensätzen abzubilden und damit Anf. *R-F-7* zu erfüllen.

6.3.2 Struktur

Im Context-Diagramm in Abb. 6.5 ist das KOI-System in seinem Zusammenwirken mit Stakeholdern und dem AOI-System gezeigt. Diese Darstellung ist eine verallgemeinerte Form der Systeme aus den Abbildungen Abb. 6.2 und Abb. 6.3. Hierbei bezeichnet AOI-System nicht unbedingt die Inspektionsmaschine selbst, sondern kann sich auch auf die angeschlossenen Arbeitsplätze beziehen. Diese Arbeitsplätze müssen als Bestandteil des Systems gesehen werden, da ohne sie eine moderne Fertigung nicht funktionieren kann. Beispiele für angeschlossene Arbeitsplätze sind Verifizier-, Reparier- und Programmierstationen.

Die Interaktionen zwischen dem AOI und dem KOI-System sind stark vereinfacht, da nicht jeder Anwendungsfall dargestellt werden kann. Später werden Context-Diagramme folgen, welche das KI-System in einer konkreten Anwendung in Verbindung mit dem AOI zeigen.

Die vorgeschlagene Software soll nicht als monolithische Lösung umgesetzt werden. Eine Trennung in logische Bestandteile hilft dabei, die Anforderungen Anf. *R-F-12*, Anf. *R-NF-3* und Anf. *R-NF-4* umzusetzen. Das System teilt sich

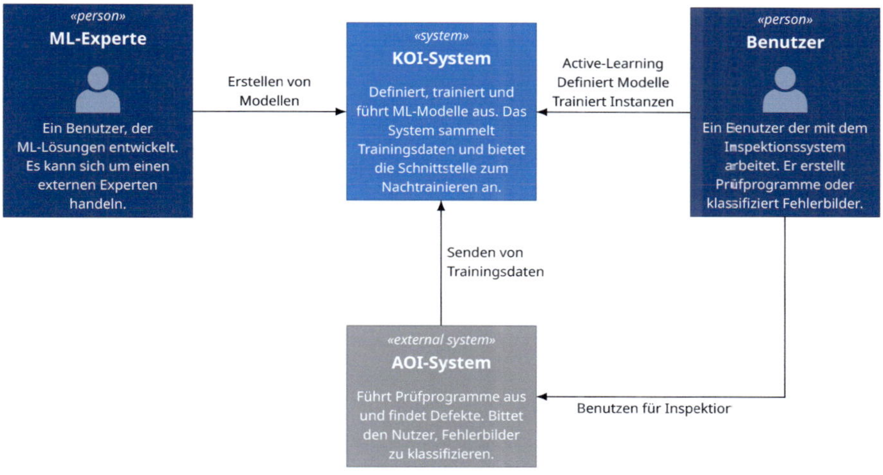

Abbildung 6.5: Das Context-Diagramm zeigt das beschriebene System in seiner Interaktion mit benachbarten Systemen und Stakeholdern.

in vier Container auf. KOI-Progressive Web App (PWA) ist die grafische Oberfläche der Software und als Web-Anwendung umgesetzt. KOI-API ist das Backend des Systems. Hier werden alle Objektzustände verwaltet und verteilt. Darüber hinaus setzt dieser Container eine Schnittstelle um, welche alle anderen Container und Fremdsysteme benutzen. Mit dieser strikten Trennung der Container durch eine Schnittstelle ist jeder Container einfach austauschbar. Der Container KOI-Core ist eine Laufzeitumgebung zur Entwicklung von KI-Lösungen auf Basis der Sprache Python. Die Laufzeitumgebung setzt alle Funktionen der API um und implementiert wichtige Zusatzfunktionen wie einen Zwischenspeicher oder eine Inferenz ohne Verbindung zur API. Der Container KOI-Worker ist ein unabhängiger Arbeitsprozess, welcher auf KOI-Core basiert und über die Schnittstelle Aufgaben von der KOI-API erhält. Durch das Abtrennen des KOI-Workers von den anderen Containern und der damit einhergehenden Parallelität ist Anf. *R-F-12* umgesetzt. KOI-Core braucht nur wenige Abhängigkeiten und durch die Trennung von den anderen Containern ist eine Ausführung auf einem Embedded-System möglich. Damit ist auch Anf. *R-NF-4* erfüllt.

Im Container-Diagramm in Abb. 6.6 sind die verwendeten Container dargestellt. Die Systemgrenze stellt eine logische Gruppierung dar und bedeu-

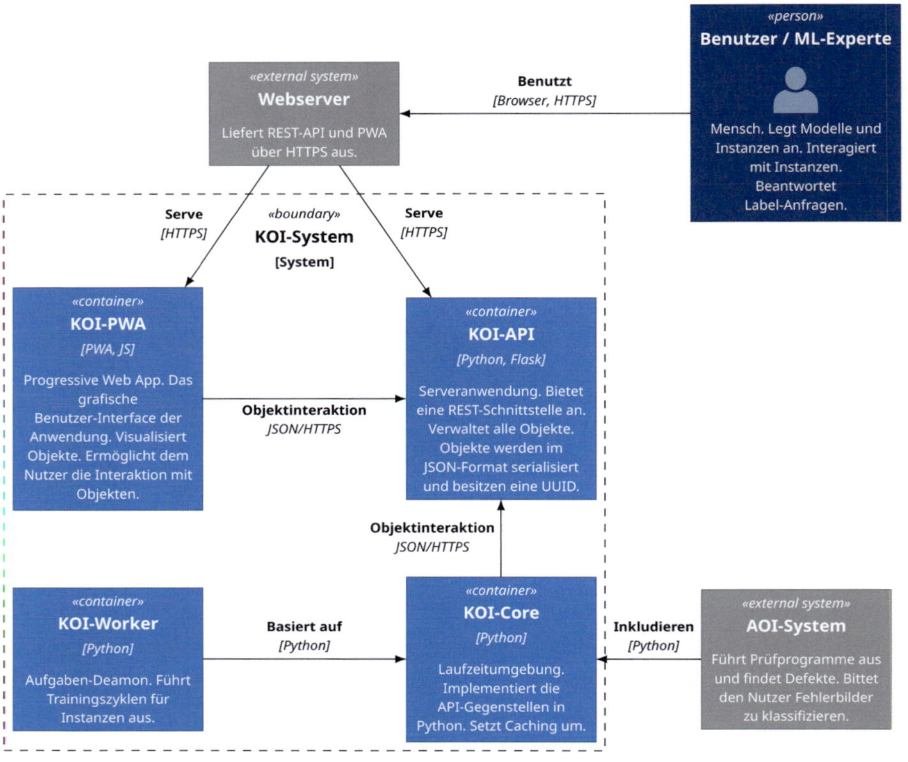

Abbildung 6.6: Das Container-Diagramm zeigt die logischen Container, aus welchen sich das beschriebene System zusammensetzt.

tet nicht, dass sich die Container auf derselben Hardware befinden müssen. Einsatzmöglichkeiten und den Installationsvarianten werden noch in Abschnitt 6.3.4 beleuchtet. Im Folgenden sollen die einzelnen Container genauer beschrieben werden.

Container: KOI-API

Das Kernstück des Systems ist die KOI-API, eine Serveranwendung, welche eine Representational State Transfer (REST)-Schnittstelle anbietet. Über diese Schnittstelle werden alle Objekte des Systems registriert und verwaltet. Alle anderen Komponenten kommunizieren mit der KOI-API. Damit ist Anf. *R-NF-2* erfüllt. Abb. 6.7 zeigt die Komponenten des Containers KOI-API. Der Zu-

Abbildung 6.7: Component-Diagramm des Containers KOI-API. Dieses Diagramm zeigt die einzelnen Bestandteile des Containers und ihre Interaktion miteinander.

griff auf die Objekte folgt einer einfachen Hierarchie, welche die zuvor beschriebenen Objekte zueinander in Bezug bringt. Zu jedem Modell können beliebig viele Instanzen existieren, welche wiederum beliebig viele Samples halten können. Jedes Objekt wird durch eine UUID identifiziert. Für ein vollständiges Modell kann jederzeit eine neue Instanz gebildet werden. Gleicherweise können einer Instanz zu jedem Zeitpunkt Samples hinzugefügt werden. Dadurch ist das Sammeln von problembezogenen Datensätzen im Betrieb möglich und Anf. *R-F-4* erfüllt.

Alle Zugriffe und Operationen auf Objekten werden durch die HTTP-Kommandos GET, PUT, POST, und DELETE auf die entsprechenden Pfade ausgedrückt. Die Pfade definieren hierbei ein konkretes Objekt oder eine Sammlung von Objekten. Nicht alle Operationen sind auf jedem Pfad verfügbar. Für die Übertragung von strukturierten Daten werden die Objekte im JSON-Format [56] dargestellt. Eine HTTP/HTTPS-basierte Schnittstelle ist leicht in vielen Hochsprachen umsetzbar und ermöglicht die Portierung und Erweiterung des Systems. Die Wahl eines REST-Schemas für die API unterstreicht die Rolle der KOI-API als Objektverwaltung ohne verarbeitende Aufgaben. Durch die Schnittstelle sind ein Verteilen der Container auf verschiedene Rechner und auch das gemeinsame Ausführen auf der gleichen Hardware möglich. Das erfüllt die Forderungen von Anf. *R-F-12*.

Um die Umsetzung der API auf entsprechenden Gegenstellen einfacher zu gestalten, können Objekte unvollständig übertragen werden. Daraus folgt, dass sich Objekte zu bestimmten Zeitpunkten in nicht verarbeitbaren Zuständen befinden können. Außerdem folgt aus der Forderung nach dem verteilten Bearbeiten der Probleme (Anf. *R-F-12*), dass es zu ungewolltem gleichzeitigen Zugriff auf Objekte kommen kann. Um beide Probleme zu verhindern, müssen Objekte finalisiert werden. Erst nach der Finalisierung sind bestimmte Operationen auf diese Objekte ausführbar. Mit dem Finalisieren wird auch die weitere Bearbeitung kritischer Datenfelder in den Objekten verboten. Nur wenige Objekteigenschaften können nach dem Finalisieren noch editiert werden.

Im Hintergrund dient eine SQL-Datenbank als persistenter Speicher für die Objekte und ihre Relationen. Über eine objektrelationale Abbildung erfolgt der Zugriff auf die Datenbankeinträge. Binärdaten, wie die Inhalte von Samples oder die Plugins und Codeobjekte von Modellen, werden über einen persistenten Datenspeicher verwaltet. Lediglich der Verweis auf die Datei wird in der Datenbank abgelegt. Es spielt hierbei keine Rolle, ob es sich um lokalen oder entfernten Speicher handelt. Durch die entsprechende Abstraktionsschicht wird die tatsächliche Umsetzung des persistenten Speichers vor den anderen Komponenten verborgen.

Um den Zugriff auf Objekte zu steuern, besitzt die API ein Nutzer- und Rollen-Management. Nutzern können Rechte zugewiesen werden, indem ihnen eine oder mehrere Rollen erteilt werden. Es existieren Rollen für globale Aktionen, Modell-bezogene Aktionen und Instanz-bezogene Aktionen. Abgesehen von den globalen Rechten werden Rollen jeweils für ein Objekt zugewiesen. Ein Nutzer mit entsprechenden globalen Rechten kann weitere Rollen hinzufügen, editieren und löschen. Legt ein Benutzer ein Objekt an, wird ihm automatisch die Rolle „Eigentümer" zugewiesen und er kann weitere Nutzer mit Rollen für dieses Objekt versehen.

Das objektbezogene Nutzerrechtesystem ermöglicht viele der in Abschnitt 6.3.4 diskutierten Installationsvarianten. Zum Beispiel kann ein Nutzer ein von ihm entwickeltes Modell über das KOI-System anbieten. Seine Klienten bekommen über ihren Nutzerzugang und die jeweiligen Rollen nur Zugriff auf die benötigten Informationen des Modells und ihre eigenen, davon abgeleiteten Instanzen. Eventuelle Instanzen Dritter können sie nicht sehen und nicht mit ihnen interagieren. Dies ermöglicht die Umsetzung von MLaaS-Lösungen. Außerdem können in einem Fertigungsumfeld Benutzer ohne die erforderliche Berechtigung von der Manipulation der KI-Lösung ausgeschlossen werden. Das Benutzerrechtesystem der KOI-API erfüllt damit Anf. *R-F-11*.

Container: KOI-Core & KOI-Worker

KOI-Core ist die Laufzeitumgebung des Systems. Dieser Container setzt die REST-Schnittstelle der KOI-API um und bietet über transparente Objekte Zugriff auf diese an. Externe Systeme verwenden diese Laufzeitumgebung, um auf das KOI-System zugreifen zu können. Abb. 6.8 zeigt die Komponenten des Containers KOI-Core.

Für den Zugriff auf Objekte stehen dem Nutzer und Entwickler opake Proxy-Objekte zur Verfügung. Jedes Proxy-Objekt entspricht einem Objekt der KOI-API. Über Properties und Methoden können die Eigenschaften des Proxy-Objekts verändert oder neue Objekte bzw. Relationen zu Objekten erzeugt werden. Jede Interaktion mit einem Objekt verändert die darunter liegende Repräsentation und wird über die REST-Schnittstelle auf die KOI-API gespiegelt. Werden Eigenschaften oder Relationen abgefragt, so entscheidet eine Caching-Strategie (Cache-Policy), ob diese Information von der Gegenstelle angefordert werden muss oder auf zwischengespeicherte (gecachte) Informationen zurückgegriffen wird. Das Caching ist zeitbasiert. Ist es nötig, eine Information erneut abzufragen, weil der Zwischenspeicher veraltet

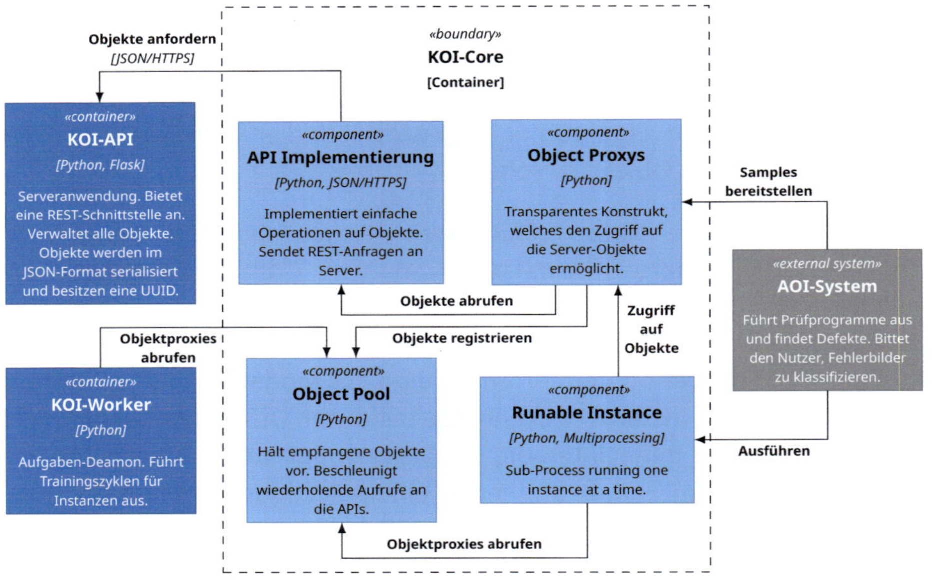

Abbildung 6.8: Component-Diagramm des Containers KOI-Core. Dieses Diagramm zeigt die einzelnen Bestandteile des Containers und ihre Interaktion miteinander.

ist, wird zuerst eine HTTP-HEAD-Anfrage gestellt, welche die Metadaten des Objekts abruft. Ist eine Modifikation des Objekts zu erkennen, wird der lokale Zwischenspeicher mit den erhaltenen Metadaten aktualisiert und das Objekt nicht abgerufen. Im Falle einer Modifikation muss die angeforderte Ressource erneut übertragen werden. All diese Vorgänge verstecken die Proxy-Objekte vor dem Benutzer.

Die Objekt-Proxys aller, der Laufzeitumgebung bekannten, Objekte werden in der Komponente Objekt-Pool registriert. Der Objekt-Pool ist eine zentrale Sammlung aller Objekte, welche über ihre UUIDs identifiziert werden. Ein Vorteil einer zentralen Sammlung ist es, dass Objekte, welche auf verschiedenen Programmpfaden modifiziert oder abgefragt werden, nicht erneut abgerufen werden müssen. Der letzte bekannte Zustand der Proxys ist im Pool vorhanden und kann entsprechend der Caching-Strategie aktualisiert werden. Der Objekt-Pool kann serialisiert und gespeichert werden. Ein gespeicherter Pool kann zu einem späteren Zeitpunkt geladen werden und ermöglicht es, zwischengespeicherte Objekte über Prozesslebenszeiten oder unerwartete Abstürze hinweg zu erhalten.

Die Komponente „API-Implementierung“ setzt die REST-Schnittstelle auf eine Menge von Funktionen um. Dies trennt die anderen Komponenten von der konkreten Umsetzung der Schnittstelle und erleichtert eventuelle zukünftige Anpassungen. Außerdem übernimmt diese Komponente das Serialisieren der Objekt-Proxys in JSON-Zeichenketten und das entsprechende Deserialisieren der API-Antworten.

Die Komponente „Runable-Instance“ ist ein Subprozess der Laufzeitumgebung. Durch die Auslagerung der lauffähigen Komponenten unterschiedlicher Instanzen ist es möglich, Modell-Code mit verschiedenen Softwareabhängigkeiten und ML-Frameworks zu verwenden. Würden die Instanzen in einem einzigen Prozess sequentiell abgearbeitet, könnte es zu Konflikten in den Abhängigkeiten kommen.

Wie in Abb. 6.6 gezeigt, kommunizieren das Inspektionssystem bzw. seine Arbeitsplätze und der Container KOI-Worker durch diese Laufzeitumgebung mit dem KOI-System.

Das Programm bzw. der Container KOI-Worker ist ein Trainings-Deamon, welcher auf dem KOI-Core basiert. Jede Instanz des Workers ruft sequenziell alle oder eine Teilmenge der Instanzen ab und führt die jeweiligen Trainingsroutinen aus. Die Sichtbarkeit der individuellen Modelle und Instanzen kann hierbei durch das Nutzermanagement der KOI-API oder über konfigurierbare Filter des Workers erfolgen. Wenn sich eine sichtbare Instanz in einem trainierbaren Zustand befindet, lädt der Worker die Definitionen des verbundenen Modells und die benötigten Daten der Samples herunter. Die Entscheidung darüber, ob eine Instanz trainierbar ist, wird anhand der Zeitstempel der Instanz getroffen. Sind seit dem letzten erfolgreichen Trainingsdurchlauf neue Daten hinzugekommen oder wurden entscheidende Metainformationen der Instanz verändert, wird die Instanz als trainierbar betrachtet. Durch die periodische Überprüfung der Instanzen auf Veränderungen kann ein kontinuierliches oder wiederholendes Lernen auf Basis neuer Daten umgesetzt werden. Anf. *R-F-8* ist damit umgesetzt.

Der Worker-Container muss über alle Abhängigkeiten verfügen, welche das Modell verlangt. Alle weiteren Container des Systems sind von diesen Abhängigkeiten befreit. Durch die Sichtbarkeit und die Filter für den Worker

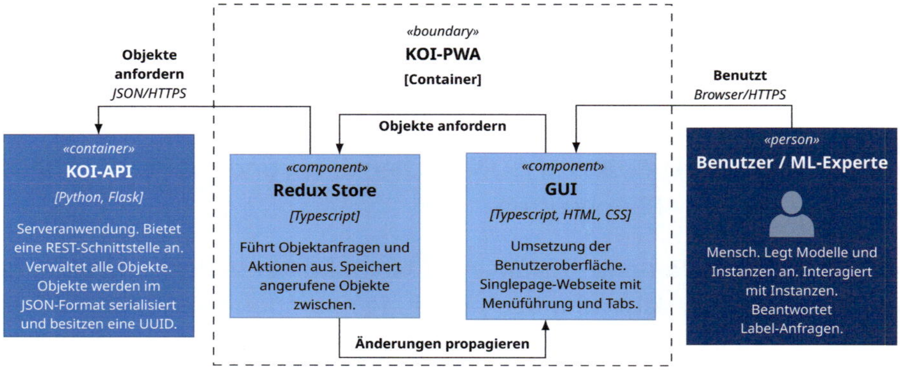

Abbildung 6.9: Component-Diagramm des Containers KOI-PWA. Dieses Diagramm zeigt die einzelnen Bestandteile des Containers und ihre Interaktion miteinander.

können eine Vielzahl an Worker-Prozessen auf unterschiedlichen Hardwareplattformen ausgeführt werden und jeder Prozess bearbeitet dabei sein eigenes Set an Instanzen. Das ermöglicht eine Vielzahl an Installationsvarianten und erfüllt Anf. *R-F-12*.

Container: KOI-PWA

KOI-PWA ist die grafische Benutzeroberfläche des KOI-Systems und somit die Umsetzung von Anf. *R-F-10*. Als eine PWA ist dieses Programm eine Webanwendung auf Basis einer responsiven Webseite und wird Anf. *R-NF-5* gerecht. Abb. 6.9 zeigt die Komponenten dieses Containers. Viele der Aktionen des Containers KOI-Core sind dem Nutzer über diese Oberfläche ebenfalls zugänglich. Der Nutzer ist in der Lage, neue Modelle anzulegen und Instanzen aus bestehenden Modellen zu erzeugen. Darüber hinaus bietet die Oberfläche eine Möglichkeit, einzelne Samples zu visualisieren. Da die Art und Struktur der Samples sehr vom jeweiligen Problem abhängig ist, muss das Modell definieren, was und wie zu visualisieren ist. Die Definition erfolgt über Plugins, welche optionale Bestandteile der Modelldefinition sind und auch nach dem Finalisieren noch ausgetauscht werden dürfen. Die PWA stellt für jedes Sample eine Kachel in einer Liste bereit. Der Inhalt der Kachel wird durch das Plugin, ein Javascript, gefüllt. Hierbei stehen dem Entwickler alle Möglichkeiten der modernen Web-Entwicklung zur Verfügung.

Die Anzeige der Samples kann über die vergebenen Tags sortiert werden. Damit ist es dem Nutzer möglich, verschiedenste Gruppierungen der Daten zu visualisieren, welche das Modell bzw. die Instanz zur Laufzeit vorgenommen haben. Beispiele für solche Gruppen sind abgewiesene Beispiele, trainierte Beispiele oder die zugewiesenen Klassenzuordnungen. Die Tags können sich während der Laufzeit ändern und somit auch Änderungen in der Datenbasis wiedergeben. Außerdem ist eine beliebige Vergabe der Tags möglich, was das Zuweisen von mehreren Tags gleichzeitig ermöglicht.

Ähnlich wie die Samples verhält es sich mit den Anfragen für das Active-Learning. Wenn ein Modell dieses Verfahren benutzt, kann über ein weiteres Plugin, welches ebenfalls in Javascript geschrieben ist, definiert werden, wie die Anfrage präsentiert wird und wie die Eingabe der Antwort durch den menschlichen Experten abläuft. Auch hier bietet die PWA einen definierten Bereich, welcher durch das Plugin mit Inhalten gefüllt wird. Damit erfüllt die PWA Anf. *R-F-9*.

Wie bei dem Container KOI-Worker wird die Sichtbarkeit von Objekten in der grafischen Oberfläche der KOI-PWA über die jeweiligen Nutzerrechte geregelt.

6.3.3 Laufzeitverhalten

Durch die teils komplexen Beziehungen zwischen den Softwarekomponenten soll an dieser Stelle ein möglicher Ablauf eines Beispielszenarios gezeigt werden. Die Reihenfolge der Zugriffe auf die API als zentrale Registrierungsstelle für Objekte ist nicht gegenseitig ausgeschlossen und alle Zugriffe können zeitlich verschränkt auftreten. Somit müssen die anderen Komponenten negative Rückgaben verarbeiten können und entsprechend reagieren. Solche Rückgaben können das Ergebnis von noch nicht vollständig verarbeiteten Objekten oder Daten sein. In den hier gezeigten Beispielen wurde bewusst auf solche verschränkten Zugriffe verzichtet, da es die Diagramme in Abb. 6.10 und Abb. 6.11 leserlicher gestaltet.

Als Beispiel soll eine Situation dienen, in der ein menschlicher Benutzer das Sammeln von problembezogenen Trainingsdaten überwachen möchte. Sind

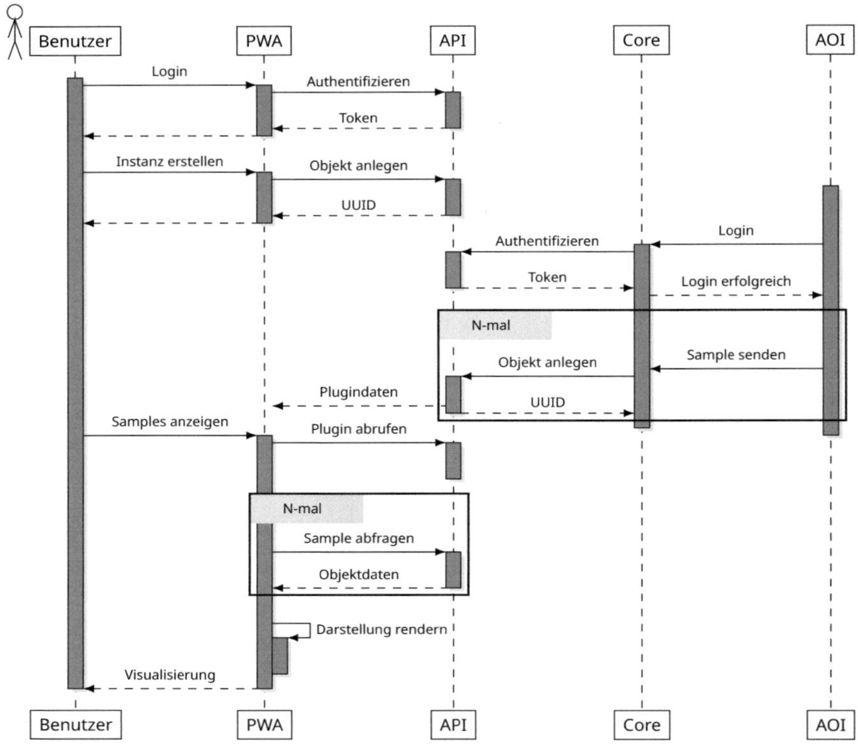

Abbildung 6.10: Das UML-Sequenzdiagramm zeigt einen möglichen Ablauf, wie ein Nutzer eine neue Instanz erstellt, ein Inspektionssystem neue Beispiele für diese Instanz registriert und der Nutzer diese Beispiele visualisiert. Für die grafische Darstellung verwendet der Nutzer die KOI-PWA.

die Daten vollständig, so beginnt ein Arbeitsprozess mit dem Training einer spezialisierten Instanz. Daraufhin ruft eine Inspektionsmaschine das Trainingsergebnis ab und verwendet die neue Instanz als Klassifikator für ein Inspektionsproblem.

Abb. 6.10 zeigt den ersten Teil dieses Beispiels. Der Benutzer verwendet einen Browser oder eine lokale Installation der Anwendung, um auf die Oberfläche der KOI-PWA zuzugreifen. Nach erfolgreicher Authentifikation erhält die PWA einen Zugriffstoken. Dieser Token wird bei nachfolgenden Zugriffen mit gesendet, um die Identität und die Autorisierung des Benutzers zu belegen. Über die Oberfläche navigiert der Benutzer zu einem vorhandenen Modell. Das Modell ist vorher von diesem Benutzer, einem anderen Nutzer mit entsprechenden Rechten oder einer Softwarekomponente registriert und konfiguriert worden. Da die entsprechenden Aufrufe dem folgenden Aufruf ähnlich sind, wird die Registrierung des Modells als vollständig angenommen. In der Übersicht des gewählten Modells löst der Benutzer das Anlegen einer neuen zugeordneten Instanz aus. Die Instanz wird mit einem zufällig generierten Namen in die Liste der verknüpften Instanzen aufgenommen. Dazu stellt die PWA eine entsprechende Anfrage an die KOI-API und erhält die UUID des neuen Objekts mitgeteilt. Über die PWA-Oberfläche editiert der Benutzer die Eigenschaften der neuen Instanz. Sind alle Änderungen abgeschlossen, wird die Instanz finalisiert.

Das Finalisieren verhindert ein weiteres Bearbeiten und signalisiert allen anderen Komponenten die Bereitschaft des Objekts. Durch das Befolgen des REST-Paradigmas sind alle Objekte zu jedem Zeitpunkt vollständig definiert. Die Schnittstelle wurde so ausgelegt, dass eine Anfrage für ein neues Objekt unvollständig übertragen werden kann und die API in diesem Fall die fehlenden Eigenschaften ausfüllt. Durch nachfolgende Anfragen über die übermittelte UUID können die Objekte bis zu ihrem Finalisieren weiter bearbeitet werden. Das aktive Finalisieren durch den Bearbeiter dient als verbindliche Zusage zwischen den Komponenten, dass sich das kommunizierte Objekt nicht mehr ändern kann. Durch diese Zusage können für abgeschlossene Objekte längere Lebenszeiten in der Cache-Strategie verwendet werden. Eine Ausnahme stellen die Samples dar. Ein Sample kann nach dem Finalisieren keine weiteren definierenden Daten erhalten oder verlieren, jedoch können Informationen zu Labels und Tags hinzugefügt werden. Dadurch ist es möglich, durch Methoden des Active-Learnings die Deutung der Trainingsinformation wiederholt zu evaluieren. Siehe hierzu Anf. *R-F-4* und Anf. *R-F-9*.

Später authentifiziert sich eine Inspektionsmaschine, wie der menschliche Benutzer zuvor, bei der KOI-API. Dazu verwendet er eine lokale Installation der KOI-Core Laufzeitumgebung. Basierend auf den erteilten Zugriffsrechten des verwendeten Logins kann die Inspektionsmaschine alle sichtbaren Modelle und Instanzen auflisten oder gezielt auf individuelle Objekte zugreifen. Über bekannte Eigenschaften wie Name oder Beschreibung kann das gewünschte Objekt identifiziert und die benötigte UUID ermittelt werden. Die UUID kann alternativ über andere Kanäle mitgeteilt worden sein und behält ihre Gültigkeit. In Abb. 6.10 wurde auf die Darstellung der Instanzabfragen verzichtet. Die Inspektionsmaschine sendet nun eine beliebige Anzahl von Samples zur KOI-API. Die neuen Samples werden der ausgewählten Instanz beim Erstellen untergeordnet. Wie bei den anderen Objekten können die Informationen und Tensoren der Samples zeitlich unabhängig übertragen werden. Für eine bessere Übersicht wird hier erneut auf mehrere Anfragen verzichtet und das Objekt mit dem ersten Aufruf als vollständig übertragen angenommen.

Nach oder auch während der Übertragung möchte der Nutzer die gesendeten Samples inspizieren. Hierzu navigiert er in der Oberfläche der KOI-PWA zur entsprechenden Instanz und wählt die Unteransicht für die Samples. Wie zuvor in Abschnitt 6.3.2 beschrieben, ist die Visualisierung der Samples eine problembezogene Aufgabe. Die PWA lädt zunächst das benötigte Plugin von der API. Anschließend werden die benötigten Samples abgerufen. Dargestellt wird das Übertragen als eine Sequenz von einzelnen Samples. Praktisch ist es aber möglich, eine Vielzahl von Samples abzurufen und diese Abfragen über ein Paging-System zu steuern. Hierzu werden Aufrufe mit einem steigenden Page-Offset verkettet. Für jedes übertragene Sample wird nun das problembezogene Plugin in der KOI-PWA ausgeführt. Das Ergebnis wird dem Benutzer in der visuellen Schnittstelle präsentiert.

Der Ablauf in Abb. 6.11 folgt zeitlich nach dem Ablauf aus Abb. 6.10. Das Inspektionssystem hat bereits die Samples registriert und der Nutzer hat diese in der Oberfläche der KOI-PWA überprüft. Jetzt beteiligt sich ein weiteres System an der Kommunikation. Interaktionen des Benutzers sind nicht mehr dargestellt, könnten aber dennoch jederzeit stattfinden.

Neben dem Inspektionssystem nimmt nun auch ein Trainingsserver am Prozess teil. Der Trainingsserver wird in Abb. 6.10 und folgend als Worker bezeichnet, weil er den entsprechenden Container KOI-Worker ausführt. Der Worker und die Inspektionsmaschine führen beide eine Instanz von KOI-Core aus. Um Verwechslungen zu vermeiden, werden die jeweiligen Instanzen mit dem Namen des Systems gekennzeichnet.

Nach erfolgreicher Authentifizierung (nicht im Diagramm) erfragt der Worker eine trainierbare Instanz von der KOI-API. Die Sichtbarkeit der

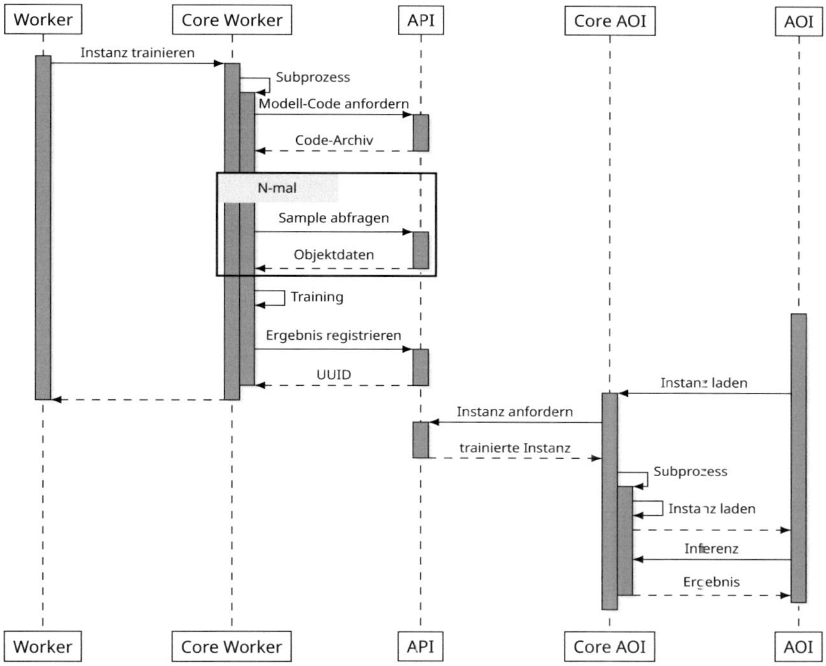

Abbildung 6.11: Das UML-Sequenzdiagramm zeigt zwei Programme, welche mit ihrer jeweiligen KOI-Core-Laufzeitumgebung auf die KOI-API zugreifen. Der Worker-Prozess ruft Modell-Code und Beispiele ab, um eine Instanz zu trainieren. Der AOI-Prozess fordert die trainierte Instanz an und nutzt diese für die Inferenz.

Instanzen sind über die verknüpften Zugangsrechte und die Optionen des Workers einstellbar. Durch das Starten eines Subprozesses kann die Laufzeitumgebung Konflikte zwischen den Abhängigkeiten verschiedener Modelle lösen. Mehr dazu in Abschnitt 6.4. Als erster Schritt wird der entsprechende Modell-Code vom neuen Subprozess geladen. Treten hierbei Probleme auf, kann das Training vom Worker nicht fortgesetzt werden. Durch ein entsprechendes Zustands-Bit in den Eigenschaften der Instanz, kann der Worker anderen Komponenten mitteilen, dass es ein Problem gab.

Ist das Modell geladen, wird der im Modell enthaltene Batch-Generator benutzt, um aus den bekannten Samples trainierbare Batches zu erstellen. Definiert das Modell keinen Batch-Generator, gibt es eine Rückfalllösung mit ei-

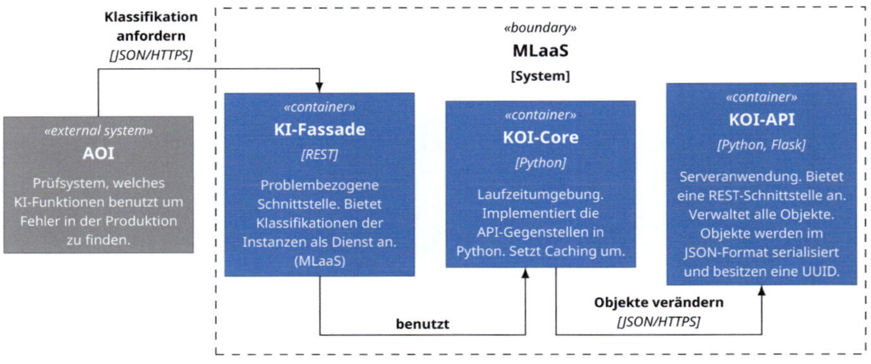

Abbildung 6.12: Eine Umsetzung eines MLaaS-Systems auf Basis der KOI-Architektur.

nem vorgefertigten Generator, welcher alle verfügbaren Samples abruft und als eine große, unsortierte Batch ausgibt. Nachdem alle benötigten Samples geladen worden sind, kann das eigentliche Training beginnen. Da das Training nur vom Modell-Code und damit vom eigentlichen Problem abhängt, wird hier nicht weiter darauf eingegangen. Mit erfolgreichem Abschließen des Trainings kann der Worker zwei Programmzustände als Ergebnis bei der KOI-API registrieren. Ein Zustand erlaubt, die trainierte Instanz für die Inferenz anzuwenden. Der andere Zustand erlaubt es, zu einem späteren Zeitpunkt das Training fortzusetzen. Durch die Trennung der beiden Zustände ist es möglich, unnötige und schützenswerte Informationen nicht im Inferenzzustand mitzuliefern. Wird kein Trainingsfortschritt registriert, so beginnt das Training beim nächsten Durchlauf wieder mit dem initialen Zustand.

Das Inspektionssystem benötigt eine trainierte Instanz für eine Prüfaufgabe. Wie in Abb. 6.10 dargestellt, ist das AOI bereits authentifiziert und stellt die Anfrage für die Instanz an seine KOI-Core Laufzeitumgebung. Wenn keine aktuelle Version der gewünschten Instanz im Cache vorhanden ist, fordert die Laufzeitumgebung den aktuellsten Programmzustand und das dazugehörige Modell von der KOI-API an. Wie für das Training kann die Laufzeitumgebung auch für die Inferenz einen Subprozess nutzen. Der Subprozess lädt die Instanz und meldet dem Inspektionssystem den Erfolg.

Für die eigentliche Inferenzaufgabe übergibt das Inspektionssystem dem Subprozess in der Laufzeitumgebung die benötigten und eventuell aufbereiteten Daten. Das Inferenzergebnis wird in der Laufzeitumgebung ermittelt und nicht an andere Komponenten übertragen. Soll das vorgeschlagene System, ähnlich anderer MLaaS-Systeme, die Inferenz über eine Schnittstelle, zum Beispiel REST, anbieten, so kann eine Serveranwendung oder ein Dienst die Laufzeitumgebung benutzen. In diesem Fall wären der Dienst oder die Serveranwendung eine Fassade für die KOI-Core Laufzeitumgebung. Eine solche Umsetzung ist in Abb. 6.12 dargestellt.

6.3.4 Deployments

Durch den modularen Aufbau des Softwaresystems ergeben sich unterschiedliche Einsatzmöglichkeiten. Jede Komponente kann unabhängig von den anderen Komponenten installiert und betrieben werden. Die einzige Bedingung ist eine Netzwerkverbindung mit ausreichender Bandbreite zwischen den physikalischen Maschinen.

Cloud-Lösung / MLaaS-Lösung

Die komfortabelste und gleichzeitig mit dem meisten Argwohn begegnete Lösung ist die Cloud-Lösung oder eine MLaaS-Lösung. Ein mögliches Szenario für diese Lösung ist in Abb. 6.13 gezeigt. Bei dieser Lösung findet das Training neuer Instanzen auf dem System eines Dienstleisters oder Hosters statt. Im Fall der MLaaS-Lösung (wie in Abb. 6.12) findet sogar die Inferenz auf einem Fremdsystem statt. Die meist vertraulichen Kundendaten müssen zu einem fremd-administrierten System übertragen werden. Dies ist auch der Grund, weshalb viele Elektronikfertiger eine solche Lösung ablehnen. Jedoch nicht in jedem Fall sind die Daten so schützenswert oder die Vorteile wiegen dem kontrollierbaren Risiko auf. Auch in einem akademischen Umfeld, in dem eine Vielzahl von Benutzern um begrenzte Ressourcen konkurrieren, um individuelle Instanzen oder Modelle zu trainieren, kann die Cloud-Lösung angebracht sein.

In Abb. 6.13 hat der EMS eine Inspektionsmaschine. Diese Maschine steht stellvertretend für eine mögliche Vielzahl von komplexen Inspektionssystemen. Auf der gezeigten Inspektionsmaschine ist die Inspektionssoftware installiert. Diese Software verfügt, neben den in Kapitel 3 beschriebenen Kom-

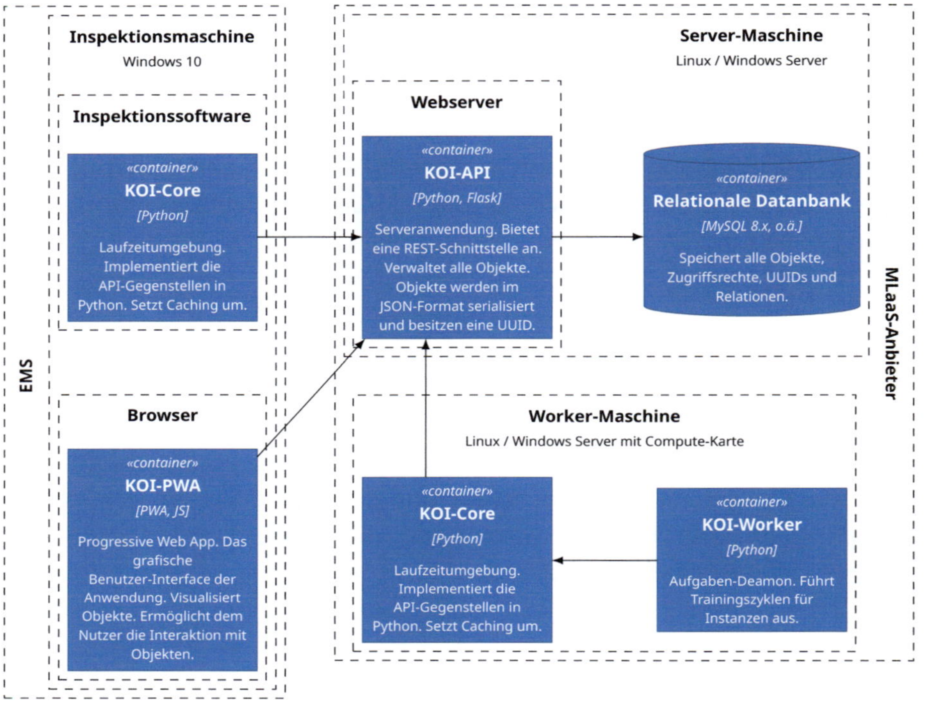

Abbildung 6.13: Auslieferung des beschriebenen Systems als Cloud-Lösung. Lediglich die Inferenz wird auf den Systemen des Anwenders ausgeführt. Das Training der Instanzen findet bei einem Dienstleister oder Hoster statt.

ponenten, zusätzlich über eine KOI-Core- Laufzeitumgebung zur Inferenz von trainierten Modellen. Ein Webbrowser ist ebenfalls auf der Maschine installiert. Über diesen Browser wird die KOI-PWA dargestellt bzw. installiert. Auf der anderen Seite steht der Dienstleister, Hoster oder MLaaS-Anbieter. Dieser verfügt in diesem Beispiel über zwei Systeme. Auf dem oberen System läuft ein Webserver, welcher die KOI-API-Schnittstelle anbietet. Zusätzlich verfügt das System über den von der KOI-API benötigten Datenbankserver. Das untere System hat zum Zweck des Trainings eine leistungsfähige Rechenkarte. Hier werden eine Instanz der Laufzeitumgebung und ein KOI-Worker ausgeführt. Für eine parallele Verarbeitung können auf dem System mehrere Instanzen des Workers laufen oder eine Vielzahl von Systemen betrieben werden.

Um eine MLaaS-Lösung umzusetzen, benötigt man eine weitere Schnittstelle, welche Daten annimmt und mittels einer eigenen KOI-Core-Laufzeitumgebung die Inferenz ausführt. Eine solche Schnittstelle kann problembezogen sehr überschaubar sein und wenige Funktionen oder REST-Knoten besitzen. Eine generelle MLaaS-Schnittstelle, welche beliebige Modelle auf beliebigen Daten ausführen kann, muss wesentlich allgemeiner und damit umfangreicher ausfallen. Da ein Schwerpunkt des KOI-Systems die lokale Inferenz ist, bereits mächtige MLaaS-Systeme etabliert und problembezogene MLaaS-Schnittstelle einfach umsetzbar sind, besitzt das KOI-System keinen dedizierten Mechanismus für diesen Fall. Eine praktische MLaaS-Umsetzung auf der Basis von KOI wird im Kapitel Kapitel 7 gezeigt. Hier zeigt sich die Überlegenheit der neuen Architektur, da sowohl reine MLaaS-Lösungen, als auch ein hybrides Verfahren mit einer lokalen Inferenz umgesetzt werden können.

Personal-Cloud-Lösung

Die Abb. 6.14 zeigt eine Personal-Cloud-Lösung. In der Auslieferungsvariante als Personal-Cloud-Lösung bietet das System eine Vielzahl an Vorteilen für den Betreiber der Inspektionssysteme. Es werden keine vertraulichen Kundendaten das lokale Netzwerk der Fertigung verlassen und die Inspektionsmaschinen sind von der Last befreit, die Klassifikatoren selbstständig trainieren und verwalten zu müssen. Darüber hinaus können mehrere Inspektionsmaschinen, welche verwandte Prüfziele verfolgen, Instanzen teilen und gemeinsam den Trainingsprozess mit Daten versorgen. Auf diese Weise entstehen breitbandige, leistungsfähige KI-Lösungen für die vorhandenen Inspektionsaufgaben.

In Abb. 6.14 befinden sich, wie bei der Cloud-Lösung aus Abb. 6.13, die eine Instanz der Komponente KOI-Core und die Komponente KOI-PWA auf der Inspektionsmaschine. Die anderen Komponenten sind nicht auf Systeme eines Dienstleisters verteilt, sondern laufen auf einem dedizierten System unter der Verwaltung des EMS. Es wäre natürlich auch denkbar, dass der EMS eine Vielzahl von Systemen betreibt, jedoch ist das hier nicht dargestellt. Die einzelne Inspektionsmaschine steht stellvertretend für eine Menge inhomogener Systeme mit unterschiedlichen Aufgaben.

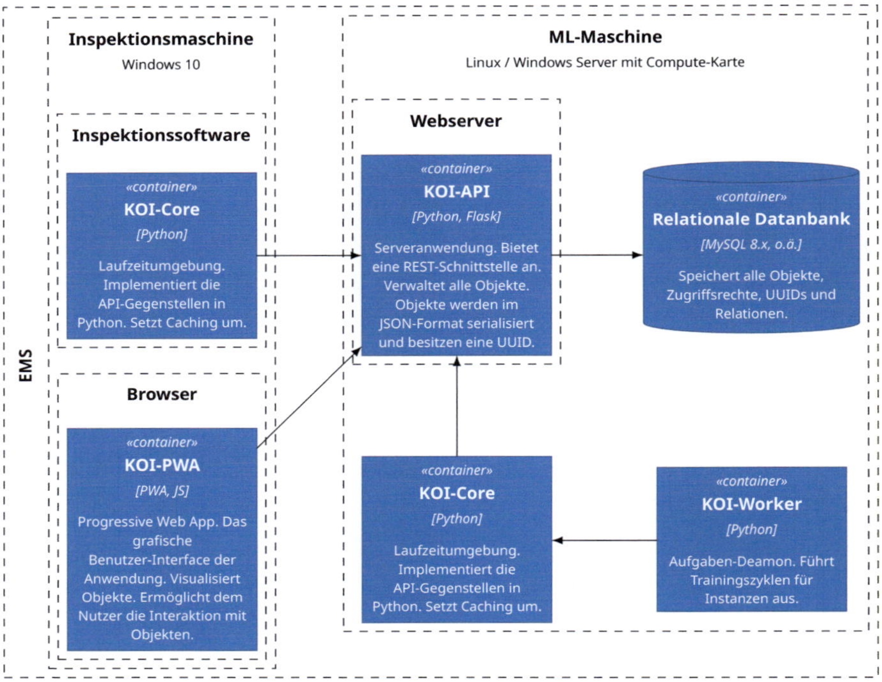

Abbildung 6.14: Auslieferung des beschriebenen Softwaresystems auf privater Hardware. Die Installation ähnelt der Cloud-Installation mit dem Unterschied, dass die Hardware sich vollständig unter der Kontrolle des EMS befindet und keine Daten das Firmennetzwerk verlassen.

Standalone-Lösung

Abb. 6.15 zeigt den Einsatz des KOI-Systems als Standalone-Lösung. Diese Auslieferungsvariante zeigt im Kontrast zur Cloud-Lösung, wie vielseitig einsetzbar die vorgestellte Architektur ist. Alle beschriebenen Komponenten laufen auf einer Inspektionsmaschine als Zielsystem. Die Kommunikation der Container bzw. Prozesse untereinander kann über Pipes erfolgen. Abweichend von den anderen vorgestellten Varianten wird in diesem Beispiel der Webbrowser eines tragbaren Geräts zur Darstellung der KOI-PWA verwendet. Dieses Gerät kann beispielsweise ein Smartphone oder ein Tablet sein. Die Verwendung von mobilen Endgeräten ist jedoch nicht exklusiv für diese Auslieferungsvariante. So können Veränderungen der KI-Lösungen ohne physischen Zugang zum Zielsystem über das lokale Netzwerk überwacht werden. Der größte Nachteil dieser Variante ist, dass die Ressourcen,

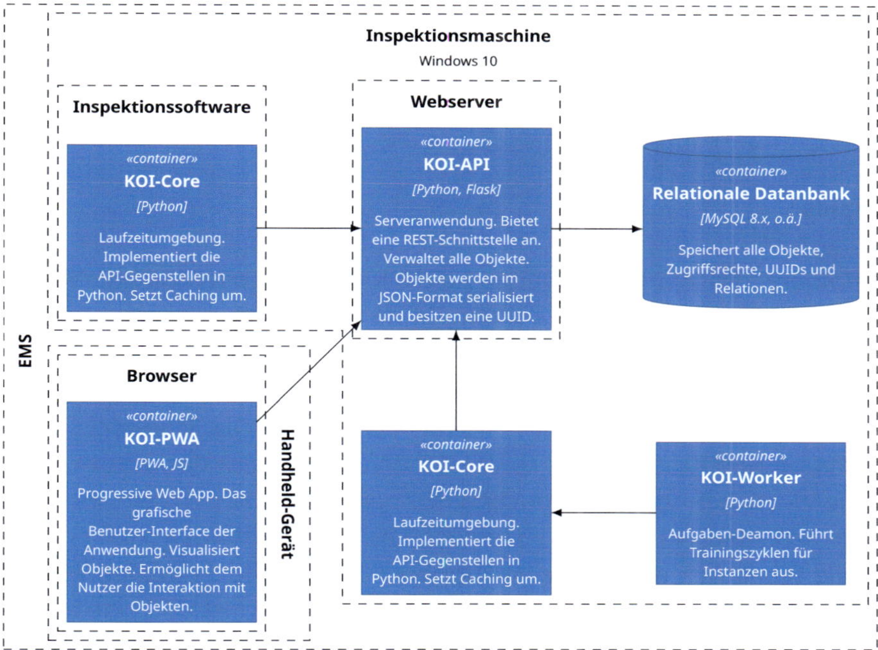

Abbildung 6.15: Die gezeigte Auslieferungsoption betreibt alle Komponenten auf einem einzigen Gerät. In diesem Beispiel laufen alle KOI-Software-Komponenten auf der Inspektionsmaschine. Zusätzlich ist gezeigt, wie der Benutzer über ein mobiles Gerät auf die KOI-PWA zugreift.

welche zum Inspizieren oder für die Inferenz benötigt werden, nicht dem Training zur Verfügung stehen. Ein zeitbasierter Ausschluss der beiden Vorgänge ist denkbar. Reichen die Ressourcen jedoch nicht aus, so muss auf eine Lösung ähnlich der Personal-Cloud migriert werden. Bestehende Trainingsfortschritte können nach einem Datenbankumzug auf einem anderen System weiter angeboten werden.

6.4 Implementierung

Die Quellen des KOI-Systems sind unter der Open-Source-Lizenz LGPL-v3 [57] auf Github.com veröffentlicht. Jede Komponente hat ein eigenes Repository und gehört zu einer übergeordneten Struktur, welche unter der URL https://github.com/koi-learning zu finden ist. Im Folgenden sollen einige wichtige Eckpunkte der Umsetzung beleuchtet werden. Auf eine vollständige Beschreibung der Umsetzung wird verzichtet, da die vorgestellte Architektur auch hiervon abweichend in anderen Sprachen umsetzbar ist.

Samples

Als atomare Informationseinheiten für die KI-Lösungen müssen die Samples sehr vielseitige Daten halten können. In der diskutierten Implementierung mittels Python wurde für die Samples festgelegt, dass sie zwei Sammlungen von Schlüssel-Wert-Paaren halten. Eine Sammlung besteht aus den Daten des Samples, die andere Sammlung aus den Labels. Die Schlüssel sind Zeichenketten und für ein besseres Verständnis bieten sich deskriptive Namen an. Die Werte können alle byte-serialisierbaren Datentypen sein, es wird jedoch empfohlen, Numpy [58] zu verwenden. Numpy ist deswegen geeignet, weil die Bibliothek eine hohe Verfügbarkeit auf vielen Systemen aufweist, sehr gut in die gängigen Bibliotheken für ML integriert ist und eine einfache Möglichkeit bietet, mit hochdimensionalen Daten zu arbeiten. Werden bei der Zuweisung bestehende Schlüssel wiederverwendet, so fügt das System die Werte automatisch zu einer Liste zusammen. Beim Abrufen der Werte können diese gegebenenfalls iteriert werden. Die Verwendung von hochdimensionalen Daten in den Samples ist eine konkrete Forderung aus Anf. *R-F-5*. Die Labelinformationen sind in der gleichen Struktur gehalten, weil so eine einfache Umsetzung von Assoziationsdaten möglich ist. Dies ist eine Forderung aus Anf. *R-F-7*. Ein Beispiel für ein Assoziationsproblem ist die Rekonstruktion von Bilddaten aus gestörten Bilddaten, wie in Kapitel 4 diskutiert.

Wie alle anderen Objekte der Architektur auch müssen die Samples finalisiert werden, bevor sie verarbeitet werden können. Das Erzwingen des aktiven Finalisierens ermöglicht die Konstruktion der Samples mit unvollständigen Anfragen. Die einzelnen Bestandteile eines einzigen Samples können so von verschiedenen, auch verteilten Systemen erzeugt und registriert werden. Mit dem Finalisieren wird das Sample als vollständig definiert und das Hinzufügen oder Entfernen von Daten zu dem finalisierten Sample wird verboten. Die Labelinformationen können jedoch weiter bearbeitet werden, was eine direkte Folge von Anf. *R-F-4*, Anf. *R-F-8* und Anf. *R-F-9* ist.

Modelle

Die Modelle sind das Herzstück jeder KI-Lösung, welche mit dem KOI-System umgesetzt werden soll. Sie definieren das Laufzeit- und Trainingsverhalten der von ihnen abgeleiteten Instanzen. Damit die Modellentwicklung nicht eingeschränkt oder eine Technologie der künstlichen Intelligenz bevorzugt wird, folgen die Modelle einer einfachen und abstrakten Schnittstelle. Die Umsetzung der Schnittstelle erfolgt in einer einzelnen Python-Datei mit dem festen Namen *__model__.py*. Neben dieser Umsetzung braucht es eine weitere Datei mit dem Namen *__param__.py*. Die Datei *__model__.py* ist der Einstiegspunkt für das Modell und kann optional von weiteren Programmdateien ergänzt werden. Die Parameterdatei definiert alle Parameter, welche eine Instanz beim Ableiten definieren muss. Diese Datei kann leer bleiben, wenn keine Parameter benötigt werden.

Quellcode 1 zeigt die Funktionen, welche in der *__model__.py*-Datei erwartet werden. Je nach Anwendungsfall ist die Umsetzung der einzelnen Funktionen sehr übersichtlich. Die wichtigsten Funktionen sind *train* und *infer*. Die *train*-Funktion wird für jede Batch aufgerufen und bekommt die Samples als Liste übergeben. Bei den übergebenen Samples handelt es sich um die zuvor erläuterten Proxy-Objekte. Das bedeutet, dass jede Änderung an den Samples auch über die opaken Strukturen auf die API übertragen wird. Zum Erzeugen der Batches wird der Batch-Generator implementiert. Ist diese Funktion nicht umgesetzt, so wird auf eine Standardimplementierung innerhalb der Laufzeitumgebung zurückgegriffen. Diese Designentscheidung wurde getroffen, um dem Nutzer das schnelle, prototypische Umsetzen von KI-Modellen zu ermöglichen, ohne initial die Verwaltung der Samples berücksichtigen zu müssen. Da auch der Batch-Generator über die Instanz-Proxy auf die Samples als opake Strukturen zugreift, können hier Samples sortiert, vorverarbeitet oder sogar abgelehnt werden. Hierzu steht dem Modell die Mechanik der Tags zur Verfügung.

Durch das Caching müssen bereits geladene Samples nicht erneut übertragen werden. Die *infer*-Funktion wendet das trainierte oder geladene Wissen auf ihre Eingabedaten an. Hier werden keine opaken Strukturen verwendet, da der Inferenzschritt nur momentan ausgeführt wird und nicht zu einer propagierten Modelländerung führt. Die Inferenzfunktion muss die Umwand-

```
# Optionale Funktion; Über die aktuelle Instanz können Samples
# gesammelt, sortiert und vorverarbeitet werden; Liefert als
# Generator eine oder mehrere Batches
def batch_generator(instance: Instance) -> List[Sample]:
    ...

# Wird aufgerufen, wenn kein fortsetzbarer Trainingszustand
# vorhanden ist; Bringt das Modell in einen trainierbaren
# Zustand; Bsp.: Erzeugt neuronales Netz
def initialize_training() -> None:
    ...

# Durchlaufe einen Trainingsschritt auf Basis der
# übergebenen Batch.
def train(batch: List[Sample]) -> None:
    ...

# Führt die Inferenz für eine Liste an Samples aus;
# Liefert für jedes Sample ein beliebiges Ergebnisobjekt
def infer(batch: List[Sample], result: List[Any]) -> None:
    ...

# Zeigt an, ob ein Zustand gespeichert wird
def should_create_training_data() -> bool:
    ...

# Serialisiert den Trainingszustand in ein Byte-Array
def save_training_data() -> bytes:
    ...

# Deserialisiert den Trainingszustand aus einem Byte-Array
def load_training_data(data: bytes) -> None:
    ...

# Zeigt an, ob ein Inferenzzustand gespeichert wird
def should_create_inference_data() -> bool:
    ...

# Serialisiert den Inferenzzustand in ein Byte-Array
def save_inference_data() -> bytes:
    ...

#Deserialisiert den Inferenzzustand aus einem Byte-Array
def load_inference_data(data: bytes) -> None:
    ...
```

Quellcode 1: Alle Funktionen, welche in einer Modelldefinition erwartet werden.

lung und Überprüfung der Eingabedaten übernehmen, weil die Laufzeitumgebung ohne jegliches problembezogenes Wissen diese Daten nur durchreichen kann.

Vor dem Training prüft die KOI-Core-Umgebung, ob ein gespeicherter Trainingszustand vorhanden ist oder nicht. Ist ein solcher Zustand für die aktuelle Instanz registriert, wird dieser von der API angefordert und der Funktion *load_training_data* übergeben. Diese Funktion deserialisiert die übergebenen Daten und versetzt die Instanz in einen trainierbaren Zustand. Ist kein Zustand registriert, wird alternativ die Funktion *initialize_training* aufgerufen. Diese Funktion stellt den Ausgangszustand der Instanz her. Nach jedem Trainingsdurchlauf fragt die Laufzeitumgebung über die Funktion *should_create_training_data* die Notwendigkeit ab, ob ein neuer fortsetzbarer Trainingszustand registriert werden soll. Um einen neuen Zustand zu registrieren, ruft KOI-Core die Funktion *save_training_data* der Modelldefinition auf.

Ähnlich verhält sich die KOI-Core-Umgebung bei den Inferenzzuständen. Die Funktion *should_create_inference_data* signalisiert nach dem Training, ob ein neuer Zustand gespeichert werden soll, der später Grundlage für Aufrufe an die Inferenzfunktion sein wird. Analog zu den Trainingszuständen existieren die entsprechenden Funktionen zum Serialisieren und Deserialisieren. Die gesamte Ablaufsteuerung befindet sich auch hier in der KOI-Core-Umgebung. Das Modell signalisiert lediglich die Bereitschaft zum Erzeugen des Zustands. Anders als bei dem Inferenzzustand existiert keine Rückfalllösung auf einen initialen Zustand.

Soll eine Instanz für die Inferenz verwendet werden, prüft die Laufzeitumgebung zuerst, ob ein ausführbarer Zustand verfügbar ist oder nicht. Wenn kein Zustand registriert wurde, so kann auch keine Inferenz erfolgen und die Anfrage wird mit einem Fehler quittiert. Ist ein Zustand vorhanden, wird dieser geladen und die Instanz wird angewiesen, diesen zu laden. Ist das Laden des Zustands fehlerfrei abgelaufen, wird die Inferenzfunktion mit den entsprechenden Daten aufgerufen.

Die beiden beschriebenen Dateien bilden, zusammen mit eventuell benötigten weiteren Quellen, die Modelldefintion. Gemeinsam werden die Dateien in eine Zip-Datei gepackt und übertragen. Beim Registrieren einer neuen Modelldefinition sucht die KOI-API nach der Parameterdatei und versucht, die Parameter zu ermitteln. Hierbei wird mittels regulären Ausdrücken gesucht und nicht der Code ausgeführt. Die Definition folgt der üblichen Python-Notation mit optionalen Zeilenkommentaren. Sind Kommentare vorhanden, so werden diese von der API als Beschreibung des Parameters vorgehalten. Zusätzlich kann mit eckigen Klammern in den Kommentaren ein Wertebereich festgelegt werden, welcher die Darstellung einer Eingabemethode einer grafischen Oberfläche unterstützen soll. Bevor eine Instanz finalisiert und damit verwendet werden kann, muss jedem Parameter aus der Modelldefinition ein gültiger Wert zugewiesen sein. Ein Beispiel für eine Parameterdatei ist in Quellcode 2 gegeben.

```
batch_size: int     # [0-50] Größe der einzelnen Batches
num_classes: int    # [1-20] Anzahl der Klassen
parameter1: str     # Eine Zeichenkette
```

Quellcode 2: Beispiel für eine Parameterdatei der Modelldefinition.

Neben der eigentlichen Modelldefinition können dem Modellobjekt zwei weitere Dateien übergeben werden. Es handelt sich um die Visualisierungs- und Anfrage-Plugins für die PWA. Diese beiden Dateien sind nicht zwingend notwendig und haben keinen direkten Einfluss auf das Laufzeitverhalten der KI-Lösung, weshalb sie auch nach dem Finalisieren noch verändert werden dürfen. Die Plugins sind als Javascript-Dateien zu erstellen und definieren, wie ein Sample bzw. eine Anfrage darzustellen sind.

Über die PWA, welche die Plugins lädt, erhalten die Skripte Zugriff auf die jeweiligen Objekte, die darzustellen sind. Hierbei kann die Visualisierung ganz individuell dem jeweiligen Problem angepasst sein. Es müssen auch nicht alle Daten eines Samples oder einer Anfrage dargestellt werden. Der Unterschied beider Plugins ist, dass mit dem Anfrage-Plugin eine Interaktion stattfinden soll, mit dem Visualisierungs-Plugin aber nicht. Die Plugins sind nicht auf Bilddaten beschränkt. Alle Medienarten, welche von einer Web-Anwendung unterstützt werden, sind möglich. Denkbar sind die Darstellung von Videos, dreidimensionalen Plots oder gar das Abspielen von Audiodaten.

Instanzen

Instanzen können nicht nur erzeugt und gelöscht werden, sie können auch zusammengeführt werden, sofern sie zum gleichen Modell gehören. Das Zusammenführen einer Vielzahl von Instanzen ist wie das Erzeugen einer neuen Instanz mit den Samples aller zusammengeführten Instanzen. Die Besonderheit ist jedoch, dass die Samples hierbei auf den Zustand direkt nach ihrem Finalisieren zurückgesetz werden. Damit werden alle Informationen verworfen, welche über die Lebenszeit der Instanz angesammelt wurden, wie etwa neue Labels aus einem Active-Learning-Prozess. Dieses Verwerfen ist notwendig, weil die gestellten und beantworteten Fragen an den menschlichen Experten eine Folge der Zusammensetzung des ursprünglichen Datensatzes ist und unter Berücksichtigung der Zusammenführung mit anderen Daten neu zu bewerten ist. Die Instanzen, welche zusammengeführt wurden, bleiben erhalten und besitzen weiterhin ihre letzten Zustände für Training und Inferenz. Das Training kann jedoch nicht fortgesetzt werden und der Konsument der Instanz bekommt bei seinen nächsten Anfragen an dieses Objekt eine Mitteilung über die Zusammenführung dieser Instanz. Die Inferenzfähigkeit der zusammengeführten Instanzen ist aber unberührt.

Active-Learning

Wenn ein Modell das Verfahren des Active-Learning benutzen soll, muss der Entwickler im Modell definieren, wann eine solche Anfrage gestellt wird. Über das Proxy-Objekt des Samples, welches zusätzliche Informationen benötigt, wird die entsprechende Funktion für das Request ausgeführt. Die Laufzeitumgebung stellt die Anfrage an die KOI-API, welche das Sample für eine Anfrage markiert. Wenn der nächste berechtigte Benutzer in der KOI-PWA in den „Request"-Tab wechselt, fragt die Web-Anwendung bei der KOI-API die Verfügbarkeit von etwaigen Anfragen ab. Ist eine Anfrage vorhanden und existiert ein Plugin, so wird das Plugin geladen und mit den entsprechenden Daten ausgeführt. Wenn das Plugin durch eine Nutzerinteraktion eine Antwort auf die Anfrage generiert hat, stellt die KOI-PWA die entsprechende Anfrage an die KOI-API. Diese nimmt die neuen Informationen entgegen und entfernt die ausstehende Anfrage aus dem Sample. Es gibt keine generelle Vorgabe für das Plugin, da die Darstellung und Beantwortung der Fragen absolut problemspezifisch sind.

Die Beantwortung einer Anfrage muss sich auch nicht auf eine Auswahl von vorgefertigten Antworten beschränken. Denkbar sind auch Plugins, welche es dem Nutzer ermöglichen, Objekte im dargestellten Bild zu markieren.

Subprozesse

Die Verwendung von Subprozessen, welche durch die „Runable-Instance" abstrahiert sind, ist nötig, um Problemen bei der Verwaltung von Abhängigkeiten aus dem Weg zu gehen. Die hier beschriebene Implementierung erfolgte in Python3. Python besitzt eine breite Unterstützung für viele Bibliotheken zur Entwicklung von KI-Lösungen. Das KOI-System verzichtet bewusst auf die Verwendung irgendeiner KI-Bibliothek, da dem Entwickler der Modelle die Möglichkeit eingeräumt wird, eigene Umsetzungen zu verwirklichen. Der Benutzer soll nicht in der Wahl der Bibliothek eingeschränkt werden.

Leider gibt es keine Möglichkeit, eine bereits geladene Bibliothek sauber aus der Laufzeitumgebung zu entfernen. Treten also bei der sequenziellen Bearbeitung von mehreren Instanzen Konflikte zwischen deren Abhängigkeiten auf, kann es zu fehlerhaftem Verhalten der Software kommen. Damit diesem Problem entgegengewirkt wird, startet die Python-Umsetzung des KOI-Core für jede Instanz einen Subprozess, welcher beim Wechseln der Instanzen vollständig beendet und neu gestartet werden kann. Durch den Neustart kann der Subprozess alle vorgesehenen Bibliotheken der Modelldefinition laden, ohne von eventuell geladenen Bibliotheken anderer Instanzen beeinflusst zu werden.

Caching

Die KOI-Core-Umgebung ist mit einem Caching-System ausgestattet, welches es erlaubt, die Caching-Strategie zu ändern. Hierfür gibt es eine Abstraktionsschicht für die Strategie. Dem Entwickler steht ein Metaobjekt zur Verfügung, welches im Cache mit jedem regulären Objekt geführt wird. Das Metaobjekt beinhaltet alle zusätzlichen Information, welche die API im HTTP-Header der jeweiligen Antwort mitsendet. Auf Grundlage des Metaobjekts können diverse Strategien umgesetzt werden. Nachfolgend soll die Stan-

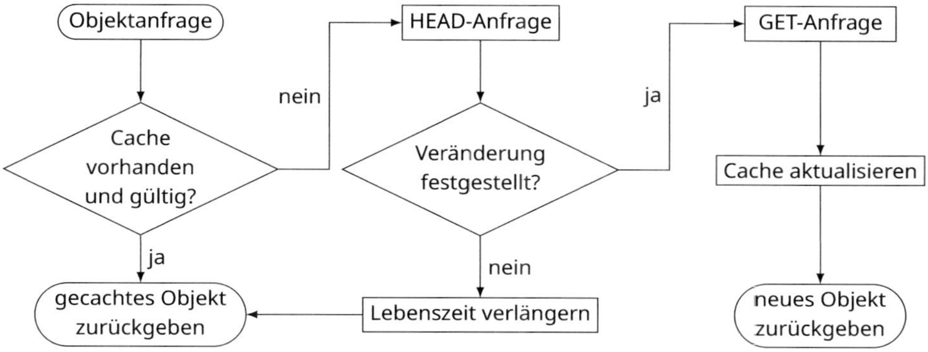

Abbildung 6.16: Flussdiagramm für das Verhalten des Caching-Systems. Es wird nur die Überprüfung und Verwendung des Caches gezeigt. Die initiale Anfrage eines neuen Objekts ist nicht dargestellt.

dardstrategie der Laufzeitumgebung erläutert werden. Diese sollte für die meisten Anwendungsfälle ausreichend sein.

Das umfangreiche Caching-System des KOI-Core ist unverzichtbar für einen performanten Ablauf aller Vorgänge. Für den Benutzer von KOI-Core bzw. KOI-Worker unsichtbar, überprüft der zentrale Cache der Laufzeitumgebung bei jeder Anfrage, welche über die API-Implementierung gestellt werden würde, ob das erwartete Ergebnis in einer gültigen Fassung bereits vorliegt. Ist lediglich eine veraltete Version der angeforderten Daten vorhanden, so wird vor einer Aktualisierung geprüft, ob es Änderungen gab. Sind keine Änderungen erkennbar, wird lediglich die Lebensdauer des Objekts angepasst und der bekannte Zustand zurückgegeben. Sind seit der letzten Aktualisierung Änderungen vorgenommen worden, wird eine neue Kopie des angeforderten Objekts von der API heruntergeladen und mit den entsprechenden Metainformationen im Cache abgelegt. Dieser Ablauf ist in Abb. 6.16 dargestellt.

Die für das Caching notwendigen Metainformationen setzen sich aus drei einzelnen Informationen zusammen. Der Zeitpunkt der letzten Aktualisierung und die Lebensdauer des Objekts in Sekunden sind die Entscheidungsgrundlage, ob überhaupt eine Prüfung der Gültigkeit erfolgen muss. Liegt der Zeitpunkt der Abfrage noch vor dem Zeitpunkt, welcher durch Zeitpunkt der letzten Aktualisierung zuzüglich der Lebenszeit in Sekunden definiert ist,

ist keine Überprüfung notwendig und das Objekt kann aus dem Cache verwendet werden. Bei finalisierten Objekten kann die Objektlebenszeit deutlich höher gewählt werden, da hier keine Änderungen mehr erwartet werden. Ist der Cache veraltet, muss über eine vorliegende Änderung entschieden werden. Dazu stehen zwei Entscheidungsgrundlagen zur Verfügung. Die erste Entscheidungsgrundlage ist der Zeitpunkt der letzten Änderung, welche bei jedem Objekt übertragen wird. Unterscheidet sich dieser Zeitpunkt vom bekannten letzten Zeitpunkt, muss es zu einer Änderung gekommen sein. Da die Zeitstempel nur eine Auflösung von Sekunden haben, ist diese Methode nicht für sich häufig ändernde Objekte wie Samples geeignet. Bei diesen Objekten kann der sogenannte ETag [59, Sec. 14.19] verwendet werden. Dieser Wert codiert den aktuellen Zustand des angeforderten Objekts und zeigt bei einem Abweichen vom bekannten Wert eine Veränderung des Objekts an.

Wenn es gewünscht wird, kann der aktuelle Zustand des lokalen Caches serialisiert und auf einen Datenträger gespeichert werden. Dadurch kann zu einem späteren Zeitpunkt ein neuer Prozess diesen Cache verwenden, um nicht alle benötigten Objekte erneut cachen zu müssen. Gerade durch das Finalisieren kann es sein, dass Objekte sehr lange Cache-Lebenszeiten haben und die Prozesslaufzeitdauer überdauern.

Rechteverwaltung

Um die vorgesehene Zugangskontrolle umzusetzen, besitzt das KOI-System eine eigene Rechte- und Benutzerverwaltung. Diese Funktionen sind durch die KOI-API umgesetzt. Auf Basis der Zugangsrechte werden Anfragen an Objekte durch die KOI-API blockiert oder genehmigt. Werden Listen von Objekten abgefragt, so kann auch die Sichtbarkeit einzelner Objekte durch die Nutzerrechte eingeschränkt sein.

Die Nutzerverwaltung erfolgt global durch einen berechtigten Administrator. Nutzer können hinzugefügt und entfernt werden. Jeder Benutzer besitzt ein Passwort, um sich am System anzumelden.

Die Rechteverwaltung erfolgt über Rollen. Jedes Objekt, mit Ausnahme der Samples, hat eine Zuweisung von Rollen und Nutzer. Jede der Zuweisungen gibt einem Nutzer genau eine Rolle mit Bezug zu dem Objekt. Nutzer können mehrfach in den Zuweisungen auftauchen und sie können für verschiedene Objekte unterschiedliche Rollen annehmen. Legt ein Benutzer ein Objekt an, so bekommt er automatisch die Rolle „Eigentümer" zugewiesen. Als Eigentümer oder mit den entsprechenden Berechtigungen kann man weitere Nutzer und Rollen zu diesem Objekt zuweisen.

Für alle Objekttypen existieren eigene Rollen. Die Rollen legen fest, welche Operationen auf den benannten Objekttypen ausgeführt werden dürfen. Jede Rolle hat eine Liste von erlaubten und verbotenen Operationen auf das entsprechende Objekt. Jede Aktion muss hierbei entweder erlaubt oder verboten sein. Unvollständige Rollen sind nicht zulässig. Die Rollen können über die KOI-PWA oder die Laufzeitumgebung definiert werden wie die anderen Objekte auch. Hat ein Benutzer keine Zuweisung einer Rolle zu einem Objekt, so wird dies wie ein Verbot aller Operationen bewertet.

Um festzustellen, ob ein Benutzer eine bestimmte Operation ausführen darf, kombiniert die KOI-API alle Rollen des Benutzers mit Bezug zu dem fraglichen Objekt. Die Rollen werden hierbei über eine Disjunktion kombiniert. Ist das gesuchte Zugangsrecht in der Disjunktion enthalten, führt die KOI-API die Anfrage aus, ansonsten wird die fehlende Berechtigung in der Antwort auf die Anfrage übermittelt.

Als Beispiel soll ein System mit einem Modell und zwei Rollen dienen. Die beiden Rollen sind „Gast" und „Bearbeiter". Die Rolle „Gast" gewährt einem zugewiesenen Benutzer lediglich das Betrachten des Modells. Über die Rolle „Bearbeiter" darf ein verknüpfter Benutzer Änderungen an dem Modell vornehmen. Weiter sei angenommen, dass drei Benutzer mit dem System interagieren. Der erste Benutzer hat beide Rollen für das Modell zugewiesen bekommen. Damit ist ihm vollständiger Zugriff gewährt. Der zweite Benutzer hat lediglich die „Gast"-Rolle und kann das Modell betrachten, aber nicht editieren oder finalisieren. Der dritte Benutzer hat keine Rolle zugewiesen bekommen. Dieser Benutzer kann das Objekt nicht sehen und auch nicht damit interagieren.

6.5 Code-Beispiele

Dieser Abschnitt zeigt an wenigen kurzen Beispielen die Verwendung der Laufzeitumgebung aus der Sicht des Anwenders.

Das erste Beispiel demonstriert, wie ein Anwender eine Instanz auswählen und für die Inferenz benutzen kann. Es müssen zuerst die Laufzeitumgebung initialisert und ein Pool-Objekt angelegt werden. Bei der Erzeugung werden dem Konstruktor des Pool-Objekts alle nötigen Informationen zur Authentifizierung bei der KOI-API übergeben. Der Pool hält alle Proxy-Objekte dieser Laufzeitumgebung.

```python
import numpy as np
import koi_core as koi

# Laufzeitumgebung initialisieren; Authentifizieren
koi.init()
pool = koi.create_api_object_pool('server', 'user', 'passwd')
```

Quellcode 3: Initialisieren der Laufzeitumgebung und Erzeugen eines Pool-Objekts.

Quellcode 3 zeigt die nötigen Schritte zur Initialisierung der Laufzeitumgebung. Die *numpy*-Bibliothek [58] wird für die Darstellung der Eingabe- und Ausgabetensoren verwendet. Quellcode 4 und Quellcode 5 zeigen, wie die Laufzeit zum Abrufen der gewünschten Instanz und schließlich zur Inferenz genutzt wird.

In Zeile 4 von Quellcode 4 werden alle sichtbaren Modelle abgerufen. Die Sichtbarkeit der Modelle ist von den Berechtigungen des Nutzerkontos abhängig, welches zur Authentifizierung verwendet wurde. Das Objekt *models* ist ein Generator und kann deshalb in Zeile 5 iteriert werden. Für jedes Modell wird der Name mit dem gesuchten Modellnamen verglichen und überprüft, ob das jeweilige Modell finalisiert ist. Analog werden in Zeile 10 alle sichtbaren Instanzen des aktuellen Modellobjekts abgerufen und iteriert. Zeile 14 weist der Laufzeitumgebung an, die gewählte Instanz für die Inferenz der *tensor*-Variable zu verwenden. Die Inferenzanweisung startet den Subprozess, falls dieser nicht bereits vorhanden ist, und übergibt das Proxy-Objekt der Instanz. Über die Abhängigkeitsbeziehung zwischen Instanz und Modell sind auch das Modell und damit der Modell-Code bekannt. Der Sub-

```
# die Eingabe für den Inferenzschritt
tensor = np.zeros([128, 128, 3])

# sichtbare Modelle abrufen und iterieren
models = pool.get_all_models()

for model in models:
  # nach gesuchtem Modell filtern
  if model.name == 'myModel' and model.finalized:
    # sichtbare Instanzen des Modells iterieren
    instances = model.instances
    for inst in instances:
      # nach gesuchter Instanz filtern
      if inst.name == 'myInst' and inst.finalized:
        # Inferenz dieser Instanz starten
        print(koi.control.infer(inst, [tensor, ]))
```

Quellcode 4: Abrufen einer spezifischen Instanz mit anschließender Inferenz. Das Beispiel nutzt verschachtelte Schleifen.

prozess lädt den Modell-Code und führt die enthaltene Inferenzfunktion aus. Analog verhält es sich mit der Trainingsfunktion für den Anwendungfall des Instanztrainings.

```
# Modell und Instanz anhand des Namens filtern
func_m = lambda x: x.name == 'myModel' and x.finalized
func_i = lambda x: x.name == 'myInst' and x.finalized

model = next(filter(func_m, pool.get_all_models()))
inst = next(filter(func_i, model.instances))

# Inferenz ausführen
print(koi.control.infer(inst, [np.zeros([128, 128, 3]), ]))
```

Quellcode 5: Abrufen einer spezifischen Instanz mit anschließender Inferenz. Das Beispiel nutzt die Systemfunktionen für Iteratoren.

Quellcode 5 zeigt das gleiche Programm unter Verwendung der *filter*-Systemfunktion. Mithilfe einer anonymen Funktion werden die Iteratoren durchsucht und der jeweils erste Treffer verwendet. Durch die Verwendung der Proxy-Objekte werden alle nötigen Abfragen an die KOI-API vor dem Entwickler verborgen und die Manipulation der Proxy-Objekte erfolgt identisch der Verwendung lokaler Objekte.

```
1 # Erstellen eines neuen Samples
2 sample = inst.new_sample()

3 # Datensegment mit dem Namen 'img' anlegen
4 sample.data['img'].append(np.zeros([128, 128, 3]))

5 # Labelsegment mit dem Namen 'class' anlegen
6 sample.labels['class'].append('label')

7 # Sample mit einem Tag versehen
8 sample.tags.add('tag')

9 # Sample finalisieren
10 sample.finalized = True
```

Quellcode 6: Einer Instanz ein neues Sample zuweisen.

Quellcode 6 demonstriert das Erzeugen eines neuen Samples für eine Instanz. In diesem Beispiel wird bereits eine vorhandene Instanz mit dem verbundenen Proxy-Objekt *inst* angenommen. Die Funktion *new_sample* fragt bei der KOI-API das Erstellen eines neuen Sample-Objekts an und gibt im Erfolgsfall ein entsprechendes Proxy-Objekt zurück. Das Proxy-Objekt kann über seine Eigenschaften verändert werden. Die beiden Eigenschaften *data* und *label* sind komplexe Objekte, welche die Zugriffsoperatoren für Mengen und Listen überladen.

In Zeile 4 von Quellcode 6 wird ein Tensor zu den Datensegmenten des Samples hinzugefügt. Der Tensor bekommt den Namen „img". Hier überprüft der Zugriffsoperator das Vorhandensein eines Eintrags mit dem Namen „img" und erzeugt, falls nötig, einen solchen Eintrag. Existiert der Eintrag bereits, wird der neue Tensor als Alternative vermerkt und der ursprüngliche Wert behalten. Genau so funktioniert auch der Zugriff auf die Labelsegmente. Bei den Tags, welche in Zeile 8 verändert werden, handelt es sich um eine überladene Liste, welche ihre Zustandsänderungen durch das Proxy-Objekt zur KOI-API propagiert.

Das letzte Beispiel zeigt den Zugriff auf die Samples einer Instanz. Dieser Anwendungsfall betrifft meist den Entwickler von KI-Lösungen, da das Modell auf die Samples zugreifen muss. Das gezeigte Beispiel in Quellcode 7 zeigt einen *batch_generator*, wie er optional in einer Modelldefinition vorkommen

```python
1  def batch_generator(instance: Instance):
2    # neue Samples abrufen
3    new_samples = instance.get_samples(
4      filter_exclude=["consumed", "obsolete"],
5    )

6    # Über alle neuen Samples iterieren
7    for sample in new_samples:

8      # Optionale Bildvorverarbeitung
9      preprocess(sample)

10     # Als "konsumiert" markieren
11     sample.tags.add("consumed")

12   # Alle "konsumierten" Samples abrufen
13   samples = instance.get_samples(
14     filter_include=["consumed"],
15     filter_exclude=["pseudo", "obsolete"],
16   )

17   # In Batches unterteilen und generieren
18   for i in range(0, len(samples), batch_size):
19     # Bis zu (batch_size) Einträge generieren
20     yield samples[i : i + batch_size]
```

Quellcode 7: Erzeugen von Batches in einer Modelldefinition

kann. Dies ist ein konstruiertes Beispiel, da entsprechende Funktionen in echten Anwendungen stark abweichen können.

Zu Beginn wird eine Liste von allen Trainingsbeispielen geladen, welche nicht über die Tags „consumed“ und „obsolete“ verfügen. Eine Nennung von zwei oder mehr Tags verknüpft diese konjunktiv. Da es sich hierbei potenziell um eine sehr große Anzahl von Elementen handeln kann, werden, falls nötig, mehrere Aufrufe unter Verwendung von Paging an die KOI-API gesendet. Jedes Sample erhält ein Proxy-Objekt und wird in den Cache gespiegelt. Damit sind zukünftige Zugriffe wesentlich schneller möglich. Ab Zeile 7 wird für jedes Sample der Liste ein Vorverarbeitungsschritt ausgeführt und danach dem Sample ein neues Tag vergeben. In Zeile 13 wird erneut eine Liste von Beispielen angefordert. Bei diesem Aufruf werden andere Filter verwendet. Abschließend wird die neue Liste ab Zeile 17 in gleichgroße Teile zertrennt, welche jeweils über die Generatorfunktion *yield* zurückgegeben werden.

7 Evaluation und Anwendungen

- Automatische Schlupfkontrolle zur Vermeidung von menschlichen Fehlern.
- Optische Prüfung in einem offenen Inspektionsgerät mit Störlichteinfluss.
- Inspektion von Schüttgut auf einer Embedded-Plattform.
- Diskussion der Umsetzung aller Anforderungen.

In diesem Kapitel werden drei praktische Anwendungen mit dem Ziel beschrieben, die Leistungsfähigkeit der beschriebenen Herangehensweise und Softwarearchitektur für unterschiedlich komplexe Fertigungsprobleme zu untersuchen. Die erste untersuchte Anwendung ist die automatische Erkennung von Fehlerschlupf in einem manuellen Klassifikationsprozess. Hier überwacht die KI den menschlichen Experten und greift ein, sobald dieser eine vermeintliche Fehlentscheidung trifft. Das KI-System muss sich in einen komplexen, bestehenden Fertigungsprozess eingliedern und den menschlichen Bearbeiter unterstützen, ohne die bekannten Arbeitsabläufe zu verändern. Ein einzelner Klassifikator genügt nicht aus, um mit den unvorteilhaften Trainingsdaten eine ausreichende Genauigkeit zu erreichen. Das System wird eine Vielzahl von optimierten Teilsystemen benötigen. Das KOI-System koordiniert und verwaltet diese Lösungen.

In der zweiten vorgestellten Anwendung wird ein offenes Inspektionssystem für die Inspektion von handbestückten THT-Bauteilen in der Leiterplattenmontage verwendet. Hier ist die Besonderheit das Fehlen einer Lichtabschirmung, was eine große Hürde für bestehende Bildverarbeitungsansätze darstellt. An dieser Stelle bieten KI-Ansätze auf Basis neuronaler Netze einen Vorteil. Die beschriebene Anwendung zeigt, wie bekannte Prüfansätze derart mit KI-Lösungen erweitert werden können, dass der Benutzer keine Kenntnisse auf dem Fachgebiet der KI besitzen muss. Für jedes Produkt muss in kurzer Zeit eine performante KI-Lösung geschaffen werden. Die Produktwechsel dürfen nicht durch das Training behindert werden. Mit dem Konzept der Modelle und Instanzen kann ein Benutzer das KOI-System verwenden, um mit minimalem Aufwand problembezogene KI-Lösungen anzutrainieren und zu verfeinern.

Die letzte Anwendung verlässt die Domäne der optischen Inspektion von Leiterkarten mit leistungsfähiger Rechentechnik und wendet sich der Embedded Vision zu. Hier wird ein Aufbau vorgestellt, welcher mit einer sehr geringen Energieaufnahme und begrenzter Rechenkapazität eine Vielzahl von Objekten klassifizieren soll. Das vorgestellte Softwarekonzept ermöglicht es diesem eingebetteten System, komplexe KI-Lösungen automatisiert auszuführen und leistungsfähigere Systeme mit Trainingsdaten zu versorgen.

7.1 Schlupferkennung

Wie in Kapitel 3 beschrieben, ist der Schlupf eine gefährliche Prozesserscheinung, welche fehlerhafte Prüflinge unerkannt die Qualitätssicherung passieren lässt. Im hier beschriebenen Experiment wird eine KI-basierte Schlupferkennung mithilfe des KOI-Systems umgesetzt. In den folgenden Abschnitten werden die Daten und Vorverarbeitungsschritte vorgestellt, die Durchführung beschrieben und das Ergebnis diskutiert.

7.1.1 Herangehensweise

Um den menschengemachten Schlupf zu detektieren, benötigt man eine Grundwahrheit über die Fehlerklasse. Diese Grundwahrheit wird mit jeder menschlichen Klassifikation verglichen, um sie abzulehnen bzw. den Nutzer zur Nachbesserung aufzufordern. Wenn eine solche Aussage über die Inspektion vorhanden wäre, so bräuchten EMS kein Personal für eine nachträgliche Klassifikation. Die Fehler alternativ einer zweiten Person zu zeigen, ist mit erhöhten Laufzeiten, Personalkosten und Handlingaufwand verbunden. Eine automatisierte Lösung auf Basis einer KI-gestützten Klassifikation bietet sich in diesem Fall an.

Da sich die Fehlerklassen und Interpretationen von Fehlern stark unterscheiden, muss die beschriebene Lösung spezifisch für eine Fertigung oder einen Prozess sein. Für den Experten sollte der Prozess im Normalfall unverändert ablaufen. Mit jeder Entscheidung des Experten muss also auch eine KI-Entscheidung getroffen oder, sofern bereits vorhanden, abgerufen werden. Es bietet sich an, die Entscheidung so früh wie möglich zu treffen und während der Klassifikation durch den Menschen lediglich das Ergebnis abzurufen. Abb. 7.1 zeigt das Context-Diagramm 6.2 aus Kapitel 6 in einer konkretisierten Fassung.

Nach jeder Inspektion registriert die Inspektionsmaschine die Fehlerbilder und Ergebnisse beim Prüfdatendienst. Im selben Augenblick sendet die Maschine auch die Prüfbilder und einige beschreibende Informationen an das vorgeschlagene KI-System. Jede gesendete Inspektion ist mit einer Anfrage

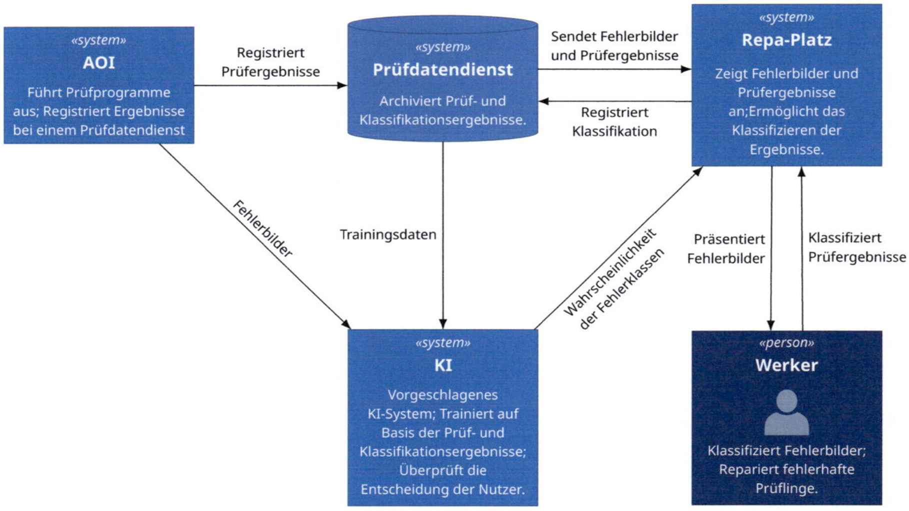

Abbildung 7.1: Container-Diagramm: Beschreibung

zur Klassifikation verbunden. Diese Kommunikation findet über eine simple REST-Schnittstelle statt. Hier handelt es sich nicht um die REST-Schnittstelle des KOI-Systems, sondern um eine einfachere, problembezogene Schnittstelle. Ein Arbeitsprozess nimmt die einzelnen Anfragen entgegen und führt die Klassifikation aus. Dieser Arbeitsprozess interagiert mit dem KOI-System über dessen Schnittstelle. Das Klassifikationsergebnis kann später über dieselbe Schnittstelle vom Reparaturplatz abgerufen werden. Somit steht dem KI-System mindestens die Handlingzeit einer Baugruppe als Inferenzzeit zur Verfügung. Für das initiale Training der KI können, zusätzlich zu den anfallenden Prozessdaten, die historischen Daten aus dem Prüfdatendienst herangezogen werden. Eine Hürde ist hierbei die inhomogene Ansammlung an Bilddaten, welche bei den Inspektionen anfallen. Je nach verwendeten Inspektionstechnologien (siehe Kapitel 3) können einzelne oder mehrere zwei- und dreidimensionale Bilder für einen Inspektionsschritt genutzt werden. Obendrein spielen die verwendeten spektralen Anteile der Beleuchtung sowie die Bildaufnahmetechnologie eine große Rolle bei der visuellen Darstellung der Szene und den beobachteten Merkmalen. Es bietet sich an, ein Modell, welches mit der erwarteten Kombination an Bilddaten arbeiten kann, für jede Inspektionstechnologie zu erstellen.

Ein weiteres großes Problem, welches im nächsten Abschnitt beleuchtet wird, ist die Tatsache, dass sich nicht alle Prüfbilder ohne weitere Informationen von dem gleichen KI-Modell klassifizieren lassen. Ohne die Einsicht in das eigentliche Prüfbegehren lässt sich nicht entscheiden, um welche Fehlerklasse es sich handelt. In vielen Fällen ist ohne diese Information sogar die Entscheidung unmöglich, ob überhaupt ein Fehler vorliegt.

Als Beispiel soll hier ein IC-Bauteil mit symmetrischen Pins und einer Polaritätsmarke dienen. Für dieses Bauteil werden zwei Prüffunktionen definiert. Die erste Funktion überprüft die Anwesenheit des Bauteilkörpers und bestimmt einen Versatz von der Sollposition. Die zweite Funktion sucht in einer Ecke des Bauteils die Polaritätsmarke, um eine Verdrehung auszuschließen. Beide Funktionen erhalten ein weitestgehend identisches Eingangsbild. Die Anwesenheitsfunktion kann die korrekte Lage des Bauteils bestätigen, während die Polaritätsfunktion eine Verdrehung feststellt. Hier entstehen bei den gleichen Eingangsdaten, welche aus der gleichen Situation auf der Flachbaugruppe resultieren, widersprüchliche Prüfergebnisse. Es muss also die Prüfintention zwingend beachtet werden.

Es existieren zwei Möglichkeiten, die Prüfintention in die Klassifikation einfließen zu lassen. Entweder die Prüfintention wird codiert und als zusätzliche Eingabe für das Modell verwendet, oder für jede Prüfintention wird eine eigene Instanz des Modells verwendet. Der große Vorteil der instanzbasierten Lösung ist, dass es möglich ist, zu beliebigen Zeitpunkten zusätzliche Prüfintentionen in das System einfließen zu lassen oder nachträglich zu separieren oder zusammenzufügen. Das Prüfbegehren ist nicht als konkrete Variable verfügbar, sondern muss aus unterschiedlichen Eigenschaften einer Prüfung abgeleitet werden. Des Weiteren ist eine unveränderliche Zuordnung der Prüfintentionen zu einer Menge an Prüfeigenschaften nicht für jede Fertigung anwendbar. Eine übersichtliche und erweiterbare Abbildung der Prüfeigenschaften auf eine konkrete Instanz und damit auf ein Modell ist nötig. Eine solche Zuordnung kann über eine Filterdatei wie die im Quellcode 8 erfolgen. Der Filter arbeitet hier wie ein regelbasiertes Expertensystem, welches die Erstellung und Verteilung von Instanzen steuert.

Die Auswahl von Modell und Instanz erfolgt in der Filterdatei aus Quellcode 8 über eine beliebige Anzahl von Filterregeln. Jede Filterregel wird durch zwei

```yaml
models:
  - name: "model_3DAOI"           # Name des Modells
    input_mapping: "topocolor3D" # Eingabekodierung
    filters:
      - target: "MachineName"     # Filter für MachineName
        filter: "VL-[0-9]{1,3}"  # Filter sucht Namen wie VL-189
    instances:
      - name: "[AlgorithmName]"  # AlgorithmName als Instanzname
        filters:
          - target: "AlgorithmName"  # Filter für Instanzen
            filter: "(^ShapeSearchFunction$)|(^BlobFunction$)"
```

Quellcode 8: Eine YAML-Datei mit Filtern für die Auswahl einer passenden Instanz.

Zeichenketten definiert. Die Zeichenkette „target" definiert die Eigenschaft der Prüfbeschreibung, auf welche der reguläre Ausdruck aus der Zeichenkette „filter" angewendet wird. Modelle, Instanzen und Regeln werden entsprechend ihrer Definitionsreihenfolge von oben nach unten angewendet. Akzeptieren alle Filterregeln eine Inspektion, so wird dieser Inspektion die entsprechende Instanz bzw. das Modell zugewiesen. Alternativen in den Filtern können über mehrmaliges Nennen der Modelle bzw. Instanzen umgesetzt werden. Wird eine Inspektion von keiner Kombination von Modell und Instanz akzeptiert, so wird diese Inspektion abgelehnt.

Das hier beispielhaft verwendete Modell erwartet ein Bild mit festen Eingangsgrößen als Eingabe. Das Bild muss die Dimension $[128, 128, 4]$ haben. Die Kanalanzahl ist 4, weil das Modell in den ersten drei Kanälen ein Farbbild erhält und im letzten Kanal eine deckungsgleiche Höhenkarte des Bildausschnitts. Die Farbkanäle werden gemeinsam normiert und zentriert, sodass alle Pixel gemeinsam den Mittelwert 0,0 haben und im Wertebereich von $-0{,}5$ bis 0,5 liegen. Der vierte Kanal mit den Höhendaten wird separat normiert und zentriert. Dadurch gehen zwar die ursprünglichen absoluten Höheninformationen verloren, durch die Spezialisierung der Instanzen fällt dies aber nicht ins Gewicht. Besonders bei der Beurteilung von Koplanaritäten ist eine relative Höhenangabe aussagekräftiger als eine absolute Höhenangabe.

Das Modell besteht aus zwei neuronalen Teilnetzen mit einer gemeinsamen Feature-Extraktion. Dadurch hat das Modell eine Ausgabe von zwei getrennten Variablen. Eine Variable gibt die Wahrscheinlichkeit an, mit welcher es

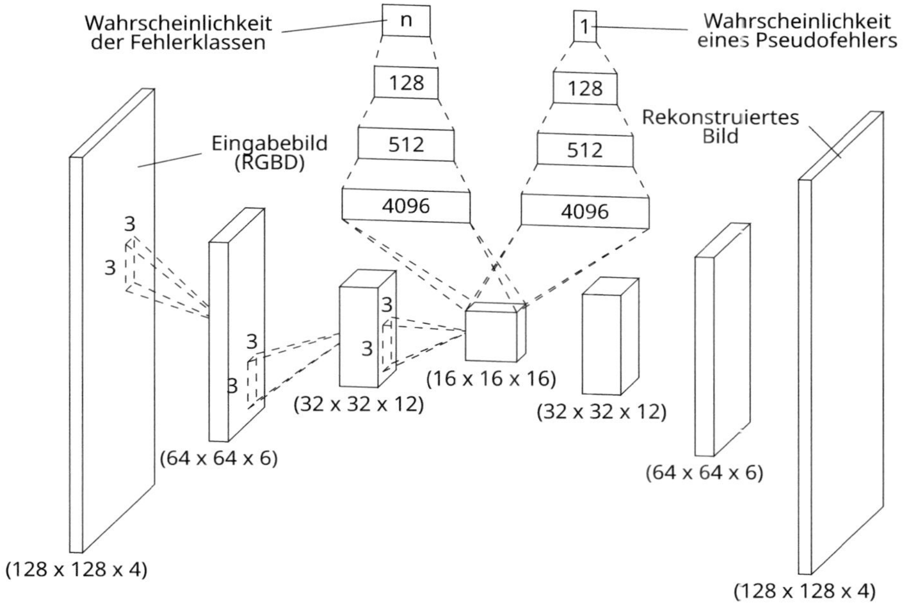

Abbildung 7.2: Beispielhaftes KI-Modell der Schlupfkontrolle.

sich um einen Pseudofehler handelt. Die zweite Variable codiert die Auftrittswahrscheinlichkeit der echten Fehlerklassen.

Abb. 7.2 zeigt die Struktur des Modells. Das Modell besitzt einen faltenden Autoencoder (CAE)[60, Kap. 14] mit sieben Schichten. Der Autoencoder verarbeitet das Eingabebild über mehrere faltende Operationen mit einem rezeptiven Feld von jeweils 3×3-Pixeln zu einer latenten Repräsentation. Jeder faltende Schritt ist von einem dimensionsreduzierenden Pooling-Schritt begleitet. Durch das Pooling, in diesem Fall ein Max-Pooling, wird nicht nur die Dimensionalität der Eingabe reduziert, sondern auch eine lokale Invarianz der Merkmale erzielt. Aus der latenten Repräsentation, welche auch Code genannt wird, erzeugt der dekodierende Teil des Autoencoders wieder einen Tensor mit der Dimension der Eingabe. Man spricht hier von der Rekonstruktion der Eingabe. Sind sich Rekonstruktion und Eingabe ausreichend ähnlich, so kann man davon ausgehen, dass der Code eine komprimierte Beschreibung mit domänenspezifischen Merkmalen des Bildes enthält.

Dieser Code ist nun Grundlage für die beiden genannten Teilnetze. Jedes neuronale Netz verfügt über seine eigenen vollverschalteten Neuronenschichten, welche durch den gemeinsam verwendeten Code des Autoencoders aktiviert werden. Die beiden Teilnetze unterscheiden sich in zwei wichtigen Eigenschaften, der letzten Schicht und dem Training des jeweiligen Modells. Im Teilnetz der Fehlerklassenwahrscheinlichkeit codiert die letzte Neuronenschicht die Aktivierung des Modells für die einzelnen, dem Modell bekannten Fehlerklassen. Um ein leichter interpretierbares Ergebnis zu erhalten, wird die Schichtausgabe mit einer Softmax-Operation[60, Kap. 6.2.2.3] transformiert und gibt nun eine Auftrittswahrscheinlichkeit der jeweiligen Klassen an. Die Softmax-Operation bietet sich an, da die Fehlerklassen nicht kombinierbar sind und sich gegenseitig ausschließen. Die Anzahl der Neuronen in der Ausgabeschicht dieses Teilmodells entspricht immer der Anzahl an Fehlerklassen, welche in dieser konkreten Instanz verwendet werden. Diese Einschränkung ist vorteilhaft, da jede Instanz nur mit einer Teilmenge der Fehlerklassen arbeitet. Für die eindeutige Zuordnung der globalen Fehlerklassen zu einem lokalen Neuron wird eine Liste im Modell geführt.

Das neuronale Netz für die Pseudofehler besitzt nur ein Ausgabeneuron. Dieses Neuron codiert die Wahrscheinlichkeit, mit welcher es sich bei der gezeigten Eingabe um einen Pseudofehler handelt. Die Trennung von Pseudofehlern von den echten Fehlerklassen ist nötig, weil Pseudofehler häufiger auftreten als andere Fehlerklassen. Dadurch sind die Pseudofehler in den Trainingsdaten überrepräsentiert. Des Weiteren umfasst die Klasse `(Pseudofehler|0)` einen größeren Merkmalsraum als die anderen Fehlerklassen. In die Klasse `(Pseudofehler|0)` fallen nicht nur alle *echten* Pseudofehler, also Inspektionen, welche keine Fehlermerkmale aufweisen, sondern auch alle Fehler, welche nach Meinung des menschlichen Experten die Merkmale nicht ausreichend deutlich aufweisen, und auch Merkmale, welche in diesem Inspektionsschritt keine Bewandtnis haben.

Für das Training des gesamten Modells werden drei Phasen durchlaufen. Die Umsetzbarkeit einer sehr ähnlichen Herangehensweise wurde bereits in [44] gezeigt. Die erste Phase trainiert den Autoencoder unüberwacht, um eine stabile domänenspezifische Merkmalsextraktion zu erhalten. Für diesen Trainingsschritt werden alle Samples ungeachtet ihrer Fehlerklassenzugehörigkeit verwendet. Alternativ können Methoden des Transferlernens verwendet werden, um zu einer initialen Merkmalsextraktion zu gelangen. Wird auf diese erste Phase verzichtet, so ist die Anzahl der Samples zu gering, um ein überwachtes Gradientenabstiegsverfahren zu verwenden. In der zweiten Phase wird das Teilnetz der Fehlerklassen überwacht trainiert. Hierbei werden auch die Gewichte der Merkmalsextraktion mit angepasst. Wegen der stetig veränderlichen Trainingsgrundlage wird vor den eigentlichen Trainingsoperationen der zweiten Phase geprüft, ob sich die Anzahl der vorliegenden Fehlerklassen erhöht hat. Sind neue Fehlerklassen hinzugekommen, so wird die finale Schicht des Modells durch eine neue Schicht mit der entsprechenden Anzahl ersetzt. Die neue Schicht erhält die Gewichte der alten Schicht in dem Teil der Neuronen, welcher deckungsgleich ist. Neue Verbindungen werden entsprechend der Vorgaben des Modells initialisiert. Die Gewichte der übrigen Schichten bleiben unberührt. In der abschließenden dritten Phase werden die Gewichte des Teilnetzes der Pseudofehler trainiert. Auch hier findet ein überwachtes Training statt, jedoch sind keine Änderungen der Gewichte in der Merkmalsextraktion erlaubt. Durch die fixierten Gewichte wird verhindert, dass das Training des zweiten Modells die Grundlage des Fehlerklassenmodells verändert.

7.1.2 Datengrundlage

Grundlage dieses KI-Experiments ist ein Datensatz, welcher in einer Elektronikfertigung über 14 Monate im normalen Betrieb gesammelt wurde. Die Daten umfassen die gesamten Fehlerdaten eines Inspektionsgerätes und die dazu gehörenden menschlichen Klassifikationsergebnisse. Es waren mehrere menschliche Experten an der Klassifikation beteiligt. Der Datensatz wurde anonymisiert, um keinen Rückschluss auf die bearbeitende Person zu ermöglichen. Des Weiteren wurden die Klassifikationen aller Personen zusammengeführt, um keine personalisierte Schlupferkennung zu trainieren. Das Inspektionsgerät hat elektrische Baugruppen aus unterschiedlichen SMD-Fertigungsprozessen inspiziert. Vertreten sind ein Reflow- und ein Wellenlötprozess. Die Fertigung folgte dem High-Mix-Low-Volume-Paradigma mit unregelmäßig wechselnden Prüfaufgaben unterschiedlichster Volumina.

Für ein besseres Verständnis und eine übersichtlichere Darstellung wird sich die folgende Betrachtung auf einen Teil des Datensatzes beschränken. Beispielhaft sollen hier die Anwesenheitsprüfungen von zweipoligen 0805-Chip-Bauteilen betrachtet werden. Diese Prüfungen wurden ausgewählt, weil die Bauform geläufig, das Prüfverfahren verständlich und die Anzahl möglicher Fehlerklassen hoch ist. Die beschriebenen Versuche wurden dennoch mit dem gesamten Datensatz durchgeführt.

Im betrachteten Teil des Datensatzes befinden sich Bildsätze von 20 581 Anomalien, welche das Inspektionssystem über den gesamten Zeitraum identifiziert hat. Ein Bildsatz umfasst ein Farbbild, welches mit einer spezialisierten Beleuchtung aufgenommen wurde. Hierbei werden die drei spektralen Anteile der Beleuchtung aus unterschiedlichen Raumwinkeln eingestrahlt. Auf reflexiven Oberflächen kann bei einer solchen Beleuchtung ein Rückschluss auf die Oberflächenorientierung gezogen werden. Wie dieses Prinzip funktioniert, wurde in [8, 9] beschrieben.

Neben dem Farbbild ist auch ein 2,5-D-Bild enthalten, welches für alle Pixel einen Höhenwert über einer kalibrierten Null-Ebene bzw. den Abstand zur Kamera definiert. Kapitel 3 hat bereits beleuchtet, weshalb hier von einem 3D-System gesprochen wird. Die Höhenkarte und das Farbbild sind lateral deckungsgleich. Zusätzlich können weitere Hilfsbilder aus unterschiedlichen Inspektionstechnologien enthalten sein. Diese Zusatzbilder sollen dem menschlichen Experten bei der späteren Beurteilung helfen und sind keine Eingabe für den Prüfalgorithmus.

Betrachtet man nun die Verteilung der Fehlerklassen, welche vom menschlichen Experten während der Nachklassifikation zugewiesen wurden, so zeigt sich, dass `(Pseudofehler|0)` mit ca. 98 % deutlich überrepräsentiert sind. Abb. 7.3 verdeutlicht das Verhältnis. Solche hohen Pseudofehlerraten sind üblich in Fertigungsprozessen mit häufig wechselnden Kleinserien. Die Wirtschaftlichkeit gebietet hier, dass Prüfprogramme nicht lange verfeinert werden können und somit stellen die Programmierer diese auf relativ scharfe Grenzen ein, um eine maximale Fehlererkennungsquote zu erzielen. Das schlägt sich in einer erhöhten Pseudofehlerrate nieder, welche die manuelle Nachklassifikation belastet und den Prozess durch übermäßige Beanspruchung menschlicher Experten fehleranfällig werden lässt.

Fehlerklasse	Beschreibung
`(Pseudofehler|0)`	Es liegt kein Fehler vor bzw. der gesuchte Fehler oder das gesuchte Merkmal sind nicht deutlich ausgebildet.
`(Versetztes Bauteil|1)`	Das betrachtete Bauteil weist einen lateralen Versatz oder eine Verdrehung auf.
`(Fehlendes Bauteil|1)`	Das gesuchte Bauteil ist nicht auffindbar.
`(Defektes Bauteil|1)`	Der Bauteilkörper ist sichtbar deformiert oder Kontaktflächen sind stark korrodiert.
`(Fehlnutzen|0)`	Im Werkstückträger ist die entsprechende Tasche nicht mit einem Prüfling bestückt.
`(Kopflieger|1)`	Das Bauteil liegt mit der Unterseite nach oben in der richtigen Position. Dieser Fehler ist selten und bei zweipoligen Chip-Bauteilen nicht kritisch, wird aber in der Regel nicht toleriert.
`(Pin zu lang|1)`	Der Pinanschluss eines Bauteils ist zu lang. (THT-Fehler)
`(Pinabheber|1)`	Der Pinanschluss eines Bauteils ist derart verbogen, dass kein oder nur ungenügender Kontakt zum Pad hergestellt werden kann.
`(Folgefehler|0)`	Die Prüfung hat eine Anomalie festgestellt, welche mit einem anderen Prüfkriterium zusammenhängt.
`(Grabstein|1)`	Das Chip-Bauteil hat sich durch die Adhäsionskräfte des geschmolzenen Lot aufgerichtet und möglicherweise den Kontakt zum Pad verloren.
`(Sonstiges|1)`	Nicht näher beschriebener Prozessfehler.
`(Unzugeordnetes Bauteil|1)`	Es befindet sich ein Bauteil an einer Position, welche unbestückt sein sollte.

Tabelle 7.1: Definition und Beschreibung der verwendeten Fehlerklassen. Definitionen sind abhängig von Prozess und Nutzer.

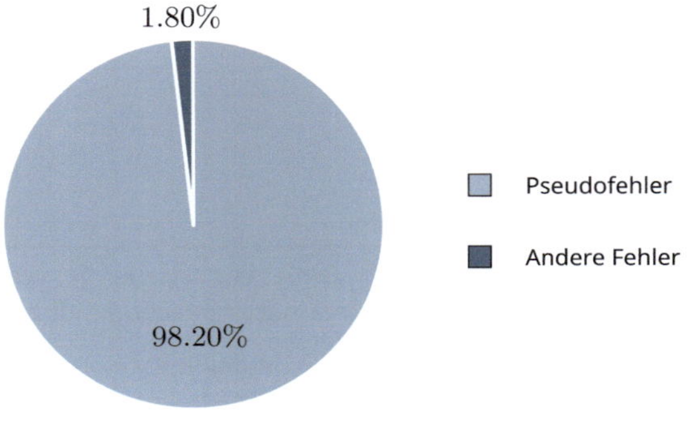

Abbildung 7.3: Tortendiagramm der Verteilung von Pseudofehlern und echten Fehlern.

Die übrigen Fehlerklassen setzen sich wie in Tabelle 7.1 zusammen. Definition und Konstellation können in anderen Prozessen von den hier gezeigten abweichen. Bei der Betrachtung der Fehlerklassen fällt auf, dass auch Klassen vertreten sind, welche in dem gewählten Inspektionsproblem keine Rolle spielen. Ein Beispiel hierfür ist der Fehler `(Pin zu lang|1)`. Dieser Fehler ist für die Lötstelleninspektion von THT-Bauteilen gedacht. Es kann sich hierbei um eine Verwechslung, Missdeutung des Piktogramms auf der Fehlertastatur oder eine Folge von mangelndem Sachverstand handeln. Ein anderes Beispiel ähnlicher Natur ist die Klasse `(Pinabheber|1)`. Dieser Fehler spielt nur bei der Verwendung von SMD-Komponenten mit Pinanschlüssen eine Rolle. An dieser Stelle ist die Verwechslung jedoch einfach erklärt. Die Klassen `(Pinabheber|1)` und `(Grabstein|1)` werden im vorliegenden Datensatz teilweise synonym verwendet. Je nach individueller Definition der Benutzer umfasst die Klasse `(Grabstein|1)` lediglich senkrecht aufgerichtete Komponenten oder alle Chip-Komponenten, welche einen Koplanaritätsfehler aufweisen. Definiert der Nutzer nur aufgerichtete Komponenten als Klasse `(Grabstein|1)`, so liegt es nahe, dass er die restlichen Komponenten, welche einseitig angehoben sind, als `(Pinabheber|1)` definiert. Beide Herangehensweisen sind zulässig, jedoch sieht der hier betrachtete Prozess nur den Fehler `(Grabstein|1)` vor. Eine solche inkonsistente Verwendung der Fehlerklassen ist ein Problem, wenn es darum geht, diese Daten als Trainingsgrundlage für eine KI zu verwenden. Derartige Bedienfehler und Missdeutungen der Fehlerklassen können bei allen Prüfungen in diesem Datensatz auftreten.

Üblicherweise spaltet man einen Datensatz in einen Trainings- und einen Testteil. Optional ist noch ein weiterer Split in einen Verifikationsteil möglich. Für die weiteren Untersuchungen wurde eine Aufteilung von 80 % Trainingsbildern und 20 % Testbildern gewählt. Um die stark ungleiche Verteilung der Fehlerklassen zu den Pseudofehlern entgegenzuwirken, wurden für das Training nicht alle Pseudofehler des Splits verwendet. Für jeden echten Fehler wurde zufällig ein Pseudofehler in den Datensatz aufgenommen. Dadurch ist die Anzahl der Pseudofehler gleich der Anzahl aller echten Fehler.

7.1.3 Umsetzung

Für die konkrete Umsetzung dieser Lösung wird eine einfache Fassade [61, Kap. 7] für das KOI-System erstellt. Diese Fassade bietet die zuvor beschriebene REST-Schnittstelle an und nutzt die KOI-Core-Laufzeitumgebung, um Instanzen nach Bedarf zu erstellen und für die Inferenz auszuführen. Die Inspektionsmaschine, der Prüfdatendienst und der Verifikationsplatz nutzen die bereitgestellte Schnittstelle. Neben der Schnittstelle übernimmt diese Fassade auch das Filtern und Zuordnen der Inspektionen zu den jeweiligen Instanzen mit der zuvor beschriebenen Filterdatei. Unabhängig von der Fassade läuft mindestens ein KOI-Worker und trainiert, falls nötig, Instanzen mit neuen Trainingsdaten, welche im Laufe des Prozesses hinzugefügt werden.

Für eine überschaubare Testumgebung laufen alle Prozesse und Teilsysteme auf einem einzigen Rechner. Die einzelnen Softwarekomponenten werden über Docker-Container [62] ausgeliefert und miteinander vernetzt. Der Prüfdatendienst und die Inspektionsmaschine werden für dieses Experiment durch einfache Clients der beschriebenen REST-Schnittstelle modelliert. Diese Abstraktion ist möglich, weil beide Komponenten lediglich über die Schnittstelle die zuvor beschriebenen Bilddaten senden und sonst nicht mit dem KI-System interagieren. Durch das Ersetzen lassen sich die Versuche leichter durchführen, da die Bedienung der Systemsoftware entfällt und das Verhalten reproduzierbar ist.

Für das initiale Training sendet der Prüfdatendienst einen Export der historischen Prüfdaten und Nutzermeinungen über die REST-Schnittstelle.

Im vorliegenden Fall sind dies die 80 % Trainingsbilder mit dazugehörigen Informationen. Für jeden Prüfschritt erzeugt die Fassaden-Komponente eine empfangende Instanz über die KOI-Core-Laufzeitumgebung, falls diese noch nicht vorhanden ist. Die Anzahl der Instanzen hängt also von den gesendeten Daten und der Filterdefinition ab. Anschließend werden alle Bilddaten und Informationen der Trainingsdaten im KOI-System registriert. Sobald der Worker-Prozess über periodische Abfragen das Vorhandensein neuer unverarbeiteter Trainingsdaten erkennt, beginnt der eigentliche Trainingsschritt der Instanz. Ist das Training erfolgreich abgeschlossen, so registriert der Worker das Ergebnis ebenfalls über die KOI-Core-Laufzeitumgebung. Nach Abschluss dieses Arbeitsschritts können weitere Trainingsaufgaben für diese oder andere Instanzen bearbeitet werden.

Treten im Verlauf des Trainings Unstimmigkeiten oder Mehrdeutigkeiten auf, kann das Modell eine Anfrage für zusätzliche Nutzermeinungen stellen. Das passiert unabhängig davon, ob es sich hierbei um das initiale Training oder einen fortgesetzten Trainingsprozess handelt. Die Beantwortung der Anfrage erfolgt über das Request-Plugin in der KOI-PWA. Es ist möglich, die Beantwortung dieser Anfragen in den eigentlichen Klassifikationsprozess einfließen zu lassen. Hierbei könnten die Anfragen sogar zur Auflockerung des eigentlichen Prozesses dienen, da die Anfragen aus anderen Prozessen oder von anderen Produkten stammen können. Je nach der Vertrauenslage zu den Experten kann die Beantwortung aber auch von einer vertrauenswürdigen dritten Person ausgeführt werden, welche nicht am eigentlichen Klassifikationsprozess teilnimmt.

Für eine bessere Nachvollziehbarkeit wurde hier auf die Darstellung des Ablaufs mit Anfragen verzichtet. Das Active-Learning stellt aber einen wichtigen Bestandteil für den Betrieb des Systems in einer realen Umgebung dar, da es einen direkten Eingriff in den Trainingsprozess der Instanzen ermöglicht.

Im simulierten Produktivbetrieb sendet die Inspektionsmaschine nun die 20 % Testdaten *ohne* die Nutzermeinungen, da in einem echten Prozess diese noch nicht existieren würden. An den fehlenden Trainingsinformationen erkennt die Fassaden-Komponente den Klassifikationsauftrag. Auch hier wird für jeden Inspektionsschritt die benötigte Instanz ermittelt. Die Inferenzdaten und das benötigte Modell werden abgerufen und in der Laufzeitumgebung für die Inferenz initialisiert. Der Inferenzschritt wird nun durchgeführt und das Ergebnis sowie die Wahrscheinlichkeitsverteilungen für die spätere Abfrage durch den Verifikationsplatz hinterlegt. Die Daten können über eine eindeutige Kennung der Inspektionsschritte identifiziert werden.

Unter realen Bedingungen würde zu einem späteren Zeitpunkt ein Werker am Verifikationsplatz die Fehlerbilder präsentiert bekommen und die Aufgabe erhalten, die Fehler zu klassifizieren. Im Hintergrund lädt die Verifikationsplatzsoftware die Entscheidungen der KI für die aktuell betrachteten Fehlerbilder und erwartet die Eingabe des Werkers. Mit jeder Klassifikation vergleicht die Software die menschliche und maschinelle Meinung über das Fehlerbild. Im Falle eines Konsenses von Mensch und Maschine wird der Klassifikationsprozess durch den Menschen fortgesetzt, was dem Softwareverhalten ohne eine KI-Unterstützung entspricht. Sind die Meinungen jedoch unterschiedlich, so wird der Nutzer zu einer erneuten Evaluation der Daten aufgefordert und bekommt die Meinung der KI präsentiert. Nun ergeben sich drei Optionen:

Der Mensch erkennt seine Klassifikation als fehlerhaft und übernimmt die Meinung der KI. Hiermit wurde eine falsche Fehlerklasse oder eventuell sogar ein kritischer Schlupffehler verhindert.

Der Mensch erkennt den Fehler der KI und übernimmt ausdrücklich seine eigene Meinung. Ein neues Trainingssample aus Bilddaten und Klasseninformation wird generiert und der Instanz übergeben. Hierdurch verbessert sich die Klassifikationsgenauigkeit der KI iterativ. Je nach Rechtevergabe kann es nötig sein, dass eine andere Person das Überstimmen freigeben muss.

Der Mensch erkennt seine Klassifikation und die der KI als fehlerhaft und entscheidet eine neue Fehlerklasse. Hierdurch wurde ein bewusstes Überdenken der Fehlerklasse herbeigeführt und ein neues Trainingssample für die Instanz erzeugt.

Für die Evaluation können die vorhandenen Nutzermeinungen der Testdaten nicht alleine verwendet werden, da diese unter Umständen nicht fehlerfrei sind. Eine weitere menschliche Meinung wird benötigt, um im Falle eines Dissens zu entscheiden, welche Fehlerklasse korrekt ist. Damit die Meinung des zweiten Experten nicht beeinflusst wird, muss die Klassifikation blind erfolgen. Der zweite Experte darf nicht erfahren, welche Fehlerklasse von den anderen beiden Parteien gewählt wurde. Durch den Experten werden alle Inspektionen der Testdaten manuell klassifiziert. Würden nur die Inspektionen mit unterschiedlicher Meinung durch den menschlichen Experten begutachtet, so könnten sich weitere Einblicke in die Herangehensweise der beiden Akteure ergeben und die Expertenmeinung verfälschen. Für die zweite Expertenmeinung werden lediglich die Prüfbilder verwendet, welche auch die KI verwendet hat. Hiermit soll ausgeschlossen werden, dass die optionalen Zusatzbilder den zweiten Experten beeinflussen, wie sie eventuell bereits den Werker beeinflusst haben. Die drei gesammelten Meinungen werden verglichen, wobei die Expertenmeinung als Grundwahrheit angenommen wird. Im nächsten Abschnitt werden die Ergebnisse vorgestellt und diskutiert.

In einem Produktivsystem können eine Vielzahl von Inspektionsmaschinen und Verifikationsplätzen an diesem Prozess beteiligt sein. Je nach Konfiguration des KOI-Systems und Umsetzung der Fassade können mehrere Worker gemeinsam die geteilten Instanzen bearbeiten oder ganz individuelle Aufgaben zugewiesen bekommen. Für eine ressourcenschonende Konfiguration ist es denkbar, die Worker auf Cloud-Dienste auszulagern oder zeitlich gesteuert nach den Arbeitszeiten auf der Rechentechnik der Inspektionsmaschine auszuführen. Dadurch belegt der rechenintensive Trainingsprozess nicht die gemeinsam genutzten Ressourcen in einem kritischen Moment. Durch die gemeinsame Nutzung der Instanzen können schneller ausreichend große Datenmengen akkumuliert werden und das individuelle Training auf den Inspektionsmaschinen bzw. das individuelle Deployment der Instanzen entfällt. So kann eine Vielzahl von Inspektionssystemen gemeinsam an der Ausführung und Verwendung eines komplexen KI-Systems mitwirken.

7.1.4 Ergebnisse

Wie zuvor beschrieben, werden hier die Ergebnisse des Experiments für eine einzelne Prüffunktion einer Bauteilart diskutiert. Es ist nicht das Ziel dieser Auswertung, die Leistungsfähigkeit des verwendeten Modells über eine Viel-

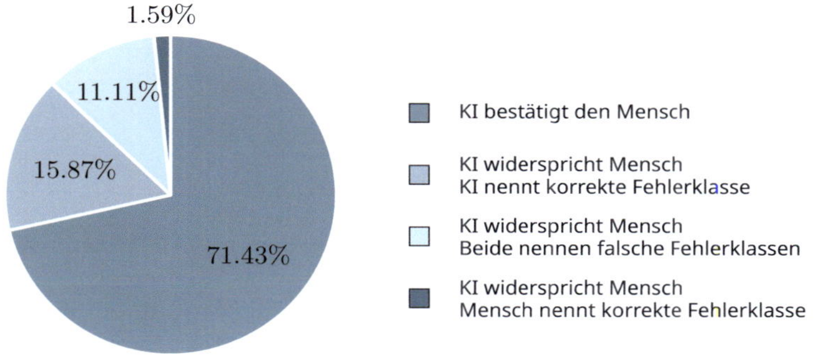

Abbildung 7.4: Darstellung der Ergebnisse als Tortendiagramm. Gezeigt wird die Zusammensetzung der vier beschriebenen Fälle von Dissens und Konsens der Experten und der KI.

zahl von Bauteilen hinweg zu bewerten, sondern die Durchführbarkeit und Praktikabilität des entworfenen Softwaresystems für diesen Anwendungsfall zu belegen. Die hier gezeigten Ergebnisse beziehen sich lediglich auf die optischen Merkmale einer Auswahl von Fehlern und sind *nicht* repräsentativ für eine allgemeine Elektronikfertigung oder die Klassifikationsleistung eines ausgebildeten menschlichen Experten. Alle Inspektionsschritte sind aus ihrem Kontext entnommen und die mehrdeutige Benennung der Fehlerklassen kann bei einer nachträglichen Betrachtung die Leistung des Werkers ungerechtfertigt herabsetzen. Es ist *nicht* Ziel dieses Vergleichs, die Leistung der menschlichen Experten, welche diese Daten klassifiziert haben, zu beurteilen.

Bei der Gegenüberstellung der Nutzermeinungen und KI-Entscheidungen kann es jeweils zu einem der vier in Abb. 7.4 gezeigten Fälle kommen. In 71,43% der Fälle stimmen beide Experten und die KI überein. Hierbei wäre es nicht zu einer Unterbrechung des Klassifikationsprozesses gekommen. Bei 15,87% der Inspektionsschritte hat die KI dem Werker widersprochen und wird hierbei von der Meinung des unabhängigen Experten unterstützt. Somit hat das KI-System die falsche Zuordnung von Fehlerklassen und in seltenen Fällen sogar gefährliche Schlupffehler verhindert. Mit zusammen 87,3% belegen diese beiden Fälle den Großteil des Diagramms und bezeichnen ein höchst positives Verhalten des gesamten Systems. In 11,11% der Fälle lagen KI und Werker falsch, jedoch wurde der Prozess unterbrochen.

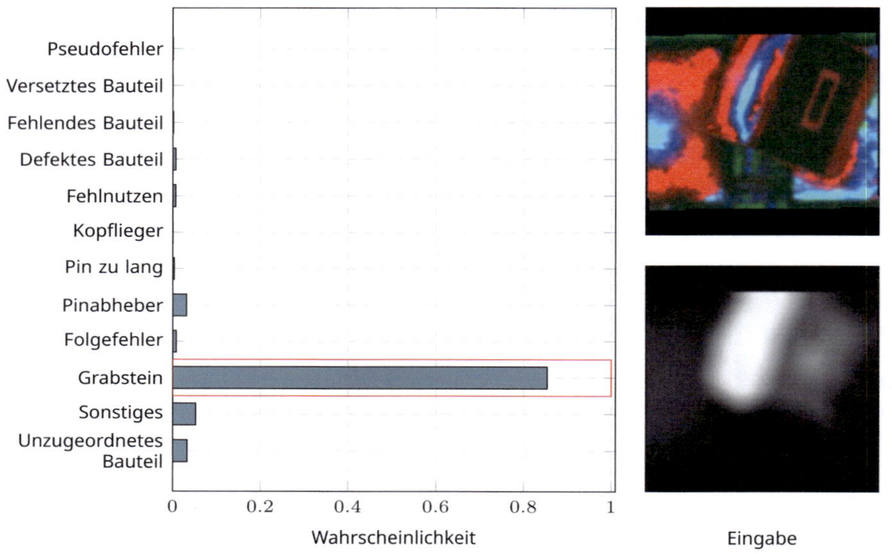

Abbildung 7.5: Ein- und Ausgabe des Modells für einen echten Grabsteinfehler. Die menschliche Entscheidung ist durch einen roten Rahmen markiert.

Es ist in diesem Versuch nicht aufgetreten, dass die KI die falsche Fehlerklasse des Werkers bestätigt. Das bedeutet jedoch nicht, dass dieser Fall nicht eintreten kann. Im schlimmsten Fall treffen alle Situationen der 11,11% genau dieses Szenario und sind damit potenziell nicht erkannter Schlupf. Die restlichen 1,59% der untersuchten Inspektionen zeigen eine absolute Fehlentscheidung der KI. Hier hat der menschliche Werker die richtige Fehlerklasse gewählt, wird jedoch von dem System angezweifelt.

Die Situationen, in welchen die KI dem Menschen widerspricht, selbst wenn beide eine falsche Fehlerklasse nennen, können zu einem Überdenken der Entscheidung hin zur korrekten Fehlerklasse führen. Dadurch bieten diese Fälle eine Chance, durch neu generierte Trainingssignale die Instanz mittels kontinuierlichen Lernens weiter zu verbessern. Hierzu ist es natürlich nötig, die bereits erreichte Qualität der Klassifikation nicht zu verlieren. Solche Mechanismen umzusetzen ist Aufgabe des Modells.

Abschließend folgen einige ausgewählte Beispiele von Inspektionsschritten und den dazugehörigen Entscheidungen. Anhand von Abb. 7.5 soll die Visualisierung der Ergebnisse erläutert werden. Auf der rechten Seite der Abbildung sind zwei Bilder dargestellt. Diese Bilder sind eine Darstellung der zuvor beschriebenen Tensoren mit der Dimension $[128, 128, 4]$. Das obere Bild zeigt die drei Farbkanäle, während das untere Bild nur den Grauwertkanal darstellt, welcher die relative Höhenkarte kodiert. Die ursprünglichen Prüfbilder wurden entsprechend der Prüfdaten skaliert und rotiert, um in das rezeptive Feld des Modells zu passen. Aus dieser Anpassung ergeben sich die beiden schwarzen Streifen, welche sich jeweils am oberen und unteren Rand der beiden Bilder befinden. Die beiden Bilder zeigen einen typischen Grabsteinfehler. Deutlich ist das aufgerichtete Bauteil zu erkennen. Im Farbbild erkennt man durch die winkelabhängige Beleuchtung außerdem das Oberflächenprofil des nicht verbunden Lötpads.

Auf der linken Seite der Abbildung befindet sich ein Balkendiagramm, welches die KI-geschätzte Wahrscheinlichkeit der Fehlerklassen anzeigt. Oben ist die unabhängige Variable der Pseudofehlerwahrscheinlichkeit dargestellt. Die restlichen Balken addieren sich zusammen auf 1. Die Erläuterung der einzelnen Fehlerklassen befindet sich in Tabelle 7.1. Mit einem roten Rahmen ist die ursprüngliche Nutzermeinung gekennzeichnet. Die menschliche Meinung und die Entscheidung der KI sind hier deckungsgleich.

Abb. 7.6 zeigt eine vom Menschen falsch vergebene Fehlerklasse. Der Werker hat in diesem Fall die Fehlerklasse `(Fehlendes Bauteil|1)` vergeben, KI und Grundwahrheit sehen hier jedoch den nicht näher spezifizierten Fehler `(Sonstiges|1)`. An dieser Stelle ist schwierig zu belegen, dass es sich genau um diesen Fehler handelt, ein fehlendes Bauteil liegt jedoch nicht vor. Die rechte Lötstelle des Bauteils besitzt wenig Lötpaste und wurde deswegen als `(Sonstiges|1)` klassifiziert.

In Abb. 7.7a ist ein echter Schlupffehler dargestellt. Deutlich ist auf der rechten Seite des Bauteils eine Halbkugel von Lötzinn zu erkennen. Der Fehler zeigt sich sowohl durch die reflektierte Beleuchtungsfarbe, welche auf den Oberflächenwinkel schließen lässt, als auch in der normierten Höhenkarte als Profilerhöhung. Es handelt sich hierbei um einen typischen Defekt, wie er bei einem Wellenlötprozess mit geklebten SMD-Bauteilen auftritt. Zusätzlich scheint das Bauteil einen lateralen Versatz aufzuweisen,

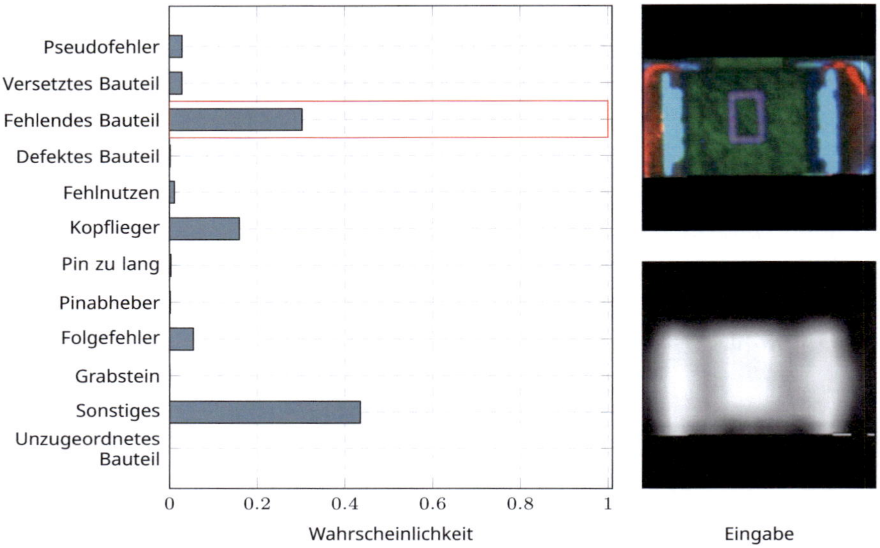

Abbildung 7.6: Der Mensch hat eine falsche Fehlerklasse gewählt. Die KI widerspricht.

da die zweite Lötstelle nicht zu erkennen ist. Der Werker hat an dieser Stelle einen (`Pseudofehler|0`) markiert. Die KI zeigt hier die Fehlerklasse (`Sonstiges|1`), weil dieser relativ häufig auftretende Defekt in den Trainingsdaten fast ausschließlich mit dieser Fehlerklasse markiert wurde. Im Kontrast dazu zeigt sich in Abb. 7.7b der gleiche markante Lötfehler an einem anderen Bauteil. Beide Lötstellen sind gut im Bild zu erkennen, wobei die linke Lötstelle den Lötfehler mit dem exzessiven Lötvolumen aufweist. Es lässt sich anhand der Prüfdaten nicht rekonstruieren, weshalb der menschliche Bearbeiter diesen Fehler gemacht hat, jedoch hätte das beschriebene KI-System ihn bemerkt und verhindern können.

Dieser Versuch belegt, dass eine einfache Integration des vorgestellten Softwaresystems, zusammen mit überschaubaren aber problembezogenen Modellen, die bekannten Probleme der menschlichen Klassifikation beheben kann. Außerdem zeigt es, dass das KOI-System flexibel genug ist, auch mit wechselnden Prüfintentionen und multimodalen Daten arbeiten zu können. Ohne tiefgehende Eingriffe in den bewährten Prozess und ohne eine spezifische Entwicklungsleistung für einen einzelnen Anwender wurde die Klassifikation mithilfe der vorgestellten Software einen Schritt weiter hin zur Au-

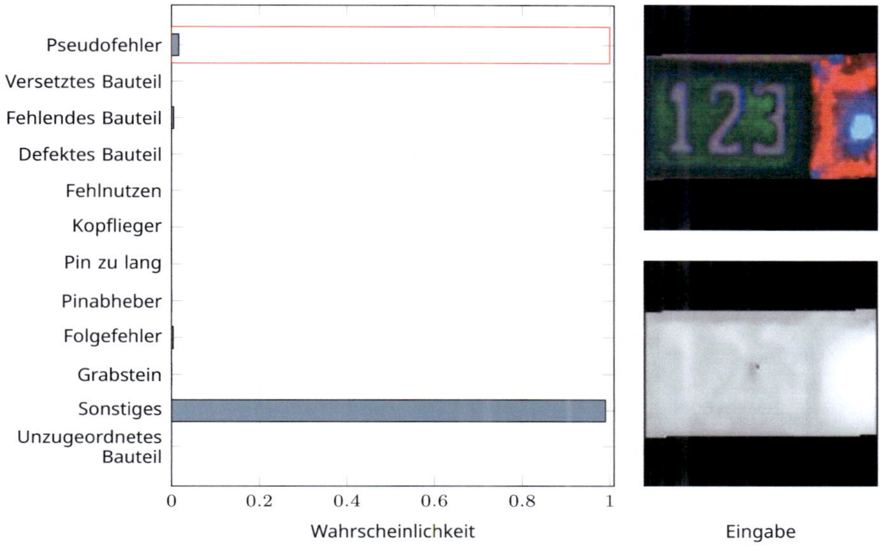

(a) Ein echter Schlupffehler. Der Benutzer wählte die Fehlerklasse `(Pseudofehler|0)`.

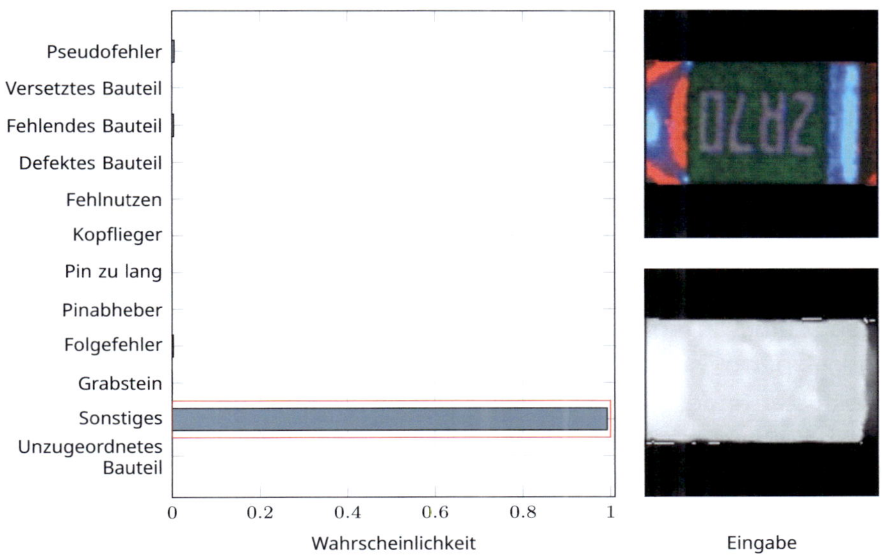

(b) Das Gegenbeispiel für den falsch klassifizierten Lötfehler.

Abbildung 7.7: Zwei Beispiele für einen typischen Lötfehler, wie er beim Wellenlöten auftreten kann. In Abb. 7.7a hat der Benutzer irrtümlicherweise angegeben, dass es sich hierbei um keinen Fehler handelt. Durch das Eingreifen hätte das KI-System einen Fehlerschlupf verhindert.

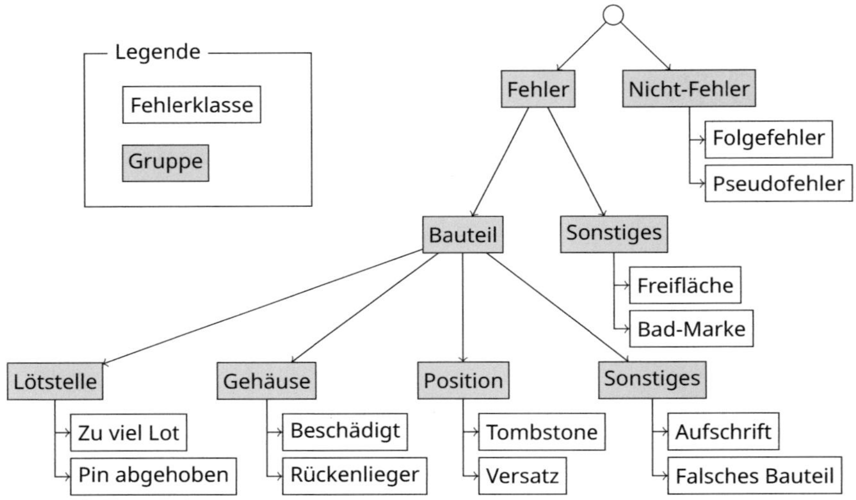

Abbildung 7.8: Eine mögliche Onthologie von Fehlerklassen, welche die individuellen Fehlerklassen der einzelnen Nutzer in eine einheitliche Struktur einsortiert.

tonomie gebracht. Bei ausreichender Leistungsfähigkeit kann die Klassifikation vollständig oder teilweise der KI übergeben werden, womit das System vom Überwacher zum Akteur wird und vollständig autonom arbeiten kann.

Es gilt zu beachten, dass der Hersteller solcher KI-Hilfssysteme sicherstellen muss, dass hiermit keine intransparente Leistungsbewertung der menschlichen Experten erfolgt. Ohne die eingangs genannte Anonymisierung ist das beschriebene System in der Lage, die Klassifikationsleistung einer einzelnen Person zu bewerten. Es ist absehbar, dass sich dies negativ auf die menschlichen Experten auswirkt, wenn eine permanente Leistungsevaluation durch eine KI stattfindet. Eine alternative Betriebsart stellt dem Nutzer immer die Entscheidung der KI in der Bedienoberfläche dar, ohne einen aktiven Eingriff in den Prozess vorzunehmen. In diesem Fall ist das System keine Überwachung, sondern eine Hilfe.

Aus der Betrachtung der vielfältigen und mehrdeutigen Fehlerklassen, sowie der aufwendigen Interpretation der Prüfintention lässt sich eine Verbesserung für den Klassifikationsprozess ableiten. Wenn der Anwender beim Anlegen möglicher Fehlerklassen diese in eine allgemeine Onthologie einsortiert, ergeben sich zwei potenzielle Verbesserungen zur Vermeidung von Schlupffehlern. Durch die Zuordnung von Fehlerklassen zu einem Prozessschritt oder einer Abstraktionsstufe des Prüfprogramms (siehe Kapitel 3), kann die Software die Eingabe einer ungeeigneten Fehlerklasse situationsbedingt ausschließen. Später unverständliche Klassenzuweisungen wie in den gezeigten Beispielen können damit ausgeschlossen werden. Mit einer allgemeinen Onthologie der Fehlerklassen können KI-Lösungen entstehen, welche unabhängig von den individuellen Fehlerklassen eines jeden EMS trainiert und eingesetzt werden können. In Abb. 7.8 ist eine solche Onthologie abgebildet. Weil die KI auf die Knoten der gezeigten Struktur und nicht mehr auf eine ungeordnete Menge an Klassenlabels abbildet, sind Klassifikatoren fortan vollständig unabhängig von den Fehlerklassen der Nutzer. Nachteilig ist lediglich, dass eine feingranulare Zuordnung zu einzelnen Fehlerklassen verloren geht. Ist das Ziel, echte Schlupffehler zu vermeiden, reicht dieser Ansatz aber aus.

7.2 Bestückkontrolle

Ziel der Bestückkontrolle ist es, Fehler, welche beim manuellen Montieren von elektrischen Bauteilen auftreten, bereits am Arbeitsplatz zu detektieren. Die verwendeten Bauteile müssen nach der Bestückung mechanisch fixiert werden, um ein Herausfallen oder Verrutschen beim Löten oder Transportieren zu verhindern. Diese, Niederhalter genannte, mechanische Fixierung erschwert eine orthogonale optische Prüfung. Es existieren aufwendige Lösungsansätze mittels seitlich angeordneter Kameras oder spezieller Niederhalter mit einer Aussparung für die optische Kontrolle von Schlüsselmerkmalen. Der Aufwand der Prüfdefinition und Fertigung solcher Sonderlösungen ist jedoch meist wirtschaftlich nicht zu vertreten und nur in hochvolumigen oder sicherheitsrelevanten Prozessen anzutreffen.

Hier bietet sich ein Inspektionssystem an, welches in den Arbeitsplatz des Bestückers integriert ist und die Montage vor dem Aufsetzen des Niederhalters überprüft. Ein großer Nachteil einer solchen Anordnung ist jedoch die Nähe zum Menschen. Da es sich um einen Arbeitsplatz ohne Abschirmung handelt, können keine mechanisch beweglichen Teile oder blitzende, hochintensive Beleuchtungen verbaut werden. Meist wird hier auf eine unveränderliche Anordnung von Kameras und eine als Arbeitsplatzbeleuchtung geeignete Illumination zurückgegriffen. Durch diese Einschränkung der technischen Ausstattung sind auch die Prüffunktionen stark eingeschränkt. Mit dem Fehlen von spezifischen Beleuchtungen ist das Hervorheben von kontrastarmen Merkmalen nicht mehr möglich und durch die fehlende Abschirmung können externe Lichtquellen und das zeitveränderliche Tageslicht einen weiteren Störfaktor darstellen.

Bei einem solchen Aufbau sind KI-basierte Prüffunktionen überlegen. Durch verschiedene Regularisierungen ist es möglich, faltende neuronale Netze relativ unanfällig gegenüber wechselnder Beleuchtungen zu gestalten. Auch wenn durch die Verwendung von KI-Ansätzen die Probleme des Störlichts und der eingeschränkten Beleuchtung gelöst scheinen, ergeben sich neue Herausforderungen. Gerade im Bereich der Handbestückung kann es häufig zu Produktwechseln kommen, was bedeutet, dass genauso häufig die KI-Lösung nachtrainiert werden oder in der Lage sein muss, das komplette Produktspektrum abdecken zu können.

Im Folgenden soll gezeigt werden, wie die vorgeschlagene Softwarearchitektur und der diskutierte Arbeitsablauf es ermöglichen, solche KI-Lösungen in dieser Domäne zu etablieren.

7.2.1 Entwurf

Für die Verwendung des KOI-Systems zur Prüfung von Bestückfehlern in einer bestimmten Inspektionssoftware muss eine Integration der Laufzeitumgebung KOI-Core in diese Inspektionssoftware erfolgen. Die Bestückprüfung lässt sich gut als eine eigenständige Prüffunktion abstrahieren, welche eine Entscheidung trifft, ob das gesuchte Bauteil vorhanden ist oder nicht. Im Beispiel soll eine Prüffunktion mit einem sehr einfachen Parametersatz entstehen. Die Parameter bestehen aus dem verwendeten Modell, der gewünschten Klasse, einer Qualitätsschwelle und einer Aussage, ob die Funktion im Trainingsmodus oder lediglich zur Inferenz betrieben wird. Das verwendete Modell kann global konfiguriert sein und muss nicht bei jeder Prüfung oder Einrichtung vom Nutzer angegeben werden. Zur Eingabe der Qualitätsschwelle genügt ein numerisches Eingabefeld oder ein Schiebereg-

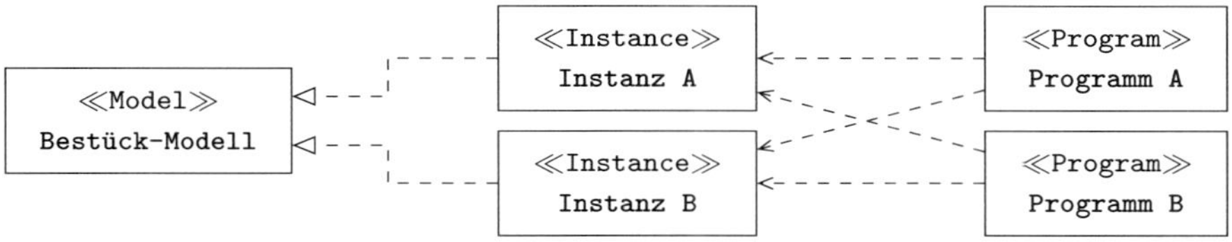

(a) Jedes Prüfprogramm nutzt genau die Instanzen, welche die Bauteile des Prüflings erkennen. Die Instanz liefert eine binäre Klassifikation.

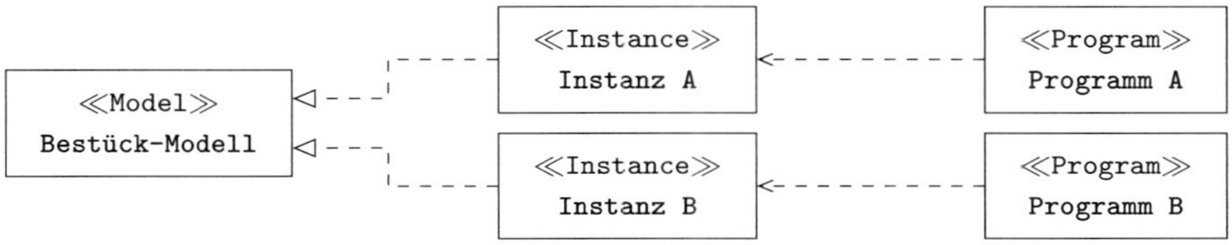

(b) Jedes Prüfprogramm besitzt seine eigene spezialisierte Instanz des Modells. Die Instanz gibt eine Mehrklassenentscheidung aus. Die Klassenanzahl entspricht den verwendeten Bauteilen.

Abbildung 7.9: Zwei Varianten einer Bestückprüfung und wie sie mithilfe einer Vielzahl von Instanzen umsetzbar sind.

ler. Dieser Wert kann ebenfalls aus Standardwerten des Systems initialisiert werden. Bei der ersten Verwendung der Funktion befindet sich diese im Trainingsmodus und schickt die ihr übergebenen Bilder an das KOI-System weiter. Nach dem Anlernschritt kann die Funktion global in den Inferenzmodus versetzt werden, in welchem keine Trainingsbilder mehr gesammelt werden. Es ist jedoch auch denkbar, die Funktion gleichzeitig für die Inferenz und das Nachtrainieren zu verwenden. Die gewünschte Klasse, die in diesem Fall eine eindeutige Bezeichnung des Bauteils ist, kann der Bauteilbibliothek entnommen werden. Wie in Kapitel 3 beschrieben, ist jeder Prüfschritt über diese Bibliothek mit einem Bauteil und damit den geometrischen Maßen verknüpft. Die letzte und wichtigste Eingabe der Funktion, das Prüfbild, ermittelt die Inspektionssoftware für alle Prüfschritte anhand der Prüfposition und der Informationen aus dem Bibliothekseintrag. Die beschriebene Prüffunktion nimmt alle Eingaben entgegen und wählt die korrespondierende Instanz des gewählten Modells aus und führt diese aus. Falls die ermittelte Instanz nicht existiert, so kann sie erstellt und trainiert werden. Bei der Instanzauswahl bieten sich verschiedene problemspezifische Ansätze an. Zwei allgemeine Varianten sind in Abb. 7.9 dargestellt. Die Varianten sollen anschließend diskutiert werden.

Die erste Variante verwendet ein Modell, welches eine Mehrklassenentscheidung treffen kann. Für jedes Produkt, also jedes Prüfprogramm, wird eine Instanz des Modells erstellt und trainiert. Die Instanz muss erlernen, zwischen allen Komponenten auf einer Flachbaugruppe zu unterscheiden. Für die Funktionsweise des Modells stehen eine Vielzahl an Entwürfen zur Verfügung. Da der Nutzer nicht jedes Produkt mit großem Aufwand antrainieren möchte, muss das Training mit möglichst wenig Beispielen auskommen und wenig Zeit in Anspruch nehmen. Ansätze des Few-Shot-Learnings oder des Transferlernens bieten sich an dieser Stelle an. Für die Inferenz wird die Instanz des Prüflings auf jeden Prüfschritt angewendet und die Klasse mit der höchsten Auftrittswahrscheinlichkeit ausgewählt. Ist diese ausgewählte Klasse die gleiche, welche auch dem Prüfschritt zugeordnet wurde, so ist das Bauteil vorhanden. Der größte Vorteil dieses Ansatzes ist, dass die Instanzen abgeschlossen sind und unverändert über eine lange Zeit ein spezifisches Produkt inspizieren können. Diese Variante ist in Abb. 7.9b dargestellt.

Die zweite Variante verwendet ein Modell, welches eine binäre Entscheidung über die Zugehörigkeit zu einer einzelnen Klasse ausdrückt. Für jede Art von Bauteil wird eine eigene Instanz angelegt und trainiert. Diese Instanz muss nun erlernen, die Zugehörigkeit zu einer Bauteilart unabhängig von der Baugruppe zu entscheiden. Wie auch bei der ersten Variante bieten sich unterschiedliche Ansätze an, um das Training mit wenigen Beispielen zu ermöglichen. Für die Inferenz wird die entsprechende Instanz für das geprüfte Bauteil ausgeführt. Liegt die Ausgabe der Instanz über der definierten Schwelle, so ist das Bauteil vorhanden. Der größte Vorteil dieser Variante ist es, dass durch eine vollständige Bibliothek der Einricht- und Trainingsaufwand für ein neues Produkt deutlich sinkt und im Idealfall sogar entfallen kann. Diese Variante ist in Abb. 7.9a dargestellt.

Das verwendete Inspektionsgerät ist in den Arbeitsplatz des Bestückers integriert. Über der Arbeitsfläche mit der mechanischen Aufnahme für den Prüfling befindet sich die Arbeitsbeleuchtung mitsamt einer Anordnung von mehreren Kameras. Die Bilder der einzelnen Kameras werden in der Bildverarbeitungssoftware zusammengesetzt, um ein großflächiges Bild des Prüflings ohne mechanische Bewegung der Kameras oder des Prüflings zu erhalten. Der relativ große Arbeitsabstand von 1,2 m zwischen Kameras und Prüfling ermöglicht, trotz der Verwendung von entozentrischen Objektiven, ein verzeichnungsarmes Abbilden von selbst den größten Bauteilen. An dieser Stelle ist es nicht von Vorteil, eine einzelne Kamera zu verwenden. Die Bildaufnahme gestaltet sich dadurch zwar einfacher, jedoch zeigt eine einzelne Kamera bei typischen Werkstückträgern zu starke Verzeichnungen in der Abbildung. Des Weiteren ist das Kamerafeld der einzelnen Kamera dadurch überlegen, dass die Einzelkamera wahrscheinlich kleinere Sensorpixel besitzt als der entsprechende Kameraverbund bei gleicher Gesamtanzahl an Pixeln.

7.2.2 Durchführung

Für die Durchführung des Experiments wird beispielhaft eine unbestückte Leiterplatte einer größeren Baugruppe verwendet. Die Leiterplatte hat eine Oberflächengröße von 900 cm^2. Neben den größeren THT-Bauteilen befinden sich auch einige SMD-Bauteile auf der Baugruppe. Diese Bauteile sind in einem vorgelagerten SMD-Fertigungsprozess aufgebracht worden. In diesem Versuch werden lediglich die handbestückten THT-Bauteile betrachtet.

Die Leiterplatte wird in einem Lötrahmen eingelegt, welcher auf die Arbeitsfläche des Bestückarbeitsplatzes gelegt wird. Um eine reproduzierbare Ausrichtung des Werkstückträgers zu gewährleisten, befinden sich mechanische Anschläge auf dem Arbeitsplatz. Der Bediener muss sicherstellen, dass der Prüfling korrekt im Werkstückträger eingelegt und der Werkstückträger selbst korrekt am Anschlag ausgerichtet sind.

In diesem Versuch wird mit einem Produkt ohne bereits existierende Klassifikatoren gearbeitet. Daraus ergibt sich, dass die zuvor beschriebene erste Variante angewendet wird. Das KOI-System ist über die beschriebene Prüffunktion in die Prüfsoftware eingebunden. Auf dem Backend-Server des KOI-Systems ist zuvor ein geeignetes Modell angelegt und finalisiert worden, welches noch keine Instanzen besitzt.

Ein erfahrener Bediener bestückt die Leiterplatte strikt nach der Vorgabe des Bestückplans. Hierbei sind alle Bauteile so ausgelegt, dass eine Verpolung mechanisch ausgeschlossen wird, jedoch können, je nach Produktvariante, einzelne Bestückpositionen unbesetzt bleiben. Der Bediener löst eine Bildaufnahme des bestückten Zustands der Flachbaugruppe aus. In der Bauteilbibliothek wird für jede Art von Bauteil ein Eintrag angelegt. Existieren Einträge für einzelne Bauteilarten bereits, kann dieser Schritt für diese Bauteile ausgelassen werden.

Für jedes physische Bauteil muss die Prüfmaske im aufgenommenen Bild ausgerichtet werden. Diese Ausrichtung kann entweder durch das Laden von CAD-Daten oder durch ein händisches Platzieren passieren. Die platzierten Prüffunktionen befinden sich nach dem Erstellen initial im Trainingsmodus. Da für dieses Produkt noch keine Instanz vorhanden ist, legt das Programm diese automatisiert an.

Führt der Bediener das Prüfprogramm aus, wird eine erneute Bildaufnahme ausgelöst und die Teilbilder der zu prüfenden Bauteile werden entsprechend der Positionen im Prüfprogramm ausgeschnitten. Weil die Prüffunktion noch im Trainingsmodus ist, werden die ausgeschnittenen Teilbilder als neue Samples im KOI-System registriert. Hierbei erhalten die Samples als Klassenlabel den Namen des Bibliothekseintrags, da dieser eindeutig sein muss.

In diesem Beispiel werden alle Komponenten des KOI-Systems auf dem Prüfrechner ausgeführt. Die zugeordnete Instanz des KOI-Workers beginnt mit dem Training auf Basis der neu erhaltenen Samples.

Die übertragenen Samples werden mithilfe der KOI-PWA kontrolliert. Sollte es zu einer Fehlbestückung gekommen sein, befinden sich einzelne Bilder in den falschen Klassen. So eine falsche Zuordnung kann über die Filter in der Sampleansicht der KOI-PWA einfach identifiziert werden. Sollten Samples fehlerhaft hinzugefügt worden sein, so kann der Benutzer, wenn er über ausreichende Berechtigung verfügt, die fehlerhaften Samples löschen.

Mit Abschluss des Trainings liegt ein erster Klassifikator vor. Die Prüffunktion wird in den Inferenzmodus gesetzt. In diesem Modus lädt die KOI-Core-Laufzeitumgebung der Inspektionssoftware den letzten Stand des Klassifikators herunter und führt diesen aus, wenn Bilder klassifiziert werden sollen. Die Prüfung erfordert ebenfalls eine neue Bildaufnahme mit anschließendem Ausschneiden der Bildbereiche. Danach wird jedes Teilbild durch die trainierte Instanz in der KOI-Laufzeitumgebung klassifiziert und das Er-

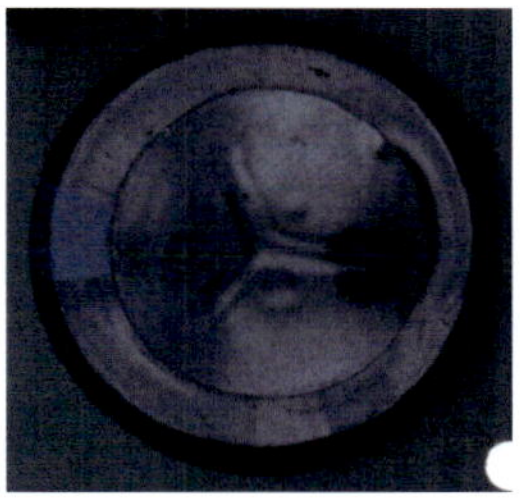

Kondensator
Konfidenz: Hoch

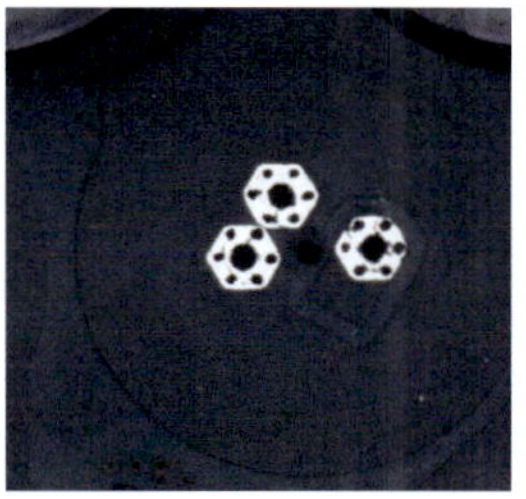

Unbestückt
Konfidenz: Hoch

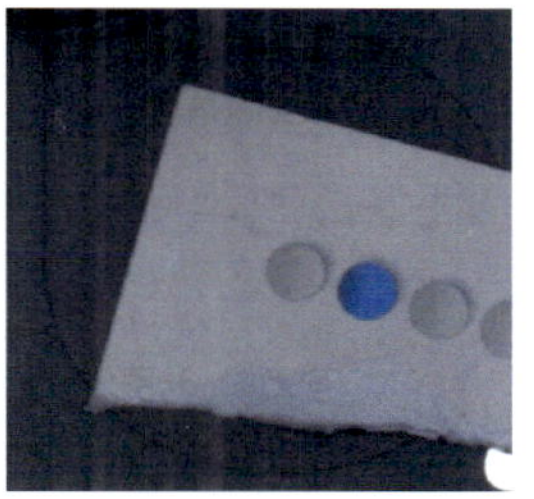

Unbestückt
Konfidenz: Niedrig

Abbildung 7.10: Drei Bilder und die entsprechenden Ergebnisse der KI-Prüffunktion. Im linken wird die Objektklasse „Kondensator" korrekt erkannt. Im mittleren Bild wird die Position als „Unbestückt" identifiziert. Die KI-Prüffunktion erkennt im rechten Bild die Klasse „Unbestückt", jedoch mit einer geringen Konfidenz.

gebnis wird an die Prüffunktion übermittelt. Die Prüffunktion bestimmt nun aus dem Sollwert, dem Klassenlabel und der Konfidenz des Klassifikators eine Pass/Fail-Entscheidung.

Eine Prüffunktion gibt Pass zurück, wenn die ermittelte Klasse mit dem Sollwert übereinstimmt und die Konfidenz größer einer vom Menschen definierbaren Schwelle ist. In allen anderen Fällen wird Fail zurückgegeben. Zusätzlich kann dem Menschen ein Fehlertext angezeigt werden, der begründet, weshalb die Prüfung einen Fehler ermittelt hat. Sollte das Training im KOI-Worker noch nicht abgeschlossen sein, so muss auch das dem Nutzer kommuniziert werden.

Das korrekt bestückte Beispielprodukt liefert nun das Ergebnis Pass. Um die Fehlerdetektion zu testen, werden einzelne Bauteile entfernt und die Prüfung kann erneut gestartet werden. Im durchgeführten Experiment hat die beschriebene Lösung alle fehlenden Bauteile identifiziert. Im nächsten Schritt werden Bauteile an Positionen platziert, an denen sie nicht sein dürfen. Dieser Test ist aus Sicht der KI-Lösung keine neue Aufgabenstellung, da es sich um eine Mehrklassenentscheidung handelt, aber für den Benutzer ein entscheidender Prozessfehler. Es werden einzelne Bauteile vertauscht. Zusätzlich werden einige der Bauteile an Positionen gesetzt, welche in dieser Produktvariante frei bleiben sollte. Im durchgeführten Experiment werden alle diese Fehler gefunden.

Abschließend wird die Störanfälligkeit der Lösung gegenüber unbekannter Objekte untersucht. Dazu werden unbekannte Störkörper, wie etwa kleinere Werkzeuge oder Papierfetzen, an die Bestückposition gelegt. Die KI-Lösung reagiert auf die unbekannten Objekte mit einer geringeren Konfidenz, was auch bei einer fehlerhaften Klassenbestimmung noch zu einem erwarteten Fail führen wird.

Abb. 7.10 zeigt drei Beispiele von Prüffunktionseingaben aus dem beschriebenen Versuch. Die Prüffunktion führt den Inferenzschritt aus und vergleicht danach zwei Parameter der Prüffunktion mit dem Inferenzergebnis. Das Inferenzergebnis besteht aus der erkannten Objektklasse und einem Skalar, welcher die Konfidenz der Entscheidung kodiert. Stimmt die erkannte Objektklasse nicht mit der gesuchten überein, so gibt die Prüffunktion `(Falsches Bauteil|1)` zurück. Sind die Objektklassen identisch, aber die Konfidenz liegt unter einer definierten Schwelle, so wird `(Geringe Konfidenz|1)` zurückgegeben. In allen anderen Fällen ist das Ergebnis „Pass“. Unter der Annahme, dass die erwartete Objektklasse „Kondensator“ ist, ist das Ergebnis der Prüffunktion für das linke Bild „Pass“. Für die beiden anderen Bilder ist das Ergebnis `(Falsches Bauteil|1)`. Ist die erwartete Objektklasse jedoch „Unbestückt“, dann gibt die Prüffunktion für das linke Bild `(Falsches Bauteil|1)` und für das rechte Bild `(Geringe Konfidenz|1)` zurück. Im ersten Fall ist dieses Ergebnis zu erwarten, weil es sich tatsächlich um eine andere Objektklasse handelt. Im zweiten Fall ist die Objektklasse korrekt erkannt, jedoch ist die Konfidenz durch die unbekannte Gestalt des Störkörpers niedriger als erwartet.

Treten beim Training Mehrdeutigkeiten auf, so kann das Modell über die KOI-Core-Umgebung eine Anfrage zur menschlichen Inspektion stellen. Diese Anfrage wird vom KOI-System registriert und, entsprechend der Nutzerrechte, dem nächsten berechtigten Benutzer in der KOI-PWA angezeigt. Die Benutzung dieser Funktion und auch die Beantwortung der Anfragen sind optional und blockieren nicht den Prozess.

7.2.3 Diskussion

In diesem Experiment wurde gezeigt, wie mit wenigen Arbeitsschritten eine spezialisierte KI-Lösung für die Bestückkontrolle im THT-Prozess umgesetzt werden kann. Der Nutzer musste lediglich ein oder wenige sorgfältig bestückte Produkte für das Antrainieren verwenden. Eine Gut-Baugruppe ist auch im herkömmlichen Anlernprozess meist zwingend nötig und immer hilfreich. Durch die Automatisierung des KOI-Systems sind keine weiteren Schritte notwendig. Trotzdem hat der Benutzer die Möglichkeit, die antrainierten Beispiele zu inspizieren und gegebenenfalls zu löschen. Trainierte Klassifikatoren können durch das Hinzufügen von neuen Beispielen auch später noch verfeinert werden.

Je nach Prüfstrategie ist das ein großer Fortschritt in der Erkennungsleistung. Sollte der Benutzer zuvor auf eine einfache Farbprüfung, etwa die Suche nach nicht-grünen Flächen, gesetzt haben, ist die KI-Lösung deutlich überlegen. Ein unbekannter Störkörper kann von einer Farbprüfung nicht gefunden werden. Mit einer KI-Lösung ist die Prüfung nicht auf abstrakte Merkmale beschränkt, welche der Mensch auswählt.

Mithilfe der Visualisierung in der KOI-PWA erhält der Benutzer jederzeit einen Eindruck von den verwendeten Trainingsdaten. Im Falle einer Unstimmigkeit kann der Mensch eingreifen und fehlerhafte Beispiele entfernen. Durch die Verwendung von Modellen und Instanzen entsprechend der beschriebenen Architektur fällt die Adaption neuer Lösungen leicht. Auch ohne das explizite Wissen über die Funktionsweise der Modelle kann ein Benutzer neue Lösungen erstellen und antrainieren.

7.3 Embedded Vision

In diesem Abschnitt wird eine dritte Anwendung der vorgeschlagenen Architektur gezeigt. Hierbei handelt es sich um eine optische Inspektion auf einem Embedded Vision-Gerät. Unter dem Begriff Embedded Vision wird die Verwendung miniaturisierter und meist spezialisierter Bildverarbeitungshardware verstanden. Oftmals trifft man hier auf Geräte mit einem

System on a Chip (SoC)-Design. Neben der kleinen Bauform, der daraus resultierenden hohen Einbettung und der Spezialisierung haben diese Geräte meist auch eine sehr geringe Energieaufnahme. Alle diese Eigenschaften haben zu einer Verbreitung von Embedded Vision-Systemen in der Robotik, dem Automotive-Bereich und natürlich auch der Qualitätskontrolle geführt.

Durch die begrenzte Rechenleistung und die hohe Einbettung ist in vielen Fällen ein Training von ML-Lösungen auf der Zielarchitektur unmöglich. Hier muss der Entwickler auf ein anderes System ausweichen und steht damit vor der Aufgabe, die entwickelte KI auf das Zielsystem zu transferieren. Eine weitere Herausforderung ist, dass eingebettete Systeme oft in einer höheren Stückzahl eingesetzt werden oder schwer zugänglich sind, was die Auslieferung oder die Aktualisierung einer ML-Lösung auf diese Systeme weiter erschweren kann.

Im Folgenden wird ein Versuchsaufbau gezeigt, welcher eine Klassifikation von Schüttgut auf einer ebenen Oberfläche umsetzt. Anschließend wird die Umsetzung der Software mithilfe des KOI-Systems diskutiert und die Leistungsfähigkeit anhand von Beispielen belegt.

7.3.1 Aufbau

Der Versuchsaufbau besteht aus einer stabilen Konstruktion aus Kunststoffschienen, welche die Grundplatte und alle weiteren Komponenten fixiert. Seitlich an den Versuchsaufbau angebracht ist ein *NVidia Jetson Nano 2GB* [63] Embedded Vision-System. Der *Jetson Nano* baut auf einem *NVidia Tegra X1* SoC auf, dadurch verfügt das System über einen relativ leistungsstarken Prozessor und einen integrierten Grafikprozessor der Maxwell-Generation mit 128 Kernen. Die Gesamtleistungsaufnahme des SoC beträgt wahlweise 5 W oder 10 W. *NVidia* vergleicht die Leistungsfähigkeit des *Tegra X1* mit dem *ASCI Red* [64], einem der stärksten Supercomputer um die Jahrtausendwende, welcher jedoch eine Gesamtleistungsaufnahme von circa 1 Gigawatt und einen Platzbedarf von beinahe 150 Quadratmetern hatte. Das SoC wird von einem Kühlkörper mit aufmontiertem Lüfter gekühlt. Im oberen Teil des Aufbaus befindet sich ein Kameramodul mit einem *Sony IMX219*-Sensor, welches über eine *CSIv2*-Schnittstelle [65] mit dem

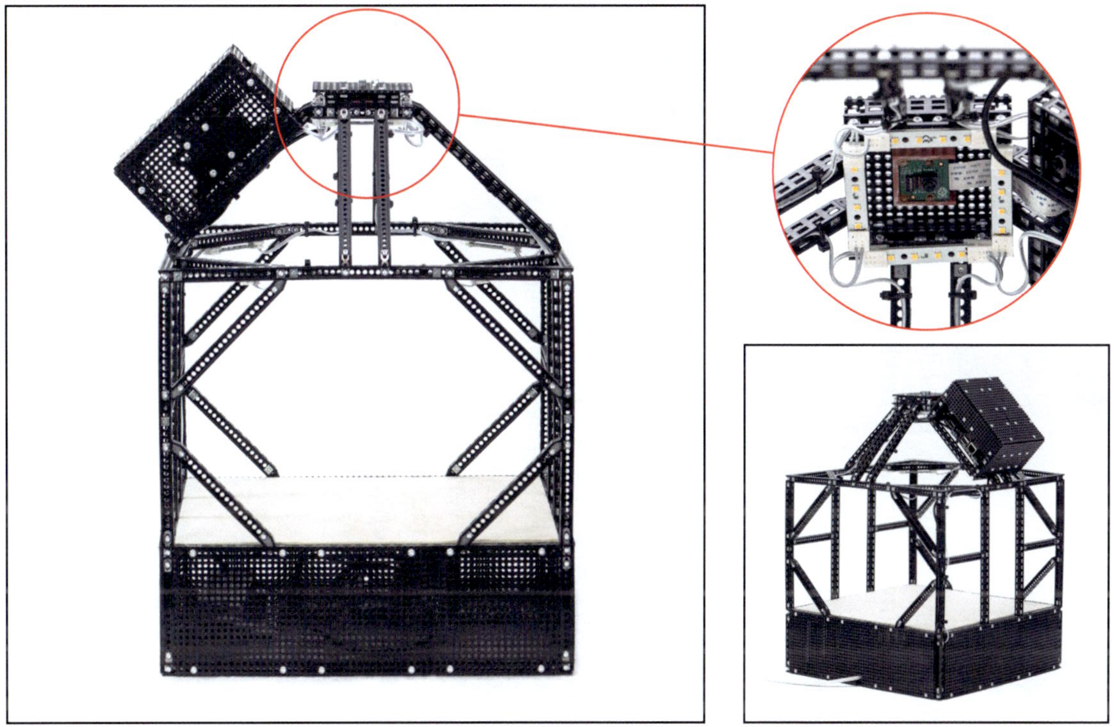

Abbildung 7.11: Embedded Vision Inspektionssystem mit einer statischen Kamera. Die Kamera wird durch einen 3D-gedruckten Rahmen gehalten, um den Sensor mit dem Lochraster auszurichten. Das oberhalb angebrachte SoC ist fast vollständig verkleidet, nur die Anschlussleiste liegt frei. Die acht Beleuchtungsmodule erreichen eine homogene Ausleuchtung der 30x30 cm großen Grundfläche. Die Grundplatte kann entnommen und ausgetauscht werden, wenn die Anwendung es verlangt. Unterhalb der Grundplatte befinden sich die Netzteile für Beleuchtung und Embedded Vision-System.

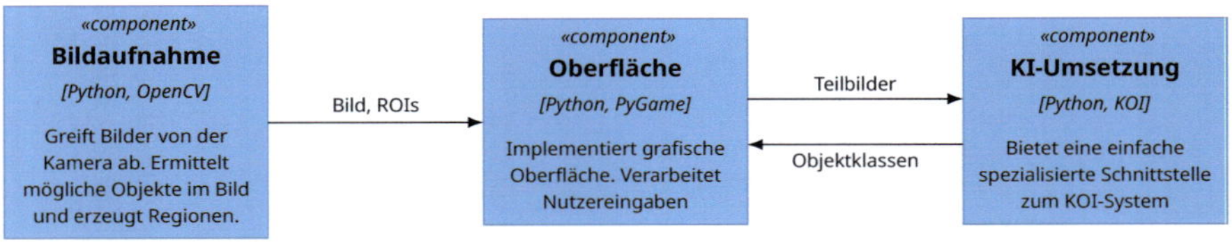

Abbildung 7.12: Die drei Komponenten der Software für den Versuchsaufbau.

Embedded Vision-System verbunden ist. Alle genannten Komponenten sind mit perforierten Kunststoffplatten verkleidet, um die Elektronik zu schützen. Um das Kameramodul herum sind vier starre LED-Streifen mit jeweils vier neutralweißen Dioden angeordnet. Diese Leuchtmittel sorgen für eine gerichtete intensive Ausleuchtung des Blickfeldes der Kamera. Vier weitere LED-Streifen befinden sich in den Ecken des Aufbaus und sorgen für ein homogenes Lichtbild ohne zu deutlichen Randlichtabfall. Der Beleuchtungsaufbau hat eine Energieaufnahme von 4,6 W. Damit liegt die Gesamtenergieaufnahme des Aufbaus unter 15 W.

Das Kameramodul wird über die *CSIv2*-Schnittstelle des Embedded Vision-Systems mit Strom versorgt. Die Netzteile zur Versorgung des *Jetson Nano* und der Leuchtmittel befinden sich jeweils unter der Grundplatte in dem ebenfalls von Kunststoffplatten verkleideten Volumen. Wie im vorherigen Beispiel der Bestückkontrolle handelt es sich hierbei um ein offenes Inspektionssystem, welches Schwankungen des Umgebungslichts ausgesetzt ist. Der beschriebene Aufbau ist in Abb. 7.11 dargestellt.

7.3.2 Umsetzung

Die Inspektionssoftware des Versuchsaufbaus besteht aus drei einfachen Komponenten, wie in Abb. 7.12 zu sehen. Die Hauptkomponente zeichnet die grafische Nutzerschnittstelle, verarbeitet Eingaben und kommuniziert mit den anderen Komponenten. Die Komponente mit dem Namen „Bildaufnahme" zieht Bilder vom Kameramodul ein und extrahiert mögliche Objektpositionen aus diesen Bildern. Die letzte Komponente, „KI-Umsetzung", bindet die hier beschriebene Software an das KOI-System an.

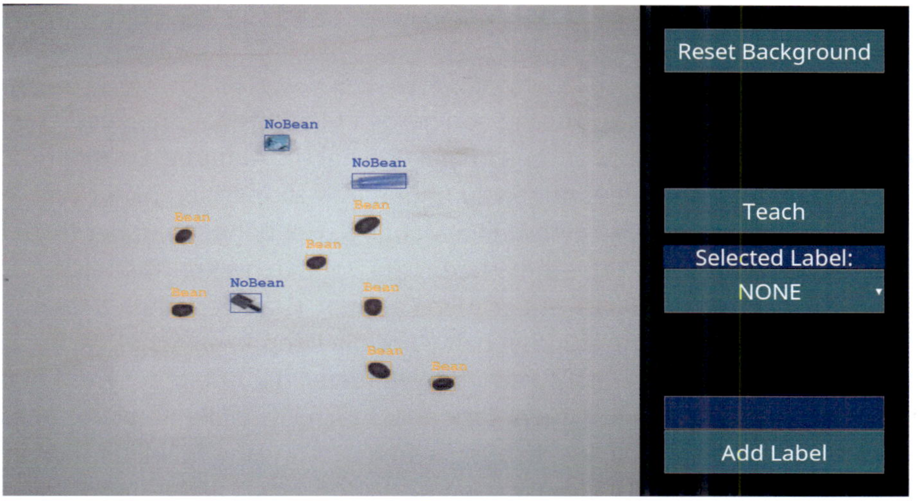

Abbildung 7.13: Bildschirmfotos der Prüfsoftware des beschriebenen Aufbaus.

Mit dem Start der Anwendung werden die Netzwerkadresse eines KOI-API-Servers, ein Benutzerkonto und eine Instanzbezeichnung übergeben. Nach erfolgreicher Authentifizierung des Benutzerkontos durch den API-Server wird die KOI-Laufzeitumgebung angewiesen, den aktuell ausführbaren Zustand der Instanz herunterzuladen und zu initialisieren. Ist der Login nicht erfolgreich oder die Instanz nicht verfügbar, so kann die Laufzeitumgebung auf eine eventuell vorhandene lokale Kopie der Instanz aus dem persistenten Cache zurückgreifen. Nachdem die Instanz geladen und initialisiert ist, kann die Hauptkomponente Teilbilder zur Inferenz übergeben. Ist die Software außerdem erfolgreich verbunden, so können auch Teilbilder samt Labelinformation als Samples an die API gesendet werden. Das ermöglicht entfernt laufenden KOI-Workern, das Training durchzuführen.

In Abhängigkeit der Komplexität des verwendeten Modells kann die Inferenz eventuell nicht synchron mit der Bildaufnahme arbeiten. Die Bildaufnahme kann bei einer nahezu konstanten Rate von 20 Hz laufen. Um dem Benutzer ein angenehm flüssiges Kamerabild zu präsentieren, werden Bildeinzug und Inferenz asynchron durchgeführt. Nach jeder abgeschlossenen Klassifikation von Objekten wird der KI-Komponente das aktuellste Kamerabild mitsamt ROIs übergeben. Die Hauptkomponente zeichnet die Inferenzergebnisse in die Darstellung des Bildeinzugs und stellt die Objektposition und Klasse so lange dar, bis die nächste Inferenz abgeschlossen ist.

In diesem Beispiel soll die Prüfung von gerösteten Kaffeebohnen als Schüttgut simuliert werden. Die optische Inspektion hat die Aufgabe, Fremdkörper in einer Menge von Kaffeebohnen zu finden und zu markieren. Für das Antrainieren der Instanz wird eine kleine Menge Kaffeebohnen auf der Inspektionsfläche verteilt. Die Software erkennt die Bohnen als kontrastreiche Objekte und markiert sie mit einem grauen Rahmen. Grau bedeutet, dass noch keine Klassifikation stattgefunden hat. Über die Dropdown-Schaltfläche auf der recht Seite von Abb. 7.13 kann der Benutzer die entsprechende Klasse „Bean“ auswählen. Mit einem Klick auf „Teach“ wird die Software angewiesen, alle gefundenen Objekte auszuschneiden und die Teilbilder mitsamt der gewählten Klasse als Samples zu registrieren. Anschließend wird dieser Vorgang mit negativen Beispielen von Störkörpern wiederholt. Bei diesem Durchgang wird allerdings die Klasse „No Bean“ gewählt. Das Antrainieren kann jederzeit wiederholt werden, um weitere Trainingsbeispiele in die Instanz einzugeben.

Abb. 7.13 zeigt die beschriebene Software während der Inferenz. Die Objekte werden erkannt und die ausgeschnittenen Teilbilder werden der aktuell geladenen Instanz zur Inferenz präsentiert. Die Software benutzt die KOI-Core-Laufzeitumgebung, um die Instanz von einer KOI-API-Installation zu erhalten und auszuführen. Durch die verschwindend geringe Belastung der begrenzten Rechenkapazität durch die Laufzeitumgebung ist es möglich, eine entfernt trainierte KI-Lösung auf dem *Jetson Nano* auszuführen.

Auch in diesem Anwendungsbeispiel wird die KOI-PWA zur Visualisierung des Fortschritts und der Trainingsbeispiele benutzt. Abb. 7.14 zeigt vier Ansichten der KOI-PWA auf einem mobilen Endgerät. Der Benutzer braucht keinen physischen Zugang zu der Hardware, auf welcher das Training ausgeführt wird. Die Darstellung kann auch auf weniger leistungsstarken Geräten, wie einem Smartphone oder dem Embedded Vision-Gerät selbst erfolgen. Die PWA ist vollständig für die Bedienung auf einem Touchscreen ausgelegt.

In der gezeigten Ansicht von Abb. 7.14a werden dem Benutzer die wichtigsten Informationen über das gewählte Modell gezeigt. In diesem Fall hat das

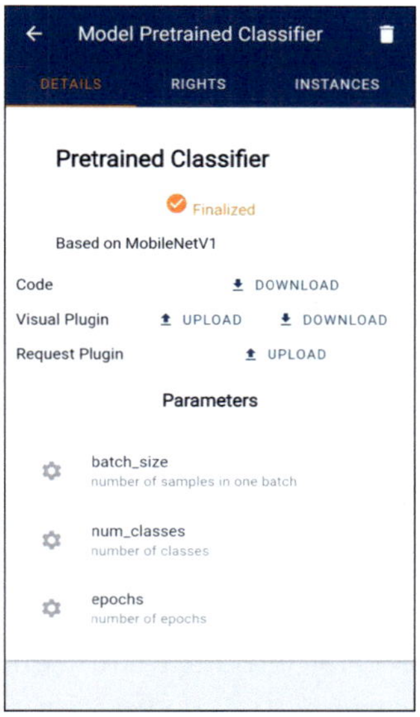

(a) Detailansicht für das ausgewählte Modell

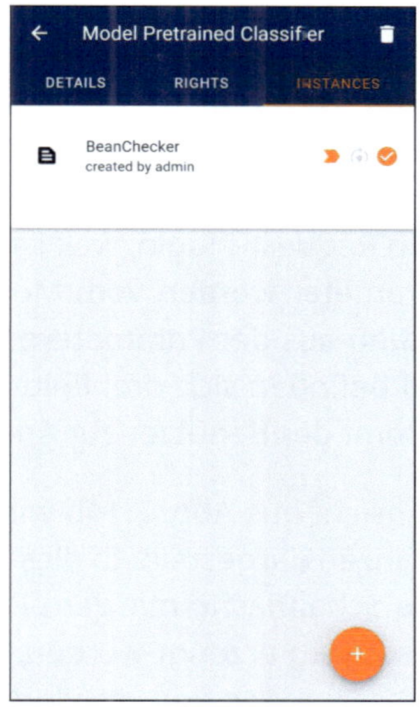

(b) Liste aller Instanzen für das Modell

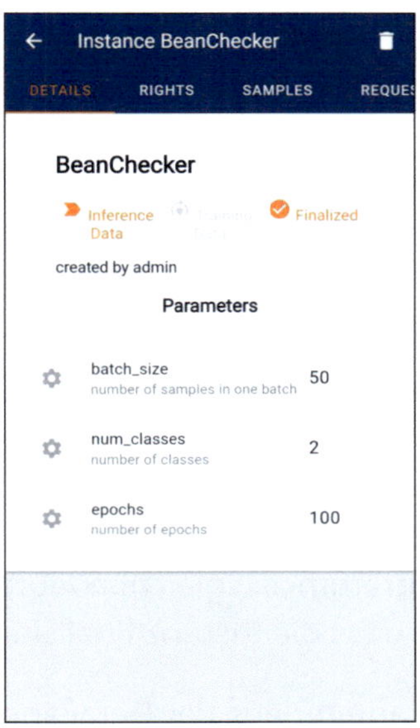

(c) Detailansicht für die ausgewählte Instanz

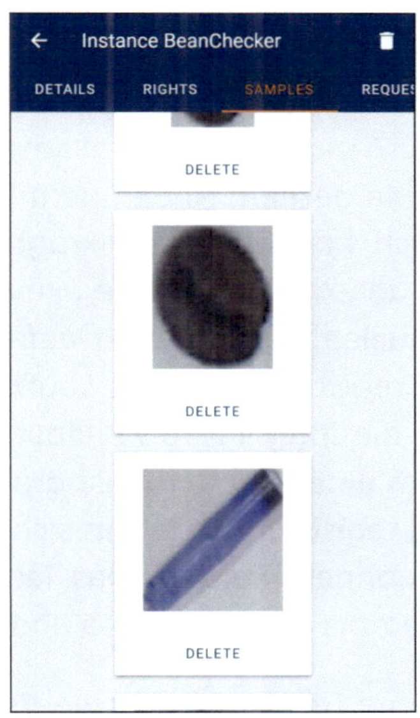

(d) Liste der Samples für die Instanz

Abbildung 7.14: Ansichten der KOI-PWA auf einem mobilen Endgerät. Es werden das Modell und die Instanz aus dem beschriebenen Beispiel dargestellt. Die Samples in Abb. 7.14d zeigen eine Bohne und einen Störkörper.

Modell den Namen „Pretrained Classifier" und ist bereits finalisiert. Der Benutzer, welcher das Modell anlegte, hat in der Beschreibung des Modells vermerkt, dass es auf der Architektur „MobileNetV1" [66] basiert. Solche Beschreibungen können einem Benutzer die Bedienung erleichtern oder helfen, die Parameter zu verstehen. Das Modell hat ein Visualisierungs-Plugin, aber kein Request-Plugin, weil es für diese Anwendung nicht benötigt wird. Drei Parameter werden vom Modell erwartet. Jeder Parameter ist mit der Anmerkung aus der Parameterdatei aus Kapitel 6 beschrieben. Am oberen Bildrand befinden sich drei Reiter. Mit einem Klick auf den Reiter „INSTANCES" kommt der Benutzer zur Ansicht aus Abb. 7.14b.

In der Ansicht aus Abb. 7.14b wird eine Liste der für den Benutzer sichtbaren Instanzen dargestellt. In diesem Beispiel ist nur eine Instanz vorhanden. Über die Schaltfläche mit dem Plus am unteren Ende der Ansicht können neue Instanzen erzeugt werden. Neben den Namen der Instanzen werden die Beschreibungen und jeweils drei Piktogramme für jede Instanz in der Liste dargstellt. Diese drei Piktogramme werden in der nächsten Ansicht näher erklärt. Mit einem Klick auf die Instanz wird die Detailansicht in Abb. 7.14c geladen.

In Abb. 7.14c ist die Detailansicht der Instanz analog zur Ansicht aus Abb. 7.14a gezeigt. Neben dem Namen und der Beschreibung der Instanz sind auch hier die drei Piktogramme zu finden. Die Piktogramme sind orange unterlegt, wenn sie aktiv sind. Das erste Piktogramm in der Form eines Guillemet ist orange gefärbt, wenn ein Inferenzzustand für diese Instanz registriert ist. Eine Laufzeitumgebung kann diesen Zustand laden und für die Inferenz von Bilddaten verwenden. Das zweite Piktogramm in der Form einer Glühbirne ist grau gefärbt, da kein fortsetzbarer Trainingszustand registriert ist. Wenn sich die Datenbasis ändert, muss das Training neu begonnen werden. Das letzte Piktogramm ist gleichbedeutend des Piktogramms aus Abb. 7.14a und zeigt an, dass die Instanz finalisiert ist.

Im unteren Teil der Ansicht werden die Parameter aus der Detailansicht des Modells in Abb. 7.14a mit den jeweiligen aktuellen Werten gezeigt. Wenn die Instanz noch nicht finalisiert ist, kann mit einem Klick auf einen Parameter ein Dialog zum editieren geöffnet werden.

Klickt der Benutzer auf den Reiter „SAMPLES“, gelangt er zur Ansicht aus Abb. 7.14d. Hier werden für jedes Beispiel eine Instanz des Visualisierungs-Plugins geladen und mit einer Sammlung von Kacheln die Samples dargestellt. Einzelne Samples können über einen Klick auf „DELETE“ der jeweiligen Kachel gelöscht werden. Die Kacheln werden entsprechend der Bildschirmgröße angezeigt und mit Wischgesten können weitere Kacheln geladen werden, welche eventuell nicht in den Anzeigebereich passen. In diesem Bild nicht dargestellt sind die Filter für die Beispiele. Am oberen Bildrand wird dem Benutzer eine Liste von Eigenschaften der Beispiele gezeigt. Mit einem Klick auf eine Eigenschaft können alle Samples, welche diese Eigenschaft teilen, ausgeblendet oder angezeigt werden. Mehrere Eigenschaften können kombiniert werden.

7.3.3 Diskussion

Mit diesem Beispiel wurde gezeigt, dass die vorgeschlagene Softwarearchitektur und ihre Referenzumsetzung in Python in der Lage sind, auf Embedded Vision-Geräten ausgeführt zu werden. Damit ist es möglich, eingebettete, energiesparende KI-Lösungen mit einem starken Backend zu verbinden und so komplexe Gesamtsysteme mit einem dynamischen Auslieferungs- und Verwaltungssystem für KI-Modelle zu schaffen. Mit diesem Experiment ist außerdem gezeigt, dass der Entwurf die Anf. *R-NF-4* erfüllt. Das vorgestellte System kann auch dabei helfen, eine Vielzahl von eingebetteten Geräten mit sich stetig verändernden KI-Softwarelösungen auszustatten und zu aktualisieren. Wenn eine entsprechende Verbindung zu einem KOI-API-Server vorhanden ist, braucht es keinen weiteren Zugang zu diesen Systemen.

Auf derartigen eingebetteten Systemen kann die Unterstützung diverser Bildverarbeitungs- oder KI-Bibliotheken unter Umständen nicht so breit ausfallen, wie es bei einem PC-System der Fall ist. Bei diesem Umstand hilft die Entscheidung, das KOI-System frei von Abhängigkeiten dieser Art zu lassen.

Das vorgestellte Experiment zeigt auch, wie eine vorgefertigte KI-Lösung in Form eines Modells auf ein neues Problem angewendet werden kann. Hierzu benötigt der Benutzer nicht zwingend einen Einblick in das Modell oder Erfahrungen bei der Entwicklung solcher Lösungen. Er erstellt eine passende Instanz und erzeugt geeignete Trainingsbeispiele. Das KOI-System übernimmt das Training der Instanz auf einem leistungsstarken, entfernten Rechner und liefert die erzielte Lösung auf alle Zielsysteme aus. Es wurde gezeigt, dass das vorgeschlagene System über Systemgrenzen hinweg funktioniert und es ermöglicht, komplexe verteilte KI-Systeme umzusetzen und zu betreiben.

7.4 Auswertung

Mit den drei vorgestellten Experimenten wurden diverse Ansätze aufgezeigt, wie das KOI-System die Umsetzung und Pflege von teilweise komplexen KI-Systemen ermöglichen kann. Die Experimente wurden so gewählt, dass sie gemeinsam möglichst viele der Anforderungen aus Kapitel 6 abdecken und deren Umsetzung belegen können. Außerdem lässt sich jedes Experiment einer Stufe des vorgestellten Modells der autonomen optischen Inspektion zuordnen. Die vorgestellte Schlupferkennung ist ein deutlicher Schritt auf dem Weg zur *Stufe 3* des Modells. Die beiden anderen Versuche bilden mögliche Grundlagen für erste Umsetzungen aus *Stufe 4*. Hier sind Prüfungen nicht mehr von explizit definierten Merkmalen abhängig, sondern basieren bereits auf einer tieferen Erkenntnis der Prüfdefekte. Tabelle 7.2 listet alle Anforderungen auf und zeigt, welches Beispiel die Umsetzung der jeweiligen Anforderung zeigt.

Bei der Betrachtung der Tabelle fällt auf, dass zwei Anforderungen nicht abgedeckt wurden. Keines der Beispiele hat eine Assoziation in seinen Trainingsdaten behandelt, weswegen Anf. *R-F-7* nicht abgedeckt ist. Aus der Erklärung der Implementierung in Kapitel 6 geht hervor, dass alle Daten und Labelinformationen eines Samples als hochdimensionale Tensoren ausgelegt sein können. Die Entscheidung, dem Benutzer volle Kontrolle über die Dimensionalität der Daten eines Samples zu geben, zielt auf die Umsetzung der Anf. *R-F-7* ab. Ebenfalls aus der Erklärung in Kapitel 6 geht hervor, dass das KOI-System eine Rechteverwaltung implementiert. Diese Rechteverwaltung ist gerade bei komplexen Systemen wie dem Experiment mit der Schlupfkontrolle essenziell. Auf eine Schilderung der Rechteverwaltung und

Anforderung	Exp. 1	Exp. 2	Exp. 3
Anf. *R-F-1*		✓	✓
Anf. *R-F-2*	✓		
Anf. *R-F-3*	✓	✓	
Anf. *R-F-4*	✓	✓	✓
Anf. *R-F-5*	✓		
Anf. *R-F-6*	✓		
Anf. *R-F-7*			
Anf. *R-F-8*	✓	✓	
Anf. *R-F-9*	✓	✓	
Anf. *R-F-10*	(✓)	(✓)	✓
Anf. *R-F-11*			
Anf. *R-F-12*	✓		✓
Anf. *R-NF-1*	✓	✓	✓
Anf. *R-NF-2*		✓	✓
Anf. *R-NF-3*	✓	✓	✓
Anf. *R-NF-4*			✓
Anf. *R-NF-5*	✓	✓	✓

Tabelle 7.2: Auflistung der Anforderungen und welche Experimente deren Umsetzung belegen.

der Interaktion verschiedener Nutzer mit den beschriebenen Systemen wurde in den Experimenten verzichtet. Die Anforderung Anf. *R-F-11* ist damit aber dennoch erfüllt.

Die geforderte Fehlererkennung aus Anf. *R-F-1* wurde bei der Bestückkontrolle in Experiment 2 gezeigt. Auch die Fremdkörpererkennung aus dem dritten Experiment belegt die Umsetzung der Anforderung.

Das erste Experiment hat sich direkt mit der geforderten Schlupferkennung aus Anf. *R-F-2* beschäftigt. Die Umsetzung dieser Anforderung ist damit sichergestellt.

Anf. *R-F-3* hat die Umsetzung von spezialisierten Teilsystemen gefordert. Diese Teilsysteme sollten auf eine Vielzahl an Problemen angewendet werden. Der Grundstein für die Umsetzung wurde mit der Entscheidung zur Trennung von Modellen und Instanzen gelegt. Das erste und das zweite Experiment haben demonstriert, wie unterschiedliche komplexe Systeme durch diese logische Aufteilung einfacher umgesetzt werden können.

Alle Experimente haben gezeigt, wie die abstrakten Objekte und die REST-Schnittstelle benutzt werden können, um asynchron und verteilt problembezogene Datensätze zu sammeln. Diese Sammlung war in Anf. *R-F-4* gefordert.

Im ersten Experiment ist die Verarbeitung unscharfer Klassenlabels und multimodaler Daten angedeutet worden. Durch mehrfaches Zuweisen der Labelinformationen und die generell freie Struktur der Daten eines Samples ist eine Umsetzung von unscharfen Labeln möglich. Die Anf. *R-F-6* ist damit erfüllt. Mit der Verarbeitung von Höhenkarten und diversen Farbbildern in einem Sample ist auch die Anforderung Anf. *R-F-5* erfüllt. Das System begrenzt weder die Dimensionalität der Daten, noch schreibt es eine innere Struktur der Samples vor.

Das kontinuierliche Lernen aus Anf. *R-F-8* wurde in den ersten beiden Experimenten benutzt, um initial trainierte Instanzen weiter zu verfeinern und an neue Datengrundlagen anzupassen. Durch das asynchrone Hinzufügen von Daten und die Speicherung von fortsetzbaren Zuständen der Instanzen können unterschiedlichste Methoden des kontinuierlichen oder fortsetzenden Lernens implementiert werden. Die Anf. *R-F-8* ist damit erfüllt.

Aufforderungen an den Nutzer, neue Labelinformationen zu erhalten, wurden in den ersten beiden Experimenten diskutiert. Das KOI-System sieht eine eigene Mechanik auf der Ebene der Samples vor, mit der KI-Lösungen Methoden des „Active-Learning" umsetzen können. Dies ist eine Implementierung der Anf. *R-F-9*, welche auch in Kapitel 6 erläutert wurde.

Anf. *R-F-10* fordert eine grafische Oberfläche für die Visualisierung und Steuerung der KI-Lösungen. In allen Experimenten wurde die Verwendung der KOI-PWA für diese Aufgaben hervorgehoben. Im dritten Experiment mit der Embedded Vision-Lösung wurde explizit gezeigt, wie der Nutzer mit der Oberfläche interagiert. Das System hat eine eigene Komponente für diese Anforderung und alle Anforderungen, welche darauf aufbauen, umgesetzt. Darüber hinaus ist durch die Auslegung der Komponente als PWA auch die Anforderung Anf. *R-NF-5* erfüllt.

Mit Anf. *R-F-12* wurde eine Unterstützung für verteilte Systeme gefordert. Im ersten und dritten Experiment wurden zwei verteilte Lösungen demonstriert. Darüber hinaus wurden in Kapitel 6 unterschiedliche Auslieferungsmöglichkeiten für den modularen Softwareentwurf des KOI-Systems vorgestellt. Diese Anforderung ist erfüllt.

Die gemeinsame Erkenntnis aller Experimente ist, dass eine einfache Umsetzung neuer KI-Lösungen mit möglichst wenig Aufwand für den Bearbeiter durch das KOI-System ermöglicht wird. Durch die Abstraktion der Lösungen und der Trennung in Modelle und Instanzen können bestehende Lösungen schnell auf neue Aufgaben adaptiert werden. Die Anf. *R-NF-1* ist voll erfüllt.

Die letzten beiden Experimente sind speziell auf die einfache Integration des KOI-Systems über die REST-Schnittstelle eingegangen. Zusammen mit der Abstraktion der Lösungen in leicht portierbare Objekte ergibt sich eine mächtige API, welche zielgerichtet auf vielen Plattformen umgesetzt und verwendet werden kann. Anf. *R-NF-2* ist damit erfüllt.

Anf. *R-NF-3* fordert explizit die Unterstützung vielseitiger Deployments für die Softwarelösung. In Kapitel 6 wurden verschiedene Deployments diskutiert und gezeigt, wie diese mit den Komponenten des KOI-Systems umsetzbar sind. Jedes der Experimente aus diesem Kapitel hat eine andere Auslieferungsform umgesetzt und getestet. Das erste Experiment hat ein komplexes MLaaS-Konzept genutzt, während das zweite Experiment eine Standalone-Lösung gezeigt hat. Das dritte Experiment zeigte die vermutlich vielseitigste Installation als ein Cloud-Dienst mit lokaler Inferenz. Diese Anforderung ist erfüllt. Zusätzlich zeigte das dritte Beispiel die Umsetzung auf einem Embedded Vision-System, was Anf. *R-NF-4* erfüllt.

8 Zusammenfassung

- Zusammenfassen der Ausgangssituation und Problemstellung.
- Beschreiben der Lösungskonzepte und der Beispiele.
- Zusammenfassen der Problemlösung.
- Ausblick auf weitere Entwicklungen.

Der erste Teil dieses Kapitels fasst die Ausgangssituation und die Problemstellung der Arbeit zusammen. Anschließend wird die beschriebene Lösung rekapituliert. Hierbei sollen noch einmal ausdrücklich die eigenen Anteile vom Stand der Technik abgegrenzt werden. Der letzte Abschnitt versucht, einen Ausblick auf die weiteren Entwicklungen mit Bezug auf künstliche Intelligenz in der optischen Qualitätskontrolle von elektronischen Flachbaugruppen zu geben.

8.1 Ausgangssituation

Zu Beginn dieser Arbeit, in Kapitel 2, wurde ein grober Überblick über die automatisierte Fertigung von elektrischen Flachbaugruppen gegeben. Hierbei wurden die beiden wichtigsten Fertigungsverfahren SMD und THT vorgestellt. Es wurde gezeigt, wie in vielen Bereichen die Fertigung im SMD-Verfahren die THT-Fertigung ersetzt. Das liegt an der besseren Automatisierung des SMD-Fertigungsprozesses und der höheren Miniaturisierung der Schaltungen. Das THT-Verfahren ist deshalb aber nicht überholt und spielt nach wie vor eine wichtige Rolle in der modernen Elektronikfertigung. In dem Kapitel wurden die jeweiligen Montage- und Lötverfahren der beiden Fertigungstechnologien beschrieben, sowie typische Konfigurationen der Fertigungslinien gezeigt.

In Kapitel 3 wurde auf die automatische optische Inspektion als wichtigste prozessbegleitende Qualitätssicherung einer automatisierten Elektronikfertigung eingegangen. Das Kapitel begann mit einer Aufstellung über die notwendigen Komponenten, welche ein AOI ausmachen. Hier wurden Bildgebung und Beleuchtung beschrieben. Zusätzlich ging das Kapitel auf Achssysteme und die Besonderheiten von dreidimensionalen Messsystemen und Röntgenmaschinen ein. Das Kapitel schloss den Hardwareteil mit der Beschreibung der Anordnung der Prüfsysteme in einer Fertigungslinie ab. Nach der Betrachtung der Hardware folgte eine Beschreibung der Softwarearchitektur der Prüfsysteme. Die wichtigsten Komponenten der Software wurden definiert und jeweils detailliert beschrieben. Dazu gehörte auch eine Beschreibung der Prüfprogrammstruktur als wichtigster Bestandteil des Prüfmanagements, sowie die Beschreibung der Prüffunktion als atomarer Prüfschritt. Abschließend erklärte Kapitel 3 die Klassifikationskette und welche Fehler bei der Klassifikation durch den Menschen und durch das Inspektionssystem entstehen können. Es wurde auf verschiedene Arten von Produktionsfehlern eingegangen. Weiterhin erklärte das Kapitel, warum es schwierig ist, aussagekräftige Erkennungsquoten für eine Inspektionsmaschine anzugeben.

Kapitel 4 begann mit einer Definitionsfindung für den Begriff der künstlichen Intelligenz. In dem darauf folgenden kurzen geschichtlichen Abriss wurden einige Schlüsselentwicklungen der künstlichen Intelligenz hin zum heutigen Stand der Technik aufgezeigt. Als letzter Punkt in der Darstellung der Geschichte wurden die autonomen Fahrzeuge beschrieben. Die autonomen Fahrzeuge stellen einen technologischen Meilenstein dar, weil sie hochkomplexe, multimodale KI-Systeme in einer Domäne etablieren wollen, welche auf die menschliche Wahrnehmung und Intelligenz zugeschnitten ist, den Straßenverkehr.

Im zweiten Teil von Kapitel 4 wurden aktuelle Entwicklungen im Stand der Technik von KI-Anwendungen mit spezifischem Bezug zur optischen Qualitätskontrolle aufgezeigt. Der Abschnitt stellte aktuelle Forschungsarbeiten mit besonderen Herangehensweisen oder Ergebnissen vor. Die Arbeiten waren hierbei nach den jeweiligen Gruppen von Inspektionsgeräten sortiert.

Der letzte Teil von Kapitel 4 gab einen Ausblick auf die sich abzeichnenden Entwicklungen im vorgestellten Forschungsfeld. Hier zeichnete sich der Trend ab, dass AOIs eine Entwicklung hin zu multimodalen, komplexen KI-Systemen vollziehen könnten. Diese KI-Systeme könnten über die Grenzen von einzelnen Inspektionsmaschinen hinweg agieren und eine ganzheitliche Prozessüberwachung schaffen.

8.2 Problemlösung

Die erste Forschungsfrage wurde mit dem Stand der Technik beantwortet. Es wurde gezeigt, dass es durchaus möglich ist, Prozessfehler der Elektronikfertigung mittels KI automatisiert zu erkennen. Das Spektrum der möglichen Ansätze ist sogar sehr vielfältig. Es wurden Ansätze vorgestellt, welche bestehende Prüffunktionen verbessern oder ersetzen können. Außerdem wurden Ansätze aufgezeigt, welche auf eine ganzheitliche Prozesskontrolle abzielen.

In der Problemstellung in Kapitel 5 wurde das autonome Fahrzeug als Beispiel aufgeführt, weil es hier einen Ablauf gibt, welcher eine zukünftige Entwicklung dieser Technologie vorhersagt. Um die zweite Forschungsfrage zu beantworten, wurde die Aufgabe gestellt, einen solchen Entwicklungsplan auch für das intelligente Prüfsystem aufzustellen. In Kapitel 6 wurde ein solcher Entwicklungsplan erarbeitet, welcher sich an dem genannten Beispiel des autonomen Fahrzeugs orientiert. Damit war die zweite Forschungsfrage aber noch nicht vollständig beantwortet, da der Bezug zu den inhärenten Nebenbedingungen der Verfahren und den Anforderungen aus dem produktiven Umfeld fehlt.

Mit Berücksichtigung der Nebenbedingungen und Anforderungen war eine Softwarearchitektur zu erstellen, welche es ermöglichen sollte, die vorgezeichnete Entwicklung hin zu einer intelligenten optischen Inspektion zu untersetzen. Es wurde zunächst eine Stakeholderanalyse für ein intelligentes Inspektionssystem in den ersten Stufen des Entwicklungsprozesses angefertigt. Mithilfe dieser Stakeholder wurden die ersten Anforderungen an die Softwarearchitektur gestellt. Die weiteren Anforderungen wurden aus den zuvor benannten Problemen und der zweiten und dritten Forschungsfrage abgeleitet. Auf Basis dieser Anforderungen wurde die geforderte Softwarearchitektur entworfen. Die Umsetzung dieser Architektur wurde unter einer Open-Source-Lizenz veröffentlicht.

Der zentrale Schwerpunkt der Softwarearchitektur und der damit verbundenen neuen Herangehensweise ist die Erstellung, Verwaltung, Pflege und Integration von spezialisierten KI-Lösungen, ohne dem Entwickler oder Anwender Vorgehen und Verfahren vorzugeben. Durch den objektorientierten, generalisierten Austausch von Daten können bestehende Lösungen leicht auf eine Vielzahl von Systemen portiert werden. Das asymmetrische Sammeln von Trainingsdaten und die Möglichkeit des fortsetzenden Lernens ermöglichen es, dass neue Lösungen in einem laufenden Prozess erstellt und trainiert werden können. Eine Integration von KI-Lösungen in einen Produktionsprozess für Flachbaugruppen lässt sich nur umsetzen, wenn die neue

Lösung sich vorerst in die bestehenden Strukturen und Arbeitsweisen integriert und keinen zusätzlichen Einrichtaufwand für den Benutzer bedeutet. Um das zu erreichen, nutzt die vorgestellte Lösung die abstrakten Objekte zur Beschreibung von KI-Lösungen. Durch den objektorientierten Entwurf und die vorgestellte REST-API ist eine Integration in bestehende Prüfsoftware mit wenig Aufwand verbunden. Mit dieser Architektur und der gezeigten Umsetzung sind die Grundlagen und Werkzeuge geschaffen, um die zweite und dritte Forschungsfrage zu beantworten.

Um die Umsetzung der Anforderungen aus Kapitel 6 und damit die Tauglichkeit der Software zur Lösung der Forschungsfragen zu belegen, wurden in Kapitel 7 drei Experimente umgesetzt. Diese Experimente zeigten, wie die jeweiligen Prüfaufgaben im aufgestellten Entwicklungsprozess vorangetrieben werden. Das erste Experiment demonstrierte, wie die vorgeschlagene Architektur es ermöglicht, die Fehlerklassifikation, welche von einem menschlichen Experten durchgeführt wird, mittels einer KI-Lösung zu überwachen. Diese Überwachung verspricht, der vorgezeigten Entwicklung folgend, zu einer automatischen Fehlerklassifikation mit seltenem Eingriff durch den Menschen und schlussendlich zu einem voll autonomen System zu wachsen. In diesem Experiment entstand ein komplexes KI-System, welches auf der hier gezeigten Architektur beruht und trotzdem nur minimalen Integrationsaufwand in die bestehende Software benötigt. Im Anschluss an die Beschreibung wurden die Ergebnisse diskutiert.

Das zweite Experiment zeigte, wie mit der vorgeschlagenen Softwarearchitektur und Vorgehensweise neue Prüfansätze erschlossen werden können. Mit einem offenen Inspektionsgerät, welches direkt in den Arbeitsplatz eines menschlichen Bestückers integriert ist, werden Bestückfehler in einer Flachbaugruppe vor dem Aufsetzen eines Niederhalters erkannt. Für die Erkennung sollten KI-Klassifikatoren verwendet werden. Für das Einrichten und das Training der produktbezogenen KI-Lösung war gefordert, dass der Benutzer keine besonderen Kenntnisse benötigt und keine großen Zeitaufwände entstehen. Mithilfe der hier entwickelten und implementierten Softwarearchitektur war es möglich, eine solche Lösung in die bestehende Inspektionssoftware einzubetten. Die Qualitätskontrolle bei der Handbestückung von elektronischen Komponenten wurde damit deutlich verbessert.

Das dritte Experiment hat demonstriert, wie die vorgeschlagene Architektur auch auf Embedded Vision-Geräten eingesetzt werden kann, um eingebettete Inspektionslösungen zu realisieren. Der große Vorteil, welcher durch die Benutzung des KOI-Systems enstand, war, dass der Trainingsprozess mit seinen hohen Anforderungen an Rechenleistung und Speicherbedarf auf einen entfernten Trainingsserver ausgelagert werden konnte. Außerdem übernahm das in dieser Arbeit vorgestellte Softwaresystem die Verwaltung und Auslieferung der KI-Lösung. Im Anschluss an die Beschreibung der Experimente wurde die Umsetzung der Anforderungen aus Kapitel 6 belegt.

In dieser Arbeit wurde ein mehrstufiger Entwicklungsprozess für die intelligente, optische Inspektion nach dem Vorbild bekannter Prozesse aus der Automobilindustrie entwickIt. Aus diesem Prozess und dem Stand der Technik wurden Anforderungen an eine Architektur gestellt, welche diese Entwicklung tragen soll. Diese Architektur ist anschließend implementiert worden. Die Implementierung wurde im Rahmen eines OpenSource-Projekts veröffentlicht und wird aktiv genutzt. Außerdem war die Implementierung die Grundlage für drei Beispielanwendungen, welche typische Aufgaben aus dem Bereich der automatischen optischen Inspektion mithilfe von KI-Lösungen verbessern sollten. Anhand der Beispielanwendungen wurde die Erfüllung der Anforderungen durch die Architektur und die Machbarkeit der vorgeschlagenen Lösungsstrategie belegt.

Die hier gezeigte Lösung unterscheidet sich in einigen wichtigen Punkten von ähnlichen Ansätzen zur Auslieferung von KI-Lösungen. Im Unterschied zu reinen MLaaS-Lösungen kann die vorgestellte Lösung auch eine Inferenz auf Endgeräten ausführen und unterstützt die Sammlung von problembezogenen Datensätzen über eine sehr allgemeine Schnittstelle. Die Einbettung von neuen Modellen oder Instanzen in bestehende Software ist mit der vorgestellten Lösung sehr einfach und die Laufzeitumgebung arbeitet ressourcenschonend. Von einer lokalen Ausführung der KI-Lösungen mittels virtueller Maschinen oder Container hebt sich die Arbeit durch die plattformübergreifende Laufzeitumgebung ab, da, wie in Kapitel 7 gezeigt, eine Ausführung sogar auf Embedded Vision-Systemen möglich ist, welche keine Virtualisierung unterstützen.

Über die Auslieferung der KI-Lösungen hinweg unterstützen die entwickelte Softwarearchitektur und ihre Umsetzung auch die Sammlung von Datensätzen, sowie das koordinierte, verteilte Trainieren von neuen Lösungen. Einen besonderen Fokus legt die Lösung auf das kontinuierliche oder fortsetzende Lernen, da sich diese Anforderung aus der Betrachtung der gängigen AOI-Systeme ergeben hat. Die hier entwickelte Lösung zeigt sich als besonders vielseitig, performant und zukunftsgerichtet.

8.3 Ausblick

Schon aus dem Stand der Technik zeichnet sich ab, dass sich die Entwicklung der automatischen optischen Inspektion deutlich der künstlichen Intelligenz zuwendet. Bereits vor Fertigstellung dieser Arbeit werben einzelne Hersteller von Prüfsystemen vereinzelt mit der Verwendung von künstlicher Intelligenz. Durch die stetig steigenden Anforderungen an Durchsatz, Preis, Qualität und Prüftiefe, mit denen sich Produzenten elektrischer Flachbaugruppen konfrontiert sehen, wird der Wunsch nach hochautomatisierten bzw. autonomen Prüfsystemen wachsen. Der menschliche Bearbeiter scheint verdrängt zu werden oder neue Aufgabenfelder annehmen zu müssen.

Viele aktuelle Entwicklungen zeigen beeindruckende Lösungen von Teilproblemen der optischen Qualitätssicherung. Für eine nachhaltige Entwicklung hin zu wirklich autonomen Prüfsystemen wird es ganzheitlichere Ansätze benötigen. Systemgrenzen werden verschwimmen und der Wert von Inspektionsdaten in den bereits heute hochvernetzten Fertigunsganlagen wird weiter wachsen. Für die Entwicklung hin zu einer tiefgehenden autonomen Prüfung werden komplexe Ansätze benötigt, welche über Systemgrenzen hinweg multimodale Daten verarbeiten können. Es ist anzunehmen, dass solche Systeme die bisherigen monolithischen AOIs verdrängen werden.

Ein Thema, welches in dieser Arbeit nicht betrachtet wurde, aber für die Durchsetzungsfähigkeit und Akzeptanz der neuen Prüfansätze sehr wichtig sein wird, ist die Erklärbarkeit der KI. Nur, wenn die Entscheidungen der neuen KI-Prüfsysteme durch den Menschen nachvollzogen werden können, wird diese Technologie die Entwicklung bis hin zur fünften Stufe des vorgestellten Entwicklungsplans schaffen. In der Übergangszeit, in der die Systeme sehr eng mit den menschlichen Experten zusammenarbeiten, wird das Vertrauen aufgebaut, welches später die Existenzberechtigung autonomer Qualitätskontrollen sein wird. Für solche nachvollziehbaren KI-Systeme werden in den nächsten Jahren die Grundlagen entwickelt werden müssen. Der Mensch muss in Wort und Bild dargelegt bekommen, wie einzelne Entscheidungen getroffen wurden. Das spielt nicht nur für die Akzeptanz durch den Produzenten eine Rolle, sondern auch für das Vertrauen der Kunden in die Prüftechnologie selbst.

Auf die Hardware bezogen zeichnet sich ab, dass die klassischen AOI-Maschinen sich verändern oder ganz verschwinden werden. Durch die zunehmende Miniaturisierung der Schaltungen, hochintegrierte Schaltkreise mit verdeckten Bauteilen und neue vertikale Fertigungstechnologien bekommt die Röntgeninspektion immer mehr Bedeutung. So wie 3D-AOI bereits flächendeckend das klassische 2D-AOI verdrängte, hat die Röntgeninspektion das Potenzial, ein fester Bestandteil jeder Fertigungslinie zu werden. Hier wird die Verarbeitung von multimodalen und hochdimensionalen Daten besonders hervorgehoben. Auch die eingebetteten Prüfsysteme zeigen sich immer häufiger in der Elektronikfertigung. Durch die Integration in den Arbeitsplatz werden ganz neue Prüftiefen erschlossen. Auch ist eine Integration der optischen Prüfung direkt in die Fertigungsmaschinen denkbar. Mit der Entwicklung neuer bildgebender Verfahren und dem Trend weg von einer reinen zweidimensionalen Bildaufnahme werden die systemübergreifenden multimodalen KI-Systeme immer wichtiger werden.

Abkürzungen

AOI Automatische Optische Inspektion. 1.0, 1.2, 3.1–3.5, 4.3, 4.4, 5.0, 6.0–6.3, 8.1–8.3

AXI Automatische Röntgen(X-Ray) Inspektion. 3.1, 3.2, 6.1

BGA Ball Grid Array. 3.1, 3.5, *Glossar:* Ball Grid Array

CAD Computer-Aided Design. 3.5, 4.3, 6.1

EMS Electronic Manufacturing Service. 1.0, 3.4, 4.4, 6.2, 6.3, 7.1, *Glossar:* Electronic Manufacturing Service

GPU Graphics Processing Unit. 6.2

HIP Head in Pillow. 3.1, 4.3

IC Integrated Circuit. 2.2, 3.3, 7.1, *Glossar:* Integrated Circuit

KI künstliche Intelligenz. 1.0–1.2, 4.0–4.4, 5.0, 6.0–6.5, 7.0–7.4, 8.1–8.3

KNN Künstliches Neuronales Netz. 4.2–4.4

ML Machine Learning. 6.2, 6.4, 7.3

MLaaS Machine Learning as a Service. 6.2, 6.3, 7.4, 8.2, *Glossar:* Machine Learning as a Service

OCR Optical Character Recognition. 3.0, 3.4, *Glossar:* Optische Zeichenerkennung

PCA Principal Component Analysis. 4.3

PCB Printed Circuit Board. 2.2, 8.3

PWA Progressive Web App. 6.3, 6.4, 7.1, 7.3, 7.4, *Glossar:* Progressive Web App

REST Representational State Transfer. 6.3, 7.1, 7.4, 8.2, *Glossar:* Representational State Transfer

RFID Radio-Frequency Identification. 3.2, 3.3

SMD Surface Mounted Device. 2.1, 2.2, 3.1, 3.2, 3.4, 3.5, 7.1, 7.2, 8.1, 8.3

SMT Surface Mounted Technology. 1.2, 2.0, 2.2, 4.3, *Glossar:* Surface Mounted Technology

SoC System on a Chip. 7.3, *Glossar:* System on a Chip

SPI Solder Paste Inspection. 3.2, 3.4, 4.3, 6.1

SPS Speicherprogrammierbare Steuerung. 3.3, *Glossar:* Speicherprogrammierbare Steuerung

THT Through Hole Technology. 1.2, 2.0–2.2, 3.1, 3.3, 3.5, 4.3, 7.0–7.2, 8.1, *Glossar:* Through Hole Technology

TQFP Thin Quad Flat Package. 3.5

UUID Universally Unique Identifier. 3.2, 6.3, *Glossar:* Universally Unique Identifier

Glossar

2D-AOI Eine optische Inspektionsmaschine, welche zweidimensionale Abbildungen des Prüflings bewertet. Bei diesen Abbildungen handelt es sich meist um Farbbilder, also jedem Punkt der Leiterplatte wird eine Intensität im RGB-Farbraum zugeordnet und mit Methoden der Bildverarbeitung bewertet. 3.1, 3.5, 6.1, 8.3

3D-AOI Eine optische Inspektionsmaschine, welche dreidimensionale Abbildungen des Prüflings bewertet. Typischerweise umfasst der Messumfang einer dreidimensionalen Maschine den einer zweidimensionalen, also werden bei den Abbildungen jedem Punkt der Leiterplatte eine Intensität im RGB-Farbraum sowie eine Höhe zugeordnet und mit den Methoden der Bildverarbeitung bewertet. 3.5, 4.3, 6.1, 6.2, 8.3

Ball Grid Array Eine gängige Bauform für einen komplexen Integrated Circuit. Die Lötkontakte befinden sich als Kugeln in einem Raster angeordnet auf der Unterseite des Bauteils. Durch gleichmäßiges Erhitzen schmelzen die Kugeln auf und bilden eine mechanische und elektrische Verbindung zur Leiterplatte. 3.1, 8.3

Cache Der Cache (dt. Zwischenspeicher) ist ein Softwarekonstrukt, welches Zugriffe auf Objekte ressourcenschonend umsetzen soll, indem eine bereits bekannte Kopie an Stelle der aktuellsten Repräsentation des Objekts geliefert wird. Verwendet werden Caches dann, wenn wiederholte Zugriffe auf sich selten verändernde Objekte oder Daten über einen ressourcenintensiven Kanal erfolgen. Das kann gegeben sein, wenn die verwendete Ressource zu langsam oder von einem anderen Teilnehmer belegt ist . 6.3

Chip Diskrete elektrische Komponente in einem stabilen Gehäuse von genormter Größe und Form. 2.2, 3.1, 7.1

Container Container bieten eine Art der Softwarevirtualisierung auf Ebene des Betriebssystems. Das bedeutet, die einzelnen Instanzen, Container genannt, greifen auf einen gemeinsamen Kernel zu. Im Gegensatz zur virtuellen Maschine wird nicht das gesamte Betriebssystem virtualisiert, weswegen Container als ressourcenschonend gelten . 7.1

Deamon Ein Programm, welches ohne direkte Interaktion mit einem menschlichen Bediener läuft. Es erfüllt Aufgaben im Hintergrund.. 6.3

Electronic Manufacturing Service Ein Fertigungsdienstleister für die Produktion elektrischer Baugruppen und Produkte. Neben der elektronischen Flachbaugruppe selbst bieten viele Dienstleister auch Endmontagen der Produkte an. 1.0, 8.3

Embedded Vision Ein optisches Prüf- oder Überwachungssystem, welches sich durch ein hohes Maß an Miniaturisierung und meist einer starken Spezialisierung auf ein Problemfeld auszeichnet . 6.2, 7.3, 7.4, 8.2

Integrated Circuit Komplexe elektrische Schaltung in einem stabilen Gehäuse von genormter Größe und Form. 2.2, 8.3

Optische Zeichenerkennung Auch Klartexterkennung; Ist ein Verfahren der Informationstechnologie und Bildverarbeitung, welches eine maschinenlesbare Interpretation bildhafter Darstellungen von Schriftzeichen liefert. Sie spielt in der optischen Prozessüberwachung eine große Rolle, da so Markierungen zur Nachverfolgung von Prüflingen für Mensch und Maschine gleichermaßen verwertbar sind. 3.0, 8.3

Package-on-Package Mehrere ICs oder PCBs werden in einer vertikalen Anordnung verbunden, um eine hohe Integrationstiefe zu erreichen. 2.2

Passermarke Eine optische Markierung auf der PCB, welche in diversen Produktions- und Prüfschritten verwendet wird, um eine Positionierung relativ zur PCB zu ermöglichen. Selten auch Passmarke oder englisch Fiducial bezeichnet. 3.3

Progressive Web App Eine Webanwendung auf Basis einer responsiven Webseite. Verbindet die Eigenschaften moderner Webseiten mit denen von klassischen, systemnahen Apps. Die Darstellung erfolgt über eine Browser-Umgebung und ist plattformunabhängig. PWAs unterstützen das "Installieren" auf einem System und müssen deshalb zeitweisen Verbindungsverlust zu ihrem Backend fehlerfrei verarbeiten. 6.3, 8.3

Representational State Transfer Ein Softwareparadigma für Webservices, welches der Kommunikation verteilter Systeme dient. Schwerpunkt ist die Beschreibung und der Austausch von Ressourcen statt Funktionen und Methoden. 6.3, 8.3

Speicherprogrammierbare Steuerung Ein digital programmierbares Kontrollgerät für die Steuerung oder Regelung einer Anlage oder Maschine. Im englishen programmable logic controller (PLC) genannt. 3.3, 8.3

Surface Mounted Technology Fertigung in Oberflächenmontage. Die Bauteile werden mit ihren Kontakten auf Pads auf der selben Seite platziert und dort kontaktiert. Oft wird synonym auch Surface Mounted Device (SMD) verwendet. 1.2, 8.3

System on a Chip dt. Ein-Chip-System; Ein einziger Chip, welcher alle oder fast alle programmierbaren Bausteine eines Computer-Systems in sich hält. Dazu gehören auch diverse Peripherie-Schnittstellen. 7.3, 8.3

Through Hole Technology Fertigung in Durchsteckmontage. Die Bauteile werden mit ihren Kontakten durch die Leiterplatte geführt und auf der anderen Seite kontaktiert. 1.2, 8.3

Universally Unique Identifier Eine Ganzzahl mit einer Größe von 128 Bits. Dient der eindeutigen Identifikation von Objekten in datenverarbeitenden Systemen. 3.2, 8.3

Via Eine elektrische Durchkontaktierung zwischen elektrischen Leiterbahnen einer PCB. Sie ermöglicht komplexe, mehrlagige Schaltungen. 2.0

Literaturverzeichnis

[1] NITZSCHE, Karl (Hrsg.) ; ULLRICH, Hans-Jürgen (Hrsg.) ; BAUCH, Jürgen (Hrsg.): *Funktionswerkstoffe der Elektrotechnik und Elektronik: Mit 120 Tabellen.* 2., stark überarb. Aufl. Leipzig : Dt. Verl. für Grundstoffindustrie, 1993. – ISBN 3342005246

[2] OPPERMANN, Martin ; RICHTER, Johannes ; SCHAMBACH, Jörg ; MEYENDORF, Norbert: NDE for Electronics Packaging. Version: 2021. `http://dx.doi.org/10.1007/978-3-030-48200-8{_}46-1`. In: MEYENDORF, Norbert (Hrsg.) ; IDA, Nathan (Hrsg.) ; SINGH, Ripi (Hrsg.) ; VRANA, Johannes (Hrsg.): *Handbook of Nondestructive Evaluation 4.0.* Cham : Springer International Publishing, 2021. – DOI 10.1007/978-3-030-48200-8_46-1. – ISBN 978-3-030-48200-8, 1–51

[3] DEMANT, Christian ; STREICHER-ABEL, Bernd ; SPRINGHOFF, Axel: *Industrielle Bildverarbeitung: Wie optische Qualitätskontrolle wirklich funktioniert.* 3. Aufl. Berlin, Heidelberg : Springer-Verlag Berlin Heidelberg, 2011 `http://site.ebrary.com/lib/alltitles/docDetail.action?docID=10439943`. – ISBN 9783642130977

[4] LUHMANN, Thomas: *Nahbereichsphotogrammetrie: Grundlagen, Methoden und Anwendungen.* 3., völlig neu bearb. und erw. Aufl. Berlin : Wichmann, 2010. – ISBN 9783879074792

[5] GÖPEL ELECTRONIC: *Prospekt 3DViewZ-Messkopf AOI*

[6] VISCOM AG: *Prospekt S3088 Ultra*

[7] Hedderich F., Rabich S.: *Verfahren zur Inspektion von beliebig verteilten Prüfbereichen auf elektronischen Baugruppen.* 2011

[8] Vitoriano, P. M., Tito G. Amaral: 3D Solder Joint Reconstruction on SMD based on 2D Images. In: *SMT Magazine* (2016), Nr. 31, 83–93. http://www.academia.edu/download/46157727/3d_sjr.pdf

[9] Richter, Johannes ; Schambach, Jörg: Three-dimensional THT solder joint reconstruction for inline inspection systems. In: Rosenberger, Maik (Hrsg.): *Photonics and Education in Measurement Science 2019.* Bellingham, Washington : SPIE, 2019 (Proceedings of SPIE. 5200-). – ISBN 9781510629813, 25

[10] Berger, Mario: *Test- und Prüfverfahren in der Elektronikfertigung: Vom Arbeitsprinzip bis Design-for-Test-Regeln.* Berlin : VDE-Verl., 2012. – ISBN 978-3-8007-3233-3

[11] IPC: *IPC-SMEMA-9851: Equipment Interface Specification*

[12] IPC: *IPC-HERMES-9852: The Global Standard for Machine-to-Machine Communication in SMT Assembly*

[13] Foerste, Stefan: The Hermes Standard: Basics Presentation. https://www.the-hermes-standard.info/wp-content/uploads/2018-08-14_TheHermesStandard_IPC-HERMES-9852_BasicPresentation.pdf

[14] Bundesministerium für Wirtschaft und Energie: Leitbild 2030 für Industrie-4.0: Digitale Ökosysteme global gestalten. (2019). https://www.plattform-i40.de/PI40/Redaktion/DE/Downloads/Publikation/Leitbild-2030-f%C3%BCr-Industrie-4.0.pdf?__blob=publicationFile&v=11

[15] IPC: *IPC-A-610-DE: Abnahmekriterien für elektronische Baugruppen.* E. 01.04.2010

[16] Arduino ; Arduino (Hrsg.): *MEGA2560rev3 CAD-Datein: Entwurfsdatein im EAGLE-Format.* https://content.arduino.cc/assets/MEGA2560_Rev3e-reference.zip

[17] GÖRZ, Günther (Hrsg.) ; ROLLINGER, Claus-Rainer (Hrsg.) ; SCHNEEBERGER, Josef (Hrsg.): *Handbuch der künstlichen Intelligenz*. 3., vollständig überarbeitete Auflage. München and Wien : Oldenbourg Verlag, 2000. – ISBN 3486250493

[18] LÄMMEL, Uwe ; CLEVE, Jürgen: *Lehr- und Übungsbuch künstliche Intelligenz: Mit 48 Tabellen*. München and Wien : Fachbuchverl. Leipzig im Carl-Hanser-Verl., 2001. – ISBN 3446214216

[19] TURING, A. M.: I.—COMPUTING MACHINERY AND INTELLIGENCE. In: *Mind* LIX (1950), Nr. 236, S. 433–460. http://dx.doi.org/10.1093/mind/LIX.236.433. – DOI 10.1093/mind/LIX.236.433. – ISSN 0026–4423

[20] MCCULLOCH, Warren S. ; PITTS, Walter: A logical calculus of the ideas immanent in nervous activity. In: *The bulletin of mathematical biophysics* 5 (1943), Nr. 4, S. 115–133. – ISSN 0007–4985

[21] D. O. HEBB: *The Organization of Behavior*. 1949

[22] BRAUSE, Rudiger: *Neuronale Netze*. Stuttgart : Springer, 1995. – ISBN 3519122472

[23] MICHIE, Donald: Experiments on the mechanization of game-learning Part I. Characterization of the model and its parameters [MENACE]. (1963). https://www.gwern.net/docs/rl/1963-michie.pdf

[24] BODEN, Margaret: Obituary: Donald Michie (1923-2007). In: *Nature* 448 (2007), Nr. 7155, S. 765. http://dx.doi.org/10.1038/448765a. – DOI 10.1038/448765a

[25] CAMPBELL, Murray ; HOANE, A.Joseph ; HSU, Feng-hsiung: Deep Blue. In: *Artificial Intelligence* 134 (2002), Nr. 1, 57–83. http://dx.doi.org/10.1016/S0004-3702(01)00129-1. – DOI 10.1016/S0004-3702(01)00129-1. – ISSN 0004–3702

[26] LALLY, Adam ; FODOR, Paul: Natural Language Processing With Prolog in the IBM Watson System.

[27] SILVER, David ; HUANG, Aja ; MADDISON, Chris J. ; GUEZ, Arthur ; SIFRE, Laurent ; VAN DEN DRIESSCHE, George ; SCHRITTWIESER, Julian ; ANTONOGLOU, Ioannis ; PANNEERSHELVAM, Veda ; LANCTOT, Marc ; DIELEMAN, Sander ; GREWE, Dominik ; NHAM, John ; KALCHBRENNER, Nal ; SUTSKEVER, Ilya

; LILLICRAP, Timothy ; LEACH, Madeleine ; KAVUKCUOGLU, Koray ; GRAEPEL, Thore ; HASSABIS, Demis: Mastering the game of Go with deep neural networks and tree search. In: *Nature* 529 (2016), Nr. 7587, 484–489. http://dx.doi.org/10.1038/nature16961. – DOI 10.1038/nature16961

[28] SILVER, David ; SCHRITTWIESER, Julian ; SIMONYAN, Karen ; ANTONOGLOU, Ioannis ; HUANG, Aja ; GUEZ, Arthur ; HUBERT, Thomas ; BAKER, Lucas ; LAI, Matthew ; BOLTON, Adrian ; CHEN, Yutian ; LILLICRAP, Timothy ; HUI, Fan ; SIFRE, Laurent ; VAN DEN DRIESSCHE, George ; GRAEPEL, Thore ; HASSABIS, Demis: Mastering the game of Go without human knowledge. In: *Nature* 550 (2017), Nr. 7676, 354–359. http://dx.doi.org/10.1038/nature24270. – DOI 10.1038/nature24270

[29] SILVER, David ; HUBERT, Thomas ; SCHRITTWIESER, Julian ; ANTONOGLOU, Ioannis ; LAI, Matthew ; GUEZ, Arthur ; LANCTOT, Marc ; SIFRE, Laurent ; KUMARAN, Dharshan ; GRAEPEL, Thore ; LILLICRAP, Timothy ; SIMONYAN, Karen ; HASSABIS, Demis: *Mastering Chess and Shogi by Self-Play with a General Reinforcement Learning Algorithm*. https://arxiv.org/pdf/1712.01815.pdf

[30] SCHRITTWIESER, Julian ; ANTONOGLOU, Ioannis ; HUBERT, Thomas ; SIMONYAN, Karen ; SIFRE, Laurent ; SCHMITT, Simon ; GUEZ, Arthur ; LOCKHART, Edward ; HASSABIS, Demis ; GRAEPEL, Thore ; LILLICRAP, Timothy ; SILVER, David: Mastering Atari, Go, chess and shogi by planning with a learned model. In: *Nature* 588 (2020), Nr. 7839, 604–609. http://dx.doi.org/10.1038/s41586-020-03051-4. – DOI 10.1038/s41586-020-03051-4

[31] BELLEMARE, M. G. ; NADDAF, Y. ; VENESS, J. ; BOWLING, M.: The Arcade Learning Environment: An Evaluation Platform for General Agents. In: *Journal of Artificial Intelligence Research* 47 (2013), 253–279. http://dx.doi.org/10.1613/jair.3912. – DOI 10.1613/jair.3912. – ISSN 1076–9757

[32] DEAN A. POMERLEAU (Hrsg.): *Alvinn: An autonomous land vehicle in a neural network*. 1989

[33] BANSAL, Mayank ; KRIZHEVSKY, Alex ; OGALE, Abhijit: *ChauffeurNet: Learning to Drive by Imitating the Best and Synthesizing the Worst*. https://arxiv.org/pdf/1812.03079.pdf

[34] SZEGEDY, Christian ; LIU, Wei ; JIA, Yangqing ; SERMANET, Pierre ; REED, Scott ; ANGUELOV, Dragomir ; ERHAN, Dumitru ; VANHOUCKE, Vincent ; RABINOVICH, Andrew ; IEEE: Going Deeper with Convolutions. In: *2015 IEEE CONFERENCE ON COMPUTER VISION AND PATTERN RECOGNITION (CVPR)* (2015), S. 1–9. – ISSN 1063–6919

[35] RICHTER, Johannes ; STREITFERDT, Detlef ; ROZOVA, Elena: On the Development of Intelligent Optical Inspections. In: *2017 IEEE 7TH ANNUAL COMPUTING AND COMMUNICATION WORKSHOP AND CONFERENCE IEEE CCWC-2017* (2017)

[36] JABBAR, Eva ; BESSE, Philippe ; LOUBES, Jean-Michel ; MERLE, Christophe: Conditional Anomaly Detection for Quality and Productivity Improvement of Electronics Manufacturing Systems. Version: 2019. `http://dx.doi.org/10.1007/978-3-030-37599-7{_}59`. In: NICOSIA, Giuseppe (Hrsg.): *Machine Learning, Optimization, and Data Science* Bd. 11943. Cham : Springer International Publishing, 2019. – DOI 10.1007/978–3–030–37599–7_59. – ISBN 978–3–030–37598–0, S. 711–724

[37] LI, Mingyang ; WANG, Hanling ; ZHANG, Yue ; HUANG, Shao-Lun ; ZHANG, Lin: Anomaly detection in surface mount technology process using multi-modal data. In: GANTI, Raghu K. (Hrsg.) ; JIANG, Xiaofan (Hrsg.) ; PICCO, Gian P. (Hrsg.) ; ZHOU, Xia (Hrsg.): *Proceedings of the 17th Conference on Embedded Networked Sensor Systems*. New York, NY, USA : ACM, 11102019. – ISBN 9781450369503, S. 412–413

[38] YOO, Yong-Ho ; KIM, Ue-Hwan ; KIM, Jong-Hwan: Convolutional Recurrent Reconstructive Network for Spatiotemporal Anomaly Detection in Solder Paste Inspection. In: *IEEE Transactions on Cybernetics* PP (2020), S. 1–13. `http://dx.doi.org/10.1109/TCYB.2020.3033798`. – DOI 10.1109/TCYB.2020.3033798. – ISSN 2168–2275

[39] KINGMA, Diederik P. ; WELLING, Max: *Auto-Encoding Variational Bayes*. `https://arxiv.org/pdf/1312.6114`

[40] RICHTER, Johannes ; STREITFERDT, Detlef ; ROZOVA, Elena ; KIRCHHOFF, Michael: Improving the Optical Inspection of Through Hole Resistors With Additional Spectral Illuminations. In: *2017 8TH IEEE ANNUAL INFORMATION TECHNOLOGY, ELECTRONICS AND MOBILE COMMUNICATION CONFERENCE (IEMCON)* (2017), S. 273–277

[41] SCHWEBIG, Alida Ilse M. ; TUTSCH, Rainer: Compilation of training datasets for use of convolutional neural networks supporting automatic inspection processes in industry 4.0 based electronic manufacturing. In: *Journal of Sensors and Sensor Systems* 9 (2020), Nr. 1, S. 167–178. http://dx.doi.org/10.5194/jsss-9-167-2020. – DOI 10.5194/jsss-9-167–2020

[42] SCHWEBIG, Alida Ilse M. ; TUTSCH, Rainer: Intelligent fault detection of electrical assemblies using hierarchical convolutional networks for supporting automatic optical inspection systems. In: *Journal of Sensors and Sensor Systems* 9 (2020), Nr. 2, S. 363–374. http://dx.doi.org/10.5194/jsss-9-363-2020. – DOI 10.5194/jsss-9-363-2020

[43] DAI, Wenting ; MUJEEB, Abdul ; ERDT, Marius ; SOURIN, Alexei: Towards Automatic Optical Inspection of Soldering Defects. In: SOURIN, Alexei (Hrsg.): *CW 2018*. Los Alamitos, CA : Conference Publishing Services, IEEE Computer Society, 2018. – ISBN 978-1-5386-7315-7, S. 375–382

[44] RICHTER, Johannes ; STREITFERDT, Detlef: Modern Architecture for Deep Learning-Based Automatic Optical Inspection. In: *2019 IEEE 43rd Annual Computer Software and Applications Conference (COMPSAC)*, IEEE, 7/15/2019 - 7/19/2019. – ISBN 978-1-7281-2607-4, S. 141–145

[45] RICHTER, Johannes ; STREITFERDT, Detlef: Deep Learning Based Fault Correction in 3D Measurements of Printed Circuit Boards. In: CHAKRABARTI, Satyajit (Hrsg.) ; SAHA, Himadri N. (Hrsg.): *2018 IEEE 9th Annual Information Technology, Electronics and Mobile Communication Conference (IEMCON)*. Piscataway, NJ : IEEE, 2018. – ISBN 978-1-5386-7266-2, S. 227–232

[46] TSAN, Ting-Chen ; SHIH, Teng-Fu ; FUH, Chiou-Shann: TsanKit: artificial intelligence for solder ball head-in-pillow defect inspection. In: *Machine Vision and Applications* 32 (2021), Nr. 3. http://dx.doi.org/10.1007/s00138-021-01192-8. – DOI 10.1007/s00138-021-01192-8. – ISSN 0932-8092

[47] GOTO, Keisuke ; KATO, Kunihito ; SAITO, Takaho ; AIZAWA, Hiroaki: Adversarial autoencoder for detecting anomalies in soldered joints on printed circuit boards. In: *Journal of Electronic Imaging* 29 (2020),

Nr. 04, S. 1. http://dx.doi.org/10.1117/1.JEI.29.4.041013. – DOI 10.1117/1.JEI.29.4.041013. – ISSN 1017–9909

[48] MAKHZANI, Alireza ; SHLENS, Jonathon ; JAITLY, Navdeep ; GOODFELLOW, Ian ; FREY, Brendan: *Adversarial Autoencoders*. https://arxiv.org/pdf/1511.05644.pdf%5D

[49] GOODFELLOW, Ian J. ; POUGET-ABADIE, Jean ; MIRZA, Mehdi ; XU, Bing ; WARDE-FARLEY, David ; OZAIR, Sherjil ; COURVILLE, Aaron ; BENGIO, Yoshua: *Generative Adversarial Networks*. https://arxiv.org/pdf/1406.2661.pdf

[50] JABBAR, Eva ; BESSE, Philippe ; LOUBES, Jean-Michel ; ROA, Nathalie B. ; MERLE, Christophe ; DETTAI, Rémi: Supervised Learning Approach for Surface-Mount Device Production. In: NICOSIA, Giuseppe (Hrsg.) ; PARDALOS, Panos (Hrsg.) ; GIUFFRIDA, Giovanni (Hrsg.) ; UMETON, Renato (Hrsg.) ; SCIACCA, Vincenzo (Hrsg.): *Machine Learning, Optimization, and Data Science*. Cham : Springer International Publishing, 2019 (Information Systems and Applications, incl. Internet/Web, and HCI). – ISBN 978–3–030–13709–0, S. 254–263

[51] J. NAU ; J. RICHTER ; D. STREITFERDT ; M. KIRCHHOFF: Simulating the Printed Circuit Board Assembly Process for Image Generation. In: *2020 IEEE 44th Annual Computers, Software, and Applications Conference (COMPSAC)*, 2020. – ISBN 0730–3157, S. 245–254

[52] VDA - VERBAND DER AUTOMOBILINDUSTRIE (Hrsg.): *Automatisierung: Von Fahrerassistenzsystemen zum automatisierten Fahren*. 2015

[53] MEYENDORF, Norbert (Hrsg.) ; IDA, Nathan (Hrsg.) ; SINGH, Ripi (Hrsg.) ; VRANA, Johannes (Hrsg.): *Handbook of Nondestructive Evaluation 4.0*. Cham : Springer International Publishing, 2021. http://dx.doi.org/10.1007/978-3-030-48200-8. http://dx.doi.org/10.1007/978-3-030-48200-8. – ISBN 978–3–030–48200–8

[54] SIMON BROWN: *The C4 model for visualising software architecture*. 21.09.2021

[55] RICHTER, Johannes ; NAU, Johannes ; KIRCHHOFF, Michael ; STREITFERDT, Detlef: KOI: An Architecture and Framework for Industrial and Academic

Machine Learning Applications. Version: 2021. http://dx.doi.org/10.1007/978-3-030-68527-0{_}8. In: SIMIAN, Dana (Hrsg.) ; STOICA, Laura F. (Hrsg.): *MODELLING AND DEVELOPMENT OF INTELLIGENT SYSTEMS* Bd. 1341. [S.l.] : SPRINGER NATURE, 2021. – DOI 10.1007/978-3-030-68527-0_8. – ISBN 978-3-030-68526-3, S. 113–128

[56] IETF: *The JavaScript Object Notation (JSON) Data Interchange Format.* https://datatracker.ietf.org/doc/html/rfc8259

[57] FREE SOFTWARE FOUNDATION ; FREE SOFTWARE FOUNDATION (Hrsg.): *GNU LESSER GENERAL PUBLIC LICENSE.* https://www.gnu.org/licenses/lgpl-3.0-standalone.html. Version: 2007

[58] HARRIS, Charles R. ; MILLMAN, K. J. ; VAN DER WALT, Stéfan J. ; GOMMERS, Ralf ; VIRTANEN, Pauli ; COURNAPEAU, David ; WIESER, Eric ; TAYLOR, Julian ; BERG, Sebastian ; SMITH, Nathaniel J. ; KERN, Robert ; PICUS, Matti ; HOYER, Stephan ; VAN KERKWIJK, Marten H. ; BRETT, Matthew ; HALDANE, Allan ; DEL RÍO, Jaime F. ; WIEBE, Mark ; PETERSON, Pearu ; GÉRARD-MARCHANT, Pierre ; SHEPPARD, Kevin ; REDDY, Tyler ; WECKESSER, Warren ; ABBASI, Hameer ; GOHLKE, Christoph ; OLIPHANT, Travis E.: Array programming with NumPy. In: *Nature* 585 (2020), Nr. 7825, S. 357–362. http://dx.doi.org/10.1038/s41586-020-2649-2. – DOI 10.1038/s41586-020-2649-2

[59] IETF: *Hypertext Transfer Protocol.* https://datatracker.ietf.org/doc/html/rfc2616

[60] GOODFELLOW, Ian ; BENGIO, Yoshua ; COURVILLE, Aaron: *Deep learning.* Cambridge, Massachusetts and London, England : MIT Press, 2016 http://www.deeplearningbook.org/. – ISBN 9780262035613

[61] FREEMAN, Eric ; ROBSON, Elisabeth: *Head first design patterns.* Second release. Beijing and Boston and Famham and Sebastopol and Tokyo : O'Reilly, 2014 (A brain-friendly guide). – ISBN 9780596007126

[62] DOCKER: *Docker.* https://www.docker.com/. Version: 21.09.2021

[63] NVIDIA: Jetson Nano Data Sheet. https://developer.nvidia.com/embedded/dlc/jetson-nano-system-module-datasheet

[64] THE OFFICIAL NVIDIA BLOG: *Tegra X1: The Powerful Processor Behind SHIELD | NVIDIA Blog*. https://blogs.nvidia.com/blog/2017/07/20/shield-tegra-x1-processor/. Version: 2017

[65] MIPI: *MIPI Camera Serial Interface 2 (MIPI CSI-2)*. https://www.mipi.org/specifications/csi-2. Version: 2017

[66] HOWARD, Andrew G. ; ZHU, Menglong ; CHEN, Bo ; KALENICHENKO, Dmitry ; WANG, Weijun ; WEYAND, Tobias ; ANDREETTO, Marco ; ADAM, Hartwig: *MobileNets: Efficient Convolutional Neural Networks for Mobile Vision Applications*. https://arxiv.org/pdf/1704.04861